# 幸福的科学

## 如何获得持久幸福力

[印] 拉杰·洛格纳汗◎著
(Raj Raghunathan)
蔡山美◎译

IF YOU'RE
SO SMART,
WHY AREN'T YOU HAPPY?

中信出版集团 · 北京

图书在版编目（CIP）数据

幸福的科学 /（印）拉杰·洛格纳汗著；蔡山美译
. -- 北京：中信出版社，2018.5
书名原文：If You' re So Smart, Why Aren' t You Happy?
ISBN 978-7-5086-8322-5

I. ①幸… II. ①拉… ②蔡… III. ①幸福－通俗读物 IV. ① B82-49

中国版本图书馆 CIP 数据核字（2017）第 275207 号



幸福的科学

著　　者：[印] 拉杰·洛格纳汗
译　　者：蔡山美
出版发行：中信出版集团股份有限公司
（北京市朝阳区惠新东街甲 4 号富盛大厦 2 座　邮编　100029）
承 印 者：三河市西华印务有限公司

开　　本：787mm × 1092mm　1/16
印　　张：21.5
字　　数：266 千字
版　　次：2018 年 5 月第 1 版
印　　次：2018 年 5 月第 1 次印刷
京权图字：01–2017–8564
广告经营许可证：京朝工商广字第 8087 号
书　　号：ISBN 978-7-5086-8322-5
定　　价：58.00 元


服务热线：400–600–8099
投稿邮箱：author@citicpub.com

# 如果

拉迪亚德·吉卜林

佚名　译

如果，周围的人毫无理性地向你发难，
你仍能镇定自若、保持冷静；
如果，众人对你心存猜忌，
你仍能自信如常，并认为他们的猜忌情有可原；
如果，你肯耐心等待，不急不躁，
或遭人诽谤，却不以牙还牙，
或遭人憎恨，却不以恶报恶；
既不装腔作势，亦不气盛趾高；

如果，你有梦想，而又不为梦主宰；
如果，你有神思，而又不走火入魔；
如果，你坦然面对胜利和灾难，
对虚缈的胜负荣辱胸怀旷荡；
如果，你能忍受有这样的无赖，
歪曲你的口吐真言蒙骗笨汉，
或看着心血铸就的事业崩溃，
仍能忍辱负重脚踏实地重新攀登；

如果，你敢把取得的一切胜利，

为了更崇高的目标孤注一掷，

面临失去，决心从头再来，

而绝口不提自己的损失；

如果，人们早已离你而去，

你仍能坚守阵地奋力前驱，

身上已一无所有，

唯存意志在高喊“顶住”；

如果，你跟村夫交谈而不变谦虚之态，

抑或与王侯散步而不露谄媚之颜；

如果，敌友都无法对你造成伤害；

如果，众人对你信赖有加却不过分依赖；

如果，你能惜时如金、利用每一分钟不可追回的光阴；

那么，你的修为就会如天地般博大，并拥有了属于自己的世界，

更重要的是：孩子，你成为了真正顶天立地之人！

# 目 录

推荐序一

## 幸福在眼前，幸福在人间

幸福是人类永恒的话题，尽管思想家、哲学家们对这个问题的探讨已经有几千年的历史，但从科学的角度研究幸福问题其实只有不到20年的历史。从科学的角度去分析，幸福会是什么样？科学的幸福观、幸福知识，对于个人成长生活，对于国家的发展进步到底有什么作用？有没有科学的方法能获得幸福？如何去创造个人、家庭、组织和社会的幸福？这本书介绍了幸福科学的一些重要的研究成果与发现。

## 为什么要关注幸福问题

在 2017 年 3 月 20 日联合国公布的《2017 年全球幸福报告》中，中国的幸福排名在全世界 155 个国家中仅为第 79 位。是什么拖了我们的后腿？仔细分析会发现，实际上，是社会心理指标让中国人的幸福排名受到拖累，这主要体现在以下三点。

第一点是社会公益水平偏低。中国人民做公益的人数和比例平均而言偏低，这可能是受到做好事不留名的文化传统的影响。中国的富豪捐赠比例在工业化国家里排名很低，许多有钱人不愿意把钱拿出来支持社会公益事业，当然，也有的捐了，不愿扬名。事实上，中国社会的公益捐赠严重不足。测量幸福指数为什么要把慈善作为一个重要的指标呢？因为积极心理学的大量统计研究发现，人开心的时候容易做慈善、做好事。因此，社会公益水平是测量幸福指数的重要相关变量。

第二点是社会信任度低。有人在说好话、正面的话和积极的话时，其他人容易认为他在“装”。事实上，一个人坚持装下去那就不是“装”了。目前而言，我国社会的负能量表达确实比较多。一项对 13 种世界主要语言的正面和负面表达的研究显示，在过去 200 年里，汉语的负面表达是全世界各种语言中最明显的。而很多国家的语言表达多是正面偏向，比如西班牙语传递正面信息要多于负面信息，但汉语则不同。一旦有人讲负面的话，其他人都会觉得有道理，但是一旦讲正面的话，大家就说你在“装”，这是很重大的社会心态问题。

社会的信任度比较低，容易造成社会心理障碍，即敌意归因。小孩子在成长过程中有一段时期叫作逆反期，偏偏要和大人反着来，逆反到了极致就是敌意归因。在一些特别平常的事情上，他们都会将别人的意图归因为恶意、邪意，别有用心。敌意归因在很多成人身上也有体现，比较常见的表现是阴谋论。阴谋论是一个比较复杂的政治社会心理现象，但是在中国文化下，容易得到欣赏和普及。这和归因倾向性有很大关系，因为它符合一些中国人的思维习惯和思维倾向性。有一些东西是超越个体之外的环境原因、历史原因、大局原因所决定的，但有一部分人反而容易相信阴谋决定一切，认为任何事情都是阴谋，而不去具体分析具体的事件、具体的环境、具体的当事人、具体原因，停留在浅尝辄止、单薄臆想的解释上面。伟大的、智慧的中华民族应该相信探索、相信研究、相信科学、相信证据，而不是相信所谓的阴谋论。

第三点是主观幸福感不足。有媒体进行街头随机采访，询问老百姓“你幸福吗”，得到了许多“神回复”。这可能是因为大多数人并不知道幸福是什么，甚至无视幸福。人有将近 1/3 的生命实际跟工作有关，但中国人从工作中得到幸福感的比例，在工业化国家里排名也很低，这是美国密歇根大学心理学家彼得森教授的调查结果。很多人坚持工作是为了养家糊口，他们的工作也与个人前途和国家利益有关。但是，他们几乎没有考虑工作的幸福价值。

## 幸福到底是什么

幸福绝对不是虚幻的概念，幸福有物质和生理的基础，起码有三个特别重要的生理指标与幸福密切相关。

第一，幸福的人一定不会有过度的与负面情绪相关的活动。杏仁核是人类负面信息加工的中心。人在不开心、焦虑或者恐惧时，杏仁核充血产生不愉快情绪。人在感受到幸福时，肯定就没有杏仁核的过度活动。第二，幸福与神经递质的分泌有关，大脑有一个神经加工中心叫 VTA( 中脑腹侧被盖区 )，它分泌出来的神经化学激素，如内啡肽、多巴胺、催产素、血清素，都和幸福体验密切相关。第三，幸福还要有人性意义上的感悟。大脑前额叶是人体验幸福的重要区域。感到幸福和感到愉快是不一样的，幸福的感受一定包含智慧和人性，是对人生的深刻理解和满足感。吃东西有时候会让人产生愉悦，但这不一定是幸福的体验，如果没有大脑前额叶的参与，那这就只是简单的生理活动。所以，幸福绝对不是虚幻的抽象概念。

幸福也不是简单的满足。英国心理学家曾经调查了 3 400 多人，并追踪调查了他们 5 年，发现了一个有趣的现象：抑郁症有时候反而是过度的生理满足产生的不愉快的倾向，并不是没有得到满足。监狱里的囚犯也是一样，过度满足、吃得太多的囚犯更暴躁，打架、伤害别人的冲动也比吃简单食品的囚犯高一些。这说明生理的满足和幸福之间并不是完全等同的关系。

幸福在某种程度上也不是由金钱多少所决定的，特别富裕的人和一般人并没有太大的区别，暴富的人往往不是特别幸福。有一个心理学研究发现，中彩票一夜暴富的人在某种程度上的幸福指数比没有中彩票的人低，因为在没有心理准备的情况下突然暴富，容易造成心理异常。金钱和幸福的相关系数大概是 0.12，这联系实际上是不够紧密的。

类似的证据还有很多，比如特别富裕的国家的幸福指数未必很高，像美国、日本、韩国的 GDP（国内生产总值）都很高，但是这些国家中得抑郁症的人的比例，其实比一般的不发达国家要高。当人均 GDP 在 3 000~4 000 美元时，经济发展水平略好，幸福感会增强很多，但是过了这个“幸福拐点”之后，幸福感就和经济收入关系不大了。当人均 GDP 超过 8 000 美元时，国家财富与国民幸福感的相关性就消失了（美国的国家财富与幸福感的相关系数只有约 0.12），而人权、平等、公正等指标对幸福的影响则明显增大。

幸福也不是比别人好一点点。心理学家曾经询问很多人一个简单的问题：假设有个人中了彩票，另外一个人由于车祸断了腿，请问 3 个月之后这两个人谁会更幸福？一般人都预测肯定是买彩票中了大奖的人。但是心理学家发现不是这样，对于任何痛苦、伤害，人类在 3 个月之后都能适应，这叫作心理适应。另外，人类在作比较时还存在误区，往往会受到一些特点鲜明的、容易想到、容易记住的事情的误导。比如想到李嘉诚，很多人首先想到的是他有钱。但是拿你现在的生命和李先生交换你愿意交换吗？很多人会说愿意，因为他很有钱，但是，你吃了大亏了，因为你没有想到他已经 80 多岁了，他的年龄比你大那么多，和那么大年纪的人交换生命有意义有价值吗？

幸福也绝对不是独善其身。有人希望通过出家逃离社会，不和社会发生任何的联系。幸福和高收入、高学历、年轻美貌也没有必然的联系，对幸福最起作用的其实是美好的人际关系，是至爱亲朋的支持，是社会交往的技巧。人和其他生物的重要区别在于，人类能够维持的社会关系是远远多于其他生物的。人类是社会的生物，和他人在一起不只能获得工作的便利、交往的方便、交配的可能性，最重要的是还能获得心灵的慰藉。人在和他人接触的过程中产生的愉悦、快乐、舒适、幸福，是我们人生中特别有意义的感受。

威斯康星大学的哈洛教授 1957 年发表了他的研究报告：他把小恒河猴交给两个“妈妈”抚养，一个是给它喂奶的“妈妈”，另外一个是给它触摸感、接触感的“妈妈”。结果小猴子成长过程中和成长之后最为依恋的，并不是给它奶水的“妈妈”，而是给它触摸感、接触感的“妈妈”。在这种母爱（触摸感）下成长的猴子长大后也更加健康些。

可见关系真的很重要。没有工作的人和有工作的人之间的差距不只是在工资上，更主要的是在社会关系上。如果一个富豪有很多钱，但是没有工作、没有社会关系、没有朋友支持，那么他会比一个拿不到多少钱的有工作的人还要失落。工作的价值主要体现在社会支持、社会网络上。同样，结婚的人比没有结婚的人要幸福得多，这不是因为结婚能够带来性满足，而是人与人之间相濡以沫的感情会让人满足。有研究表明，结婚让女性平均多活 2 年，让男性平均多活 7 年。所以，幸福在人间指的是人与人之间。

幸福的人一定是行动积极的人，幸福的人的创造力比其他人高很多，人在开心快乐的积极状态下容易有伟大的发现。诺贝尔科学奖获得者和其他人典型的区别就在于他们是快乐、积极、自信的人，这是取得创造性成果特别重要的保障。

影响人类幸福与否的特别重要的因素还有一个，那就是对人性的认识和欣赏，即幸福是一种有意义的快乐。快乐是快乐，幸福是幸福，幸福绝对不是简单的快乐。但是英文里幸福和快乐用的是同一个词（happy），所以说以英语为母语的学者过去一直在争论是幸福重要还是意义重要。其实，我们的中文很有智慧——幸福是有意义的快乐，所以二者之间没有冲突和矛盾。意义是大脑前额叶的产物，是智慧和理性创造出来的感受，也是各种神经机制和文化的作用。有意义的标志是它是一种智慧的感受。“行到水穷处，坐看云起时”，有人看云舒云卷，落霞孤鹜，鸟欢蝉鸣，花开花谢，都能领会其中之意而生愉悦之情，大脑前额叶的活动是幸福必不可少的要素。

但为什么大家会常常误以为有文化的人苦恼多呢？这很可能是因

为他不开心能够说出来，而弱势群体的人即使不开心也难以表达。心理学研究发现，有大学学历的人比一般的人更幸福且更长寿，而有博士学历的人更长寿。不过，在人际关系中间，在家庭生活中间，在普通的日常事务中间，没有文化的农村老太太也能感受幸福，因为她能从传宗接代、儿孙绕膝的生活中发现生活的意义。

## 创造幸福有什么科学方法

幸福科学研究发现，创造幸福的修行方法其实有很多，而且因人而异，需要人们因时制宜、因地制宜，需要人们自己去探索、发现。中国人讲知行合一，所以知道积极心理学后还要去做。

我经常说五施（言施、身施、眼施、颜施和心施）是中国的传统智慧，也是中国人感受幸福的方法。五施的方法是哪些呢?

第一个是言施，人一定要表达。人是语意的产物，人的知识信息从来不是以符号的形式印在大脑前额叶的，而是作为神经化学的联系流淌在全身的。每一个人都是知识的载体，文化、信息、知识一定会带给身心感受和体验。学习积极心理学并不是学习抽象的概念、符号，它是一种身心的体验，比如聊起来就很开心。你多多地说、学、体验积极心理学，产生的作用就都是很正面的。讲积极、讲朝气蓬勃、讲道德高尚的那些人，说话时都是抬头挺胸的。

现在有研究发现，在经历过“二战”伤害的犹太人中，坚持写日记描述自己痛苦经历的人，就比那些从来不想、从来不写的人反而开心一些、积极一些，所以写作、倾诉、交流、谈心都是能够化解消极情绪的方法。

第二个是身施，人可以通过做一些事情来产生幸福感。如果人跑步15~30分钟，大脑会分泌出各种积极化学激素，人就容易开心，因此运动会让人上瘾。人闻香味闻一会儿就会很开心，这也是身体的感受。

抚摸自己的身体有时候会产生幸福感，触摸、接触也可以产生快乐愉悦的感觉，能够减少与负面情绪相关的活动。自言自语、大喊大叫也会释放压力。还有一种心理状态叫正念，就是当人们沉浸在某一种体验的过程中时，忘掉了时间、忘掉了空间，它也是让人能够控制、化解消极情绪的方法。

第三个是眼施，要有慧眼关注生活中的变化。上班路上别总是只着急赶路，而要看一看周围的美景。生活其实不单调的，别总想着任务，看不到生活的变化和美感。眼施也包括多欣赏别人的优点和特长，当我们能够欣赏别人优点的时候，其实这个优点就开始慢慢变成我们自己的优点了。

海伦·凯勒写过一本书《假如给我三天光明》，既描述了自己特别重要的心灵体验，也是对所有人的真诚劝告。她说："我想知道为什么有些人在森林里面走了一个小时却什么也没有看到。我一个看不见任何东西的盲人却看见了无数的事情。我看到了一片叶子上对称的美感，我看到了银杏树表面那种光滑的触感，我看到了树枝上那种粗糙的凹凸不平。我作为一个看不见的盲人，想要给那些能够看见的人一个忠告：善用你的眼睛，就像你明天将会失明一样；去聆听美妙的天籁（如悦耳的鸟鸣、奔腾的交响曲），就像你明天将会失聪一样；去用心抚摸每一个物件，就像你明天将会失去触觉一样；去闻花香，去品尝每一口饭菜，就像明天你将永远无法闻到香味和品尝味道一样。"

第四个是颜施，学会让别人感受到正面积极的能量。真正的微笑可以产生积极愉悦的情绪，而且有比较强的感染力，人们把这种微笑叫作迪香式微笑。

迪香是法国医生，他发现当一个人的三块肌肉同时活动（第一个是嘴角肌上扬，第二个是颧骨肌上提，第三个是眼角肌收缩）的时候就会产生一种特别有感染力的微笑。当你产生这种微笑时你很开心，当你看见别人发出这种微笑时你也很开心，这是人类追求幸福和快乐的特别重要的方法之一。而装笑没有感染力，装笑也是别人看得出来的。心理学家卡特勒教授和他的学生曾经做过一项研究，对美国加州大学伯克利分校附近的一所女子学校 1960 年毕业班学生的毕业照片进行分析，30 年之后再对这些学生进行回访，结果发现那些当年以迪香式微笑上镜的人，结婚比例高，离婚比例低，自我评估幸福的比例高，事业也要更成功。

第五个是心施，敞开自己的心扉，感悟生活的快乐和意义。汉字的“悟”就是吾心可鉴，体验人生。在成长的过程中，人们常常注重培养做事情的能力，而没有培养感受的能力。其实，21 世纪是一个新的时代，我们已经从一个追求物质享受的时代进入到了一个追求美好感受的时代，这个时代需要你有慧眼禅心去感受有意义、有价值的东西。

美国心理学家米哈里·契克森米哈赖曾经提出，人类如果能够找到有意义的快乐，生活质量就会提升，人生的价值就会实现。他用英文单词 flow 来表达这种有意义的快乐体验，我把它翻译成“福流”①。契克森米哈赖教授曾经追踪调查了一些特别成功的人将近 15 年，结果发现这些人都有一个与众不同的特点——当他们做自己特别喜欢的事情时，经常进入一种物我两忘、天人合一、酣畅淋漓的状态，契克森米哈赖教授把这个状态叫作 flow。

① 这里的“福流”即本书第四章中所讨论的“心流”。——编者注

这个状态，其实我们中国人早就意识到了。中国哲学家庄子曾经描述过一个普通人的极致的福流状态，这个人就是屠夫庖丁。他在为文惠君解牛之际，其实就是进入到了这种天人合一、知行合一、如痴如醉的福流状态，这令文惠君非常震撼。

福流，即有意义的快乐体验，有五大特征：全神贯注、物我两忘、驾轻就熟、点滴入心和酣畅淋漓。福流是达到物我两忘的状态：做起来得心应手，不关心别人的评价，也不关心最后的结果，体验和欣赏的是此时此刻的过程，完成之后有一种酣畅淋漓的快感。

我们做自己喜欢做的事情就可以进入这种福流的状态。例如，有人喜欢摄影，为了摄影，即便跋山涉水、餐风饮露，他都觉得欢乐无比，为什么？因为他进入到了福流状态。运动也可以让人达到这种状态，跑步 15 分钟之后，大脑分泌出的积极的激素能让人感到愉悦，30 分钟之后，人就会不由自主地奔跑，这也是达到了一种知行合一、行云流水的潇洒状态。听音乐也可以产生福流，谈心、说话、沟通交流也可以产生福流。工作也可以产生福流，如果是做喜欢的工作，你可以做到孜孜不倦、废寝忘食。某种程度上，吃饭也可以产生福流，不过不在于吃什么，而在于和谁一起吃、在什么地方吃。但是有些事情很少产生福流，比如做杂务就很难产生福流，无聊闲逛、无所事事同样产生不了福流。

人类的生活充满了真善美，关键是你得有慧眼禅心去发现、去体验、去修行。幸福在眼前，幸福在人间，幸福在中国。

彭凯平

清华大学社会科学院院长、心理学系主任

推荐序二

# 理解“幸福不是什么”，才能谈论如何追求幸福

拉杰·洛格纳汗的这本书是一本关于幸福的实用指南，非常贴近实战。

我在写“得到 App”（手机应用）的专栏《关系攻略》时，经常苦于缺乏可靠的“可执行法则”。我们这个专栏有近 9 万订户，每天能收到 300~400 条读者留言，读者告诉我他们的事情，问我应该怎么办。

心理咨询师并不解决“怎么办”的问题，但是幸福往往又和“怎么办”密切相关。

这就是我喜欢和推荐这本书的原因，在很多事情上，作者给出的建议都能细到场景，这可能和他商学院教授的身份有关。和综合性大学的心理学系相比，商学院总是更看重

实用，注重实现从 TXT（文本文件）到 EXE（可执行程序）的转换。

我的研究领域是人际关系。对自己的人际关系妥善管理，就是为了更安全、更强大，而安全和强大，最终的目的还是人生的幸福，从这一点来说，我和洛格纳汗努力的方向是一样的。我们背后还站着几千年来为人类的幸福反复论证和书写的先哲们，大家努力了几千年，关于幸福的图书却还在不断出版，可见以往的著作，并没有真正解决幸福的问题。但如果所有人的努力可以让我们离幸福越来越近，这就已经够了。

所以，我们与其去探索幸福是什么，不如去排除，思考“幸福不是什么”。我觉得这就是这本书了不起的地方：

> 幸福是不能刻意追求的。
>
> 幸福不是优越感。
>
> 要幸福就不能拼命渴望爱。
>
> 要幸福就不能控制欲太强。
>
> 要幸福就不能不信任他人。
>
> 要幸福就不能冷漠地追求目标。
>
> 要幸福就不能过度思考。

要先洗掉关于幸福的误解，才能谈论如何去追求幸福。

我在研究人际关系的时候发现了相似的问题，很多人之所以会陷入各种关系危机当中，就是因为他接受了太多的关于关系的错误认识，这些错误认识有的来自父母，有的来自老师和同伴。这就让我在开始关系课程的时候，必须要先告诉他们哪些是关于关系的错误看法，然后再在课程内容中慢慢加入正确的概念。

我们看看洛格纳汗强调的这些观点，会发现其实很多误区都是我们坚信不疑的，比如他提到了优越感不能带来幸福，这真的是振聋发聩。

在家庭中或者学校里，大家都会听到这样的教诲：只要你好好学习或者努力工作，你的生活就会更加幸福。

对幸福的追求最终滑向了对优越感的追求，但是我们看见了多少充满优越感却并不幸福的人啊。有的人在社交软件上晒奢侈品、晒包、晒美食，却会因为一两句并无明显冒犯意思的话就和对方发生争吵……在洛格纳汗提醒我们之前，我们会觉得：“这是一个脾气很坏的人呀。”

但是在读完这本书之后，我们的感慨就会变成“这是一个迷失在优越感当中的人呀。”

当然，理解了“幸福不是什么”之后，我们最终要回到“如何幸福”这个话题中来，于是洛格纳汗提供的书后练习就显得至关重要了。

自我同情、表达感激和创意利他、因祸得福和活在当下，都是富有特色和技术含量的优质练习，这让这本书兼具爱好者的自我成长手册和培训师的工具指南两种属性。相信越来越多的人会得益于此书，加入到“幸福者”和“幸福传播者”的队伍中来。

熊太行<br>得到App《关系攻略》专栏作者

推荐序三

# 怎样拥有幸福生活

怎样才能拥有幸福美满的生活?

40 年来，我有幸与 150 多位首席执行官共事，其中包括艾伦·穆拉利（他在福特任职时曾获得年度首席执行官称号）、世界银行行长金墉博士、辉瑞公司首席执行官晏瑞德。在强生公司，我曾承担过一个重大的领导力开发项目，参与者包括时任首席执行官的拉尔夫·拉森及 2000 多名公司高管。每一个我培训或指导过的公司高管都曾思索过以上这个问题。既然你现在开始翻阅这本书了，那我也假设你正在为这个问题殚精竭虑。

事实上，这个问题的答案既比你想

象的要简单，也比你想象的要复杂。简单是因为，归根到底，你利用好自己已经拥有的一切就可以获得幸福了。读完这本书后，你会恍然大悟，除了基本的生活必需品和健康的身体外，获得幸福只需要做三件事情就可以：

- 建立良好的人际关系。
- 有使命感（也就是做有意义的事情）。
- 保持积极的生活态度——即使在困难时期，仍能感觉一切尽在自己的掌控之中。

想要拥有幸福，就是这么简单。

而之所以说比想象中要复杂，是由于以下三个原因。首先，你作为精明的成功人士，肯定不满足于仅仅知道拥有幸福的必备条件，你肯定还想知道为什么具备这些条件就能够获得幸福。这就让问题变得有些复杂了，因为弄清楚事情的来龙去脉，就意味着需要钻研幸福的相关研究，这得费不少工夫。

其次，从我的个人经验以及书中的各项研究可知，仅仅知道获得幸福的必备条件，以及为什么需要具备这些条件，还是不够的，你还要知道，怎样才能具备这些必备条件。你不仅需要制订一个行之有效的计划，还要坚持贯彻执行。要制订一个理论上合理、实践上可行的计划，就让问题变得复杂起来了。

最后，问题之所以复杂还与自我意识有关，或者说与缺乏自我意识有关，这也是我个人认为最重要的一个原因。如果你和大多数聪明成功人士一样，那你也应该有这样一个类似的梦想：

我现在每天都忙得焦头烂额。工作和家庭的压力两面夹击，新技术层出不穷，自己整天被各种邮件、语音留言轰炸，全球竞争也在不断加剧，我感觉自己忙得都要吐血了。有时，我又感觉自己投入得太过头了，其实根本没必要这么忙。我从来没告诉过别人，但我的确经常感觉自己的生活有点超负荷运转了。不过我现在面对的挑战是不同于以往的，这次情况特殊。我觉得也就两三个月的时间吧，最难熬的时候就会过去。等这段难熬的日子过去后，我打算拿出两到三周的时间好好梳理一下自己的生活，多陪陪家人。到那时，我就启动自己的“健康幸福”生活项目。从此以后，一切都会好起来的，生活节奏就不会像现在这样疯狂了。

你做这个梦做了多久了？你还要继续做多久呢？如果你还不留点心的话，可能这个梦你就得做一辈子了！

那到底怎样才能拥有幸福美好的生活呢？首先，你需要有强烈的自我意识，认识到幸福美满的生活是比其他任何事情都重要的一件大事。自我意识如此重要，是因为有了自我意识，你才能做出这个最重要的决定：不再拖延让自己过上幸福美满的生活这件事。培养这样一种自我意识是十分困难的，如果你总让自己超负荷运转，把自己搞得疲惫不堪，那就更是难上加难了。以上就是问题复杂棘手的第三大原因了。

不得不说，你今天真是走运了。如果说有谁能够为你揭开幸福的重重迷雾，那这人非这本书的作者拉杰莫属了。拉杰用三个方法把获得幸福这件事变得简单易行。首先，他用简单的方式让你理解和掌握有关幸福的科学研究。具体是怎么做到的呢？这本书采用了七个幸福杀手、七个幸福习惯、七大幸福练习这样的结构，一目了然，简单易懂，中间还穿插了奇闻趣事、各种相关的研究。其次，拉杰独立完成了一项十分艰巨的任务，他把许多有效的幸福提升练习都整理了出来，这样就帮你省去了不少麻烦。你只需要理解这些练习为什么奏效，然后尽自己最大的努力去做练习就可以了。

最后，该书最引人入胜的部分在于，它解释了为什么你应该把追求幸福美满的生活作为人生的重中之重。在此我需要补充一下，幸福美满的生活几乎是每一位哲学家和精神领袖所追求的目标，从亚里士多德、释迦牟尼，到马娅·安杰卢、希腊人左巴，不一而足。可能听起来，追求幸福好像是一件十分以自我为中心的事情，但如果你跟着拉杰的思路，再深入探索一下的话，就会发现没有什么事情比追求幸福更高尚了。因为，那些让我们幸福的因素，也能让我们成为更加友善、更富有同情心的人。如果这还不能打动你，看看这条——能够给我们带来幸福的事情，也能帮助我们取得成功，怎么样?

如果问我觉得读这本书有多大的必要性，我可以这么说，如果你是一个聪明又成功的人，但感觉自己没有想象中幸福，或者你想要变得幸福，我不仅会向你推荐这本书，还要对你再说一句：不管你现在在做什么，放下手中的事情，开始读这本书吧，你亏欠自己太多了!

记住，生活很美好!

马歇尔·戈德史密斯

美国著名高级领导者教练

2016 年春

# 引　言

## 我教授幸福课程的原因及本书的结构

几十年前，如果你因为搬家，从一个城市换到另一个城市，与儿时的朋友失去联系的话，想要再取得联系简直机会渺茫。如今，情况已有所不同，这主要归功于脸书（Facebook）的出现。我就是这样：在与一位好友失去联系近30年之后，又得以与其重逢。此前，一别之后，天各一方，我们俩都分别搬至印度不同的地方，但如今我们成了真正意义上的邻居。如今，我的朋友住在得克萨斯州的休斯敦市，而我则住在奥斯汀市，仅仅相隔274公里。

把酒言欢，追忆往事，我做了件只有那些有幸与好友久别重逢的人才能做的事：与过去的自己重新联结。我的朋友提醒我，多年之前，我平易近人、生性乐观的天性是多么为人称道。他回忆起有一次我们有一门重要的考试，时间紧迫，我的朋友们都打算通宵达旦准备考试，甚至他们的母亲也陪着他们熬夜。而我呢？则按时上床休息，像往常一样睡了整整 10 个小时。这位朋友还提醒我，有一次我们参加一个正式的晚宴，每个人都打扮时髦，身着蓝色运动夹克和卡其休闲裤。唯独我，穿着鹦鹉绿衬衫和向日葵黄喇叭裤（毕竟那是 20 世纪 70 年代），步履从容，毫不窘迫。朋友回忆说，在席的每个人都取笑我，而我却毫不动怒。他称赞我的镇定自若，并说如果谁需要有人帮忙振奋精神的话，我绝对是最佳人选。

听朋友叙述完这些往事后，我不禁回想起过去的自己。时至今日，我仍然认为自己是比较平易近人的，但不得不承认的是，时光流逝，我却变得没那么“淡定”了。

从前那个自己去哪儿了？从什么时候开始，以何种方式，我丢失了自己的“天真”？

## 追求一生的幸福

在思考这个问题时，我意识到，回忆中的过去似乎总是比真实的过去要美好很多。但如果你坚持写一段时间日记的话，你就会明白过去并没有比现在好多少。我们之所以认为过去比现在更美好，主要有两个原因：第一，通常，我们比自己想象中更坚强，能更好地应对重大的负面事件，因此，与恋人分手或与自己梦寐以求的工作失之交臂，并不会如我们想象中那样长时间地困扰我们；第二，随着时光流逝，我们总是倾向于从过去的负面事件中发掘积极意义，因此，时过境迁，被舞伴拒绝的心碎或重要考试的失败都会被编织成丰富我们生活的故事，不会再给我们的生活带来阴影。恰恰是因为过去的负面事件在我们的回忆中变得积极正面，女人才会同意生二胎，作家才会同意写第二本书。

即便如此，我们中的大多数人仍认为，与成年时期相比，童年时期更加幸福些，如下页的曲线图所示。除去其他因素，该曲线图证实了一个事实，那就是人的一生中最痛苦的时期就是青春期。那时的我们不仅外貌、举止都不那么得体，而且自我评价极低。此外，该曲线图还证实了所谓的中年危机的存在。通常，成年以后，我们最痛苦的时期是在 40~50 岁。

我们在童年时期比成年时期更加幸福这一事实引出了一个重要问题：有哪些事情是我们童年时期明白，但一旦成人之后就忘记的？或者，更直截了当一些，有哪些降低幸福感的因素，是我们现在能意识到而童年时期却毫无感知的？

2009 年春天，我才开始思考这个问题。

## 我的幸福课程

彼时，我已在得克萨斯大学的麦库姆斯商学院授课逾 8 年。这些年来，我越发对自己所授课程的实用性和相关性感到不安，我所教授的课程有“客户洞悉”（Customer Insight）和“客户行为”（Customer Behavior）等。我并不是觉得这些课程对学生未来的事业发展、目标实现没有助益。具体来说，我的不安是源于更有现实意义、更具哲学性的问题：我不确定自己所教授的课程是否能帮助学生过上更加幸福美满的生活。

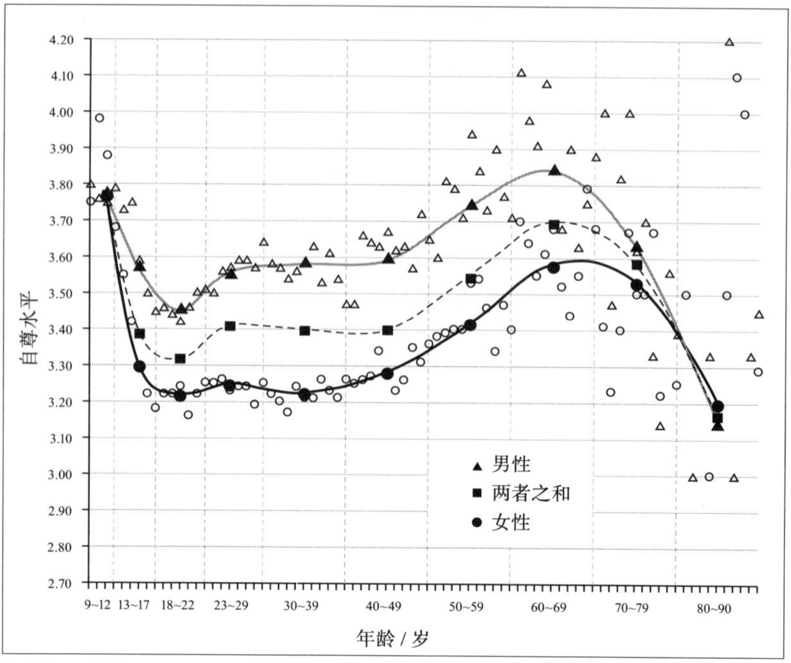


**自尊水平（与幸福指数高度相关）不同年龄阶段的曲线图**①

我知道学术和事业上的成功并不会自动转化为幸福和美满。依我之见，教育的最初目的应该是帮助人们过上更加幸福美满的生活，这是显而易见的事情。如果我们的教育体系不能帮助人们最终过上更加优质的生活，那教育的意义何在？至少就这一点来说，我怀疑，我的课程，我在商学院开设的大部分课程，是否真的能帮助学生获得更加

① 该曲线图来自罗宾斯等的研究（2002），这并不是关于幸福指数的，而是关于人一生中的自尊水平变化的。在此我稍稍自作主张，将自尊水平等同于幸福指数。不过，我的这种自作主张也并非全无道理，还是有一定依据的，主要有以下三点：第一，诸多研究已经发现，自尊水平与幸福指数高度相关（斯蒂尔等，2008），因此自尊水平是幸福指数的一个极佳体现；第二，终生自尊水平的 S 型模式是与幸福指数最为相近的一种模式（例如，迪顿，2007；布兰费罗和奥斯瓦德，2008；贝尔德等，2010）；第三，我希望能够借此让大家知道，与青春期或者成年时期相比，人一般在小时候更加幸福些。其中，第三点是之前的幸福调查中没有重点阐述的一点，因为一般的幸福调查总是习惯性地将 16 岁以下的人群排除在外。

幸福美满的生活。如果你想探寻幸福的意义，了解是否有可靠的标准来衡量幸福，少安毋躁，我们将在引言结尾处进行论述。

我陷入这种焦虑中无法自拔，多年之后（在我取得终身教职后），我最终决定要做点什么。于是我开设了一门新课程，课程目标是让学生有机会探讨人生中最重要的问题：获得幸福美满人生的决定性因素是什么？我知道，自己对这个问题的答案也不是很清楚，但我仍觉得，让学生有机会探讨一下这个问题总好过无所作为。

首次开设这个课程时，对于是否会成功，我并没有什么把握。我的许多同事认为，商学院的学生太过精明务实、唯利是图、以自我为中心，幸福美满这个话题很难吸引他们。然而，从一开始，我这门课程就堂堂爆满。实际上，我首次教授这门课程时，就被授予了学校的“月度最佳教授”奖。次年，我被提名学校的“年度最佳教授”奖。不久，我就收到了自己教课以来最高的评分，要知道，我此前教授的所有课程的评分都没有这么高过。我开设幸福课程的消息不胫而走，我自己也开始收到去给各大企业做演讲的邀请。如今，我是全食超市自觉领导力学院的一名教员。

直到 2015 年夏天，我教过的学生才刚刚超过 1 000 人，主要来自我所在的麦库姆斯商学院和位于海得拉巴的印度商学院。到了 2015 年年底，该数目已经呈现数量级增长，截至 2016 年 1 月 1 日，该数字已经达到 100 000，真是不可思议。之所以会出现如此天文数字般的增长，是因为我于 2015 年 6 月 15 日在全球最受欢迎的大规模在线开放课程平台——Coursera（课程的时代）上线了网络版课程。自上线以来，该课程一直排在 Coursera 的前 10 名的榜单上，还被 class-central.com（一个针对大规模在线开放课程的第三方信息门户网站）评为 2015 年年度大规模在线开放课程之首。时至今日，我还是会经常收到参与该课程的学生写来的邮件，感谢我能够开设这门课程。最近一封来信中这样写道："上周，我把这门课程又从头至尾学习了一遍，不是因为第一次学习的时候有什么困难，而是这门课程里涵盖的信息实在是太多了，我认为十分有必要重温一遍。"来信中还写道："如果仅仅是简单地说一句'这门课很有用'那就真的太轻描淡写了。"另一封来信中这么写："能够有幸参加这门幸福课可能是我这辈子遇到的最好的事了——我没有开玩笑！总的来说，我原本就是一个比较热爱生活的人，但这门课程真的可以说是立竿见影，我马上感觉到我生命中的每一天都开始变得意义非凡起来。"还有一位学生来信说："这门课程引人入胜又意义深远，集结了众多大师、研究者和哲学家的智慧，并把这些智慧以一种切实可行、逻辑清晰的形式呈现出来，从而提升人们的幸福感和人生的意义。"这门课程如此成功，是诸多因素复合作用的结果，其中就包括人们深切地渴望了解幸福的决定性因素，以及近年来积极心理学的进步让我们了解到了幸福生活的必要条件。在我看来，另一个同样重要的原因就是，许多参加过这门课程的学生的幸福指数有了实际的提升。

当初我开设这门课程的初衷并不是为了什么崇高的理想，只是希望能够给学生们提供一个机会，让他们能够探讨一下人生中的一个重大问题罢了，那就是：什么才是成就幸福美满生活的决定性因素？起初，这个实际的目标看起来也不那么实际，因为并没有什么标准的幸福教材供我参考。而且，说实话，那时我还不知道到底这门课该讲些什么东西。

为了确定课程内容，我决定旁听斯瑞库马·拉奥教授类似的课来找找灵感。彼时，拉奥教授在哥伦比亚大学任教。正是通过拉奥教授的一个"精神对话"的练习，我才察觉到自己为什么越来越无法做到从容不迫。而且，这也进而让我明确了我自己的课程内容和课程结构。

## 精神对话练习之洞悉

精神对话练习需要参与者拿出两周的时间，诚实记录每天自己大脑中涌现的各种想法，练习要求的诚实程度可谓丧心病狂。为了达到练习的最佳效果，在做记录时，切记不要刻意将自己的思想朝着积极正面的方向引导，同时在解读自己每天的行为活动时，也不要刻意去寻求解脱和意义。正是这一点，使得这个练习与我们熟悉的写日记有着显著的不同。精神对话练习要求你全面记录自己消极的一面，因为那些昙花一现的消极思想并不是真的毫无意义，也不是由思维随意产生的。相反，这些消极思想其实是深深地根植于我们的目标、欲望和价值观中的。妄图用积极思维来推翻消极的自我对话就好比吃薄荷糖来掩盖口臭——或许能暂时缓解症状，但治标不治本。换句话说，如果你的目标不仅仅是提高幸福感，还想要维持这种幸福感，那么就要对自己的目标、欲望和价值观有深刻的理解，因为我们消极的自我对话正是根源于此。

在完成精神对话练习的过程中，我发现了一件惊人的事情，那就是我的精神对话远比想象的还要消极。没有想到，在我积极乐观的表象之下，原来潜伏着消极负面的暗流。我的消极思想主要表现为担心其他人是否足够尊重我，因为没法让孩子按照我的想法去行动而感到心灰意冷。尽管这些消极思想已经存在很久了，但直到做了这个精神对话练习，我才意识到这些消极思想的深度和广度。

我冥思苦想着自己精神对话中的消极情绪（“我真的很在乎别人对我的看法吗？我真的对自己的孩子感到失望吗？”），并思考这是不是个例。我心存侥幸地想，或许是因为自己平时太过积极乐观了，所以对比之下精神对话才显得这么消极。但如果我的精神对话真的就比其他人消极很多呢？（人性使然，我自然而然地希望其他人也跟我一样。）

我迫不及待地想要上拉奥教授的下一节课，这样就可以和其他同学交流心得了。让我如释重负的是，其他同学的处境也和我一样：他们的精神对话也很消极。后来，当我开设了自己的幸福课程时，我终于有机会向我的学生施加精神对话练习这个酷刑了（不知道我的用词恰不恰当）。如你所想，拉奥教授课堂中曾出现的主题在我的学生当中也同样出现了。



## 困扰聪明成功人士的问题

5 年来，我有幸让近 1 500 人遭受精神对话练习的“酷刑”，他们中的大多数都是既聪明又成功的人士。最终，我决定集中研究这些既聪明又成功人士的不幸，这主要是因为我发现这些聪明成功人士感到不幸福是件很有趣的事。从定义上来说，聪明成功人士有着超高的智商、强大的驱动力、超强的辩证思考能力、较高的职业道德等。因此，一般人都会觉得，他们更加擅长完成目标，尤其是重大目标。既然幸福是我们人生的重要目标之一，那么聪明成功人士自然应该过着更加幸福美满的生活。然而，不计其数的研究却表明，聪明成功人士并不比普通人幸福多少。比如，那些获得大学学历的人并没有比没有大学学历的人幸福多少。的确，以大学学历为基础，受教育的水平越高感到不幸福的概率也就越大。聪明人的典型特征就是智商高，但智商却只与幸福有着很小的、很不稳定的关系，这促使许多研究者得出结论称，智商与幸福没有实质关联。同样，尽管财富与幸福之间存在着微小的正相关关系，但实际关联也并没有想象中的那么大。此外，诸多研究还发现，名望对幸福的影响也微乎其微。

聪明成功人士有能力，也本应该幸福，可是为什么他们却不幸福呢?

通过让一定数量聪明成功的学生进行精神对话练习，我的同事张贤圭（得克萨斯大学奥斯汀分校的一名博士研究生）和罗宾·索斯特（阿肯色大学的一名市场营销教授）在该问题上取得了重要进展。我们发现，几乎每一个学生都对自己精神对话的消极程度感到震惊，认为超出自己的想象。平均而言，学生的想法中有 50%~70% 的消极思想。这与他们的预期形成鲜明对比：他们预计自己 60%~75% 的思想是积极思想。在我看来，学生在精神对话中的消极思想过多这一事实已经不能引起我的兴趣了，我更感兴趣的是他们消极思想的内容。

学生消极的精神对话大体分为以下三大类：

- 与自卑相关的思想
- 与缺乏爱和缺乏与他人的联结相关的思想
- 与缺乏控制相关的思想

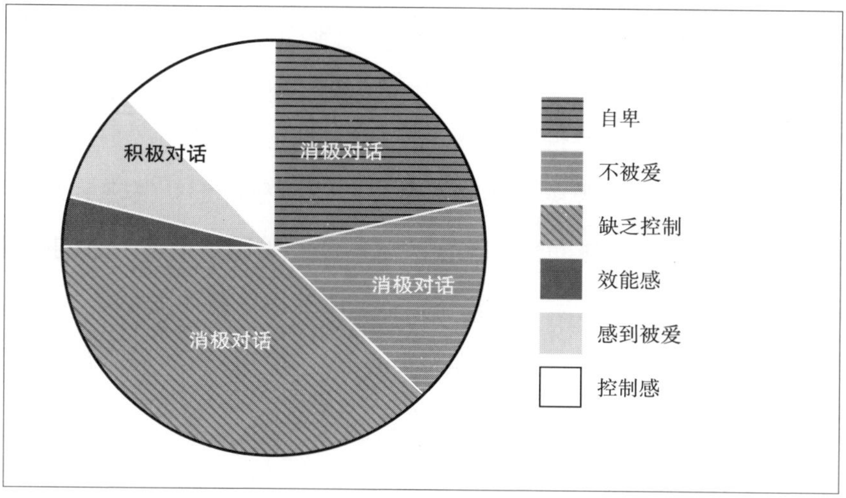

审视学生不幸福的原因后，我发现，现存的书籍中还没有哪本书能够正面解决这些问题。不过针对该类话题的研究还是有很多的。大部分研究都探讨了这三类精神对话的根源：行为、目标和价值观。例如，与自卑相关的思想是根源于社会性比较的倾向（如与人攀比），而这种倾向又根植于对优越感的渴望。同样，与缺乏爱和缺乏与他人的联结相关的思想是根源于对所处关系的不安全感，表现为过度需求（或者关系焦虑）或情感回避。与之类似，与缺乏控制相关的思想是根源于对控制的渴望，以及成为最大化者的倾向。所谓最大化者，是指拥有不可遏制的冲动想要改善一切的人。



这些发现让我更加深刻地了解到，自己这些年来为什么会变得越来越不幸福。尽管那些催生消极精神对话的行为、目标和价值观对我们获得幸福有着巨大的阻碍，我们中的大多数人，尤其是那些聪明成功人士，还是不愿意放手。为什么呢？因为我们有这样一种观念：那些阻碍幸福的行为、目标和价值观是获得一样东西的关键因素，我们如此看重的这件东西就是成功。例如，我们中很多人以为对优越感的迫切需求——想要变得最富有、最迅速、最强烈的欲望——是获得成功的决定性因素。与此相同，我们还认为成为一座“孤岛”——情感上不受他人影响——是强有力的领导者所具备的关键特征，而且觉得成功往往属于那些想要控制他人、控制环境的人。然而，事实上并没有任何证据支持以上观点。例如，尽管对优越感的迫切需求会激励我们追求目标，然而整体而言，这种需求形成的阻碍多于它带来的益处。与之相同，这个世界上最优秀的领导者并不是情感冷漠的人，相反，他们富有同情心，为人友善。对控制的需求同样也有其局限性，控制欲过强并不是获得成功的最佳方式。





换言之，我发现最好的做法就是放弃那些滋生消极精神对话的行为、目标和价值观，代之以更加富有成效的行为、目标和价值观。这样做不仅能够提升幸福水平，还能提高我们获得成功的概率。

## 本书结构：七个幸福杀手和七个幸福习惯

在此，我将催生消极精神对话，降低幸福水平的行为、目标和价值观称为幸福杀手。提升幸福水平的一大重要方式就是去除生活中的这七个幸福杀手，同时理解并培养相应的能提高幸福水平的习惯。

因此，本书以两两相对的幸福杀手和幸福习惯作为主线，除第十五章外，每两章为一对，奇数章分析幸福杀手，偶数章给出对应的幸福习惯。

除了幸福杀手和幸福习惯，我还提到了七个幸福练习，练习是与幸福习惯放在一起讲的，都放在了偶数章里。这些练习的目的就是帮助大家在克服错误倾向的同时培养良好的习惯。

## 心态开放和坚持认真的重要性

如果说我以往的学生的经验中有什么值得一提的话，那就是你会发现自己凭直觉就能与本书中的幸福杀手和幸福习惯产生共鸣。更确切地说，你会本能地被以下话题所吸引：为什么七个幸福杀手会降低幸福水平，而七个幸福习惯能提升幸福水平？当然，这并不意味着你会全盘接受我在书中所讲的内容。很有可能的是，你不但会反对我在书中所讲的某些内容，而且它们还会让你感到不自在。其原因就在于，我们早就习惯了向外界展示自己某些特定的品质，做出特定的行为（如追求优越感），一旦这种习惯的合理性受到质疑，就会感到不安。当你感到不安时，我强烈建议你以开放的心态来面对。更准确地说，如果你对某个概念感到怀疑，我建议你不要立刻否定这个概念，尽可能把每个与幸福习惯相关的练习都做一遍。你可以想象，是你的老板或配偶（有时老板和配偶的性质是一样的）命令你完成每个练习的，不知道这么想对你有没有帮助。你会发现，等到完成本书中的所有练习时，才更有资格评价书中的各个概念和练习。

尽管如此，我还是要提醒一下，并不是书中所有的概念和练习都对你有作用。正如索尼娅·柳博米尔斯基教授在《幸福有方法》（*The How of Happiness*）中指出的那样，存在着“幸福战略匹配”这一情况。因为每个人的特征和生活方式的不同，可能某些练习对你十分有效，别人却觉得不过如此。为了帮你找到最适合自己的概念和练习，我建议你在阅读这本书时，记录一下自己的阅读时间，就从今天开始记录。因为这本书分为七大主题，因此我建议你拿出七周的时间来完成这些练习，保持一周一个练习的速度。你还可以在我的网站上找到一个链接，点击此链接就可以跳转至一个有密码保护的在线日记模板。使用这个在线日记模板的一大好处就是，你每天都会收到一封邮件提醒你创建一个条目。当然，如果你不喜欢在网上创建条目，但仍想使用我创建的这个模板，也可以选择从网站上下载，然后打印出来。或者，如果你比较喜欢用其他方式来写日记，比方说用笔记本，那也可以。

无论选择什么方式，你都可以在以上网站找到与记录日记相关的说明。同时，该网站还提供与其他幸福练习相关的说明，其中就包括本书中的七个练习。如果你阅读此书的一大目的就是提升自己的幸福水平，那么我强烈建议你一定要坚持完成这七个练习。据我发现，要想提升幸福水平，开放的心态和坚持不懈的态度缺一不可。据我在授课时所做的统计，在全勤上课、认真完成所有练习的学生中，超过70% 的人的幸福水平得到了提升。与之形成对比，那些上课缺勤，没有认真完成练习的学生中，只有 25% 的人幸福水平能够得到提升。

## 首次幸福测量

即使你对本书的兴趣属于纯学术性的，也就是本人并不是很热衷于提升自己的幸福水平，我觉得你还是会好奇，接触本书中的各个概念会对自己的幸福水平有什么样的影响。为帮助你解决这个困惑，我在书中添加了一个叫作“生活满意度量表”的东西，本书中有三处提供了这个量表。第一处在引言之后，第二处在第六章，位于整本书的中间，最后一处位于本书结尾处，也就是最后一章的后面。届时你会发现，这张量表测量的幸福并不是人们稍纵即逝的情绪，具体来说，它是一种反思性评价，是在把所有（至少大部分）事情考虑在内的情况下，评估你的生活状态。事实证明，如预期的那样，该量表测量的幸福与神经系统相关物（如血清素和皮质醇水平）、幸福水平评估，以及其他行为测量标准（包括婚姻关系的稳定程度）存在高度相关性[①]。因此该生活满意度量表还是十分可信的，为证明其可信度，在这里我要提一下，这张量表所在的文献已被引用了上万次。

---

① 如想获取埃德·迪纳教授谈生活满意度量表的视频片段，请观看 Coursera 课程视频：http://www.coursera.org/learn/happiness/lecture/zzsHz/week-1-video-2-happiness-is-a-balloon。

希望你在看完本书后能发现自己的幸福水平有了提升。不仅如此，希望你还能发现：那些给我们带来幸福美满的事情不仅能够让我们变得更好——更加友善、更富有同情心——还能让我们更加成功，这也是我本人在追求幸福美满生活的过程中发现的最令人满足的一件事。确切地说，幸福的秘诀同样是“三赢局面”的秘诀，我在最后一章中会再次论述。

祝你享受阅读本书的过程，就像我享受写作本书一样。

阅读愉快！

拉杰·洛格纳汗

2016 年 1 月 15 日

得克萨斯州，奥斯汀市

## 生活满意度量表

该量表由埃德·迪纳教授，也就是“幸福教授”，与他的同事共同制作，其所在的文献于 1985 年首次发表，迄今为止已被引用上万次，这足以证明该量表的可信度。这份量表如此值得信赖的重要原因之一就是它不仅仅衡量短暂的情绪变化，还包含了整体的生活满意度。需要提醒的是，你可能会发现自己对量表中的某些条目不是很满意（尤其是最后一条），而且并不确定该如何理解某些条目。如果有上述情况的话，请你暂且把自己的不满放到一边，试着以最合理的方式来理解这些条目，务必牢记这张量表的目的是为了衡量你对自己整体生活状况的满意度或者生活的幸福美满程度。

该量表共有 5 个条目，每个条目后面都有相应的评分，其中 1 代表“强烈反对”，7 代表“强烈同意”。在对 5 个条目评分完毕后，将每个条目的评分相加，就可得出你的生活整体满意度得分。在下一页，你可以看到得分所对应的解释。

| | 强烈反对 | | | | | | 强烈同意 |
|---|---|---|---|---|---|---|---|
| 大多数情况下，我的生活还是接近理想状态的 | 1 | 2 | 3 | 4 | 5 | 6 | 7 |
| 我对自己的生活感到满意 | 1 | 2 | 3 | 4 | 5 | 6 | 7 |
| 我目前的生活状态很棒 | 1 | 2 | 3 | 4 | 5 | 6 | 7 |
| 目前为止，生活中我看重的东西自己都有 | 1 | 2 | 3 | 4 | 5 | 6 | 7 |
| 如果可以重新生活，我不想对自己的生活做任何改变 | 1 | 2 | 3 | 4 | 5 | 6 | 7 |

## 生活满意度评分解读

| 得分 | 状态 | 解析 |
| --- | --- | --- |
| 32~35 分 | 极其幸福 | 或许本书已经不能再提高你的幸福水平了，但仍可以帮助你了解自己为何如此幸福 |
| 28~31 分 | 很幸福 | 本书可以帮助你维持目前的幸福水平 |
| 23~27 分 | 幸福 | 本书绝对可以让你的幸福水平更上一层楼 |
| 18~22 分 | 不是很幸福 | 你的幸福水平还是有很大的提升空间的，本书绝对可以助你一臂之力 |
| 13~17 分 | 不幸福 | 你的幸福水平急需提高，本书绝对可以助你一臂之力 |
| 12 分及以下 | 潜在抑郁 | 虽然本书的确能够对你有所帮助，不过还是建议你能够寻求专业人士的帮助（如治疗师） |

IF YOU'RE SO
SMART,
WHY AREN'T
YOU HAPPY?

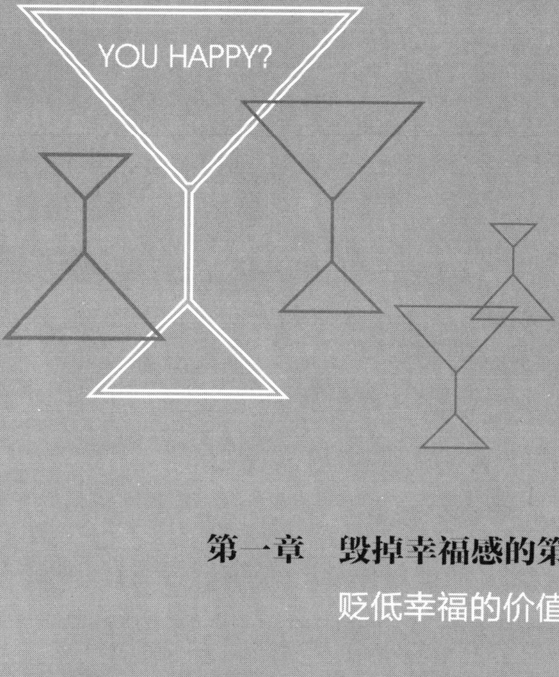

# 第一章　毁掉幸福感的第一个杀手：贬低幸福的价值

基本上每个月我都要参加2~4个聚会，全都是为了纯粹的学术交流，为了紧跟最新的市场营销趋势。在我参加聚会时，大家最常问我的一个问题就是："在您所有的研究发现中，您认为哪个最有趣？"

每次有人问我这个问题时，我都会告诉他们，回答这个问题的最好方式就是让我先提出一个问题。然后我就向他们提出了"精灵之问"。问题是这样的：

想象一个精灵出现在你的面前，他可以实现你的三个愿望。在你许愿前，我们先假设这个精灵是全知全能的。因此，不要自我设限，相信这个精灵是有能力实现你的任何愿望的。

你会许下哪三个愿望呢?

（亲爱的读者：我建议你拿出一两分钟的时间来写下自己的愿望。我敢保证，这样能帮助你更好地理解本章的内容。）

第一个愿望：______________________________

第二个愿望：______________________________

第三个愿望：______________________________

对大多数人来说，回答上述精灵之问没有什么困难，通常他们的愿望清单是这样子的：

第一个愿望：拥有许多许多的钱，让我能想买什么就买什么。

第二个愿望：拥有巨大的成功，以及各种与成功相关的东西——名声、权力和尊重。

第三个愿望：拥有令人满意的人际关系，尤其是和家人、朋友的关系。

还有一小部分人，通常是那些自认为很聪明的人，只许了一个愿望：希望精灵能够让他们以后还能不停地许愿。我告诉这些野心勃勃的家伙，尽管你们的愿望听起来很合理，但是并没有达到我们问这个问题的目的。精灵之问不仅仅是一个智力练习题，更重要的是，它的目的是让人们自我反省，知道是他们自己阻碍了自己的幸福之路。于是，我让这些自以为是的家伙先为自己的聪明绝顶鼓个掌，然后回去再把精灵之问老老实实地回答一遍。

## 精灵之问

多年来，已有成千上万人回答了这个精灵之问。有时，他们的回答还蛮有意思的。一位女士希望能够嫁给迈克尔·杰克逊和保罗·麦卡特尼二人的混合体，还有人希望自己能够穿越时空回到 1969 年，在月亮上躲起来，这样他就可以在尼尔·阿姆斯特朗和巴兹·奥尔德林登陆月球时，嘲笑他们一下。不过，大多数人的答案并不能说是好笑，而是出人意料。出乎我意料的是，人们的愿望清单中并没有出现幸福这个词。要知道，大多数心理学家，甚至许多经济学家都认为幸福是我们人生的重大目标，美国的《独立宣言》还把幸福确立为人类最宝贵的目标之一。然而，几乎没有人向精灵索要幸福。为什么？

你可能想到的一个原因就是，人们向精灵索要了能够带给他们幸福的东西：稳固的关系、充足的金钱、高贵的地位等。但为什么不直接索要幸福呢？这就好比，如果你想从纽约去新德里，为什么要买一张途经目的地的票呢？就不能直接买张去新德里的票吗？精灵之问也是这个道理。当你完全可以直接索要幸福本身的时候，为什么还要拐弯抹角地索要获取幸福的手段呢？

你可能会猜想，人们之所以不向精灵直接索要幸福，或许是因为幸福并不是一件很重要的东西，即使心理学家和经济学家再三如此强调。为此，我与我的两位同事调查了这种可能性是否存在。这两位同事都非常值得信赖，一位是来自纽约城市大学的苏奈纳·楚甘尼，另一位是来自加拿大麦吉尔大学的阿沙史·慕克吉。我们发起了一项针对社会各界人士的调查，受访者包括学生、家庭主妇、白领、蓝领，还有退休人员。该项调查的形式是向受访者提供 16 个重要的人生目标，要求受访者对 16 个目标的重要性进行排序。这 16 个目标包括“成为有钱人”“事业成功”“身体健康”“极好的、令人满意的人际关系”“生活幸福”等。

如下一页的表格所示，从数据统计上来说，“生活幸福”与“极好的、令人满意的人际关系”都是排名靠前的目标。换句话说，这次心理学家和经济学家不仅观点一致（终于有那么一次了），而且观点还都正确：对大多数人来说，幸福的确是一个很重要的目标。

尽管结果很令人欣慰，不过我们还是没有解决刚才的那个问题：人们为什么不直接向精灵索要幸福呢？

**16 个“人生目标”及其在受访结果中的平均排名**

| 序号 | 目标 | 平均排名 |
|---|---|---|
| 1 | 极好的 / 令人满意的人际关系 | 3.19 |
| 2 | 生活幸福 | 3.31 |
| 3 | 事业上的巨大成功 | 4.78 |
| 4 | 成为有钱人 | 5.46 |
| 5 | 成为一个善良的人，乐于助人 | 6.23 |
| 6 | 能够随心所欲 | 7.44 |
| 7 | 工作满意 | 8.12 |
| 8 | 身体健康 | 8.86 |
| 9 | 扬名立万 | 9.45 |
| 10 | 获得同龄人的尊重和钦佩 | 9.56 |
| 11 | 在精神上得到成长 | 10.19 |
| 12 | 真正擅长某件事 / 在某方面达到精通 | 11.23 |
| 13 | 理解人生的意义 | 11.34 |
| 14 | 找到人生的目标 | 11.79 |
| 15 | 身材迷人 | 12.22 |
| 16 | 有权有势 | 12.67 |

事实证明，人们之所以不直接向精灵索要幸福是有原因的，而且这个原因还十分有趣。在我说明原因之前，请允许我先讲个故事。

## 本质上的幸福悖论

9 月中旬一个酷热的午后，我和我的表弟在奥斯汀市闲逛，最后走进了一家沙拉吧。这是一家典型的沙拉吧，为素食者和非素食者都提供了一些选择，针对素食者的菜有洋葱、西红柿、生菜、橄榄和鹰嘴豆等，非素食者的菜有培根末儿、火腿片和烤鸡等。任君挑选，按重量收费[1]。

和许多人一样，我表弟对价格也是很敏感的。我表弟知道，在平时，非素食者的菜的单价要比素食者的菜的单价高出许多。在这种诱惑下，他很有可能会把自己的盘子装满非素食者的菜。但这么做是要付出代价的，就是没法吃到自己喜欢的沙拉了。我表弟不吃培根，也不喜欢烤鸡。他倒是喜欢吃炸鸡，但是不喜欢吃烤鸡。我还知道，他喜欢吃鹰嘴豆。

他会怎么做呢？他会选择将自己金钱的价值最大化，拿更多的烤鸡，还是会选择将自己的快乐最大化，拿更多的鹰嘴豆呢？我实在有点儿等不及要看看结果了，不过谢天谢地，我并没有等多长时间。他盘子里放的烤鸡要比鹰嘴豆多很多。他对金钱的重视最终战胜了自己的喜好。

等我表弟坐到桌旁时，我脸朝向他，丝毫没有讽刺意味地（好吧，可能有那么一点儿）说道：“希望你能好好享用自己的沙拉。”

我将表弟的这种行为称为“本质上的幸福悖论”。所谓幸福悖论，是指尽管人们都知道幸福是最重要的人生目标之一，但还是会经常忘记这件事，经常被其他目标分散精力，如“拥有更多金钱”。

受表弟这次经历的启发，我开展了一项研究，研究结果值得深思。此次研究的参与者需要首先阅读以下场景介绍。

**场景一：沙拉吧**

想象自己在一家沙拉吧，这家沙拉吧按重量收费。你可以想

① 这里的按重量收费是指，在这家沙拉吧里，无论什么菜，每磅的价格都相同。——编者注

吃什么就拿什么，每磅一律收费 5.99 美元。你可以往自己的沙拉里添加很多东西，而且你也知道，一些菜（如蘑菇）通常要比另一些菜（如鹰嘴豆）贵一些。假设你自己更喜欢那些在平时价格稍微便宜些的菜。例如，与蘑菇相比，你更喜欢鹰嘴豆。

等到参与者将以上场景介绍阅读完毕，我们就会请他们回答以下问题：

以下两种选择，哪种会让你更开心些？

选项 A：往沙拉里放更多蘑菇，这样就可以花同样的钱买到更贵的东西。

选项 B：往沙拉里放更多鹰嘴豆，这样就可以从中获得更多乐趣。

该项研究的目的就是搞清楚在人们的认知中，哪种行为对获得幸福更加重要，是享受沙拉还是看重金钱。如果人们认为，看重金钱比享受快乐更重要，那他们就应该选择 A 选项；如果人们认为，享受快乐比看重金钱更重要，那他们就应该选择 B 选项。研究结果再次印证了我们的直觉，最终结果显示，享受沙拉对获取幸福来说更加重要：压倒性的绝大多数人（98%）选择 B 选项。

在已经确定 B 选项是能够将幸福最大化的选项的情况下，下一步我们开始测试，如果面临这种二选一的情况，人们是否会真的这么选择。于是我们让另一批参与者阅读该场景描述，不过我们并没有让他们选择能够让他们感到快乐的选项，而是让他们从个人消费的角度做出选择。如果将幸福最大化真的比将价值最大化重要，那据估计，98% 的参与者应该会选择 B 选项。但实际上，只有 76% 的参与者选择了 B 选项。也就是说，此次研究中有 22%（约占 1/5）的参与者甘愿为了金钱而牺牲自己的幸福。

你可能会说，那些选择 A 选项的人也是在以自己的方式将幸福最大化。也许对那些人来说，拥有更多金钱才是他们幸福的关键，享受沙拉并不能给他们带来快乐。但这种观点是站不住脚的，因为从第一份研究中我们已经看到，压倒性的绝大多数人（98%）认为 B 选项才是将幸福最大化的选择。由于第二组人与第一组人在很大程度上是相似的，因此我们认为，他们选择 B 选项的比例理应也是差不多的。第二组中 22% 的参与者没有选择 B 选项这一事实说明，他们并没有选择将幸福最大化，具体点说，就是这群人选择了将其他事物最大化，那就是金钱。



请看另一个例子，同样展现出了一种牺牲幸福换取其他东西的倾向。

**场景二：选择开心还是正确**

假设你处于一段十分美好的恋爱关系中，男朋友几乎无可挑剔。不过，他还是有一个方面令你不太满意——肥胖。你给了他很多很好的建议帮助他减肥，但是他就是不听。这种状况一直持续了几个月。有一天，他回到家里很兴奋地告诉你，他遇到了一个激励他以一种全新的生活方式去生活的高人，而且这种生活方式能够帮助他减肥。当他讲述完这种全新的生活方式后，你发现这和你一直以来建议他采用的生活方式几乎相同！一直以来，你都想要劝说自己的男朋友做出改变，而最终他却被别人说服了。





你会怎样做？

选项 A：（愤怒地）向他指出那位高人所说的并无新意。

选项 B：祝贺他终于知道该怎样实现自己的目标了。

在此情景下，大多数参与者（85%）认为B选项比A选项更能提升幸福感。85%的人认识到，在恋爱关系中，要么选择开心，要么选择正确，二者不可兼得。然而，当我们要求另一组参与者为自己做出选择时，只有72%的参与者选择了B选项，也就是有13%（或者约1/8）的人似乎甘愿为了“正确”牺牲幸福。

此外，通过另一项研究我们还发现，1/6的人愿意为了声望和美貌牺牲幸福。通过以上这些研究我们发现，这种本质上的幸福悖论还是十分普遍的。

## 择业场景

目前为止，我所谈论的场景都存在一个局限性，就是这些场景涉及的都是简单、假设的选择。那么你可能会问：本质上的幸福悖论是否也会出现在现实世界以及更加重要的情况中？

例如，人们在面临择业时会不会牺牲幸福？

为了一探究竟，我和我的同事向麦库姆斯商学院的学生提供了以下场景。[①]

**场景三：内在激励型与外在激励型工作**

假设现在你手中有两份工作邀请：

工作A薪资丰厚，接受这份工作可以让你富有的同时，还能帮助你获得事业上的成功。然而之前做过这份工作的学长学姐告

---

① 你可以观看我在本项目中的同事楚甘尼教授描述该研究以及其他研究的视频，链接如下：https://www.coursera.org/learn/happiness/lecture/Rr8sv/week-1-video-7-devaluing-happiness-in-job-choice。

> 诉你，这份工作枯燥无聊，压力很大，而且工作时间还很长。并且，周围的同事都很难相处。
>
> 另一方面，工作B的薪资并没有工作A丰厚，只有工作A的一半，不过还是能够让你过上体面的生活的，只是没法让你大富大贵罢了。比起工作A，这份工作更加称心如意些，周围的同事也都很友善，很好相处。
>
> 你会怎么选呢?

和往常一样，我请一组学生来选择哪个选项能更好地提升幸福感。绝大多数人（78%）选择了薪水较低的内在激励型工作B。因此，如果幸福是学生心中最重要的目标，那另一组（被要求为自己做出选择的一组）中也应该有相似比例的人选择工作B。事实也的确如此，与我们之前的研究结果形成对比，我们这次的结果是：74%的学生选择了工作B，这个比例与78%很接近了。

为什么这次研究的结果与之前如此不同呢？是不是人们只有在事情比较重要的情况下才会做出提升幸福水平的决定呢?

乍看之下，好像研究结果就是这样的。但我，实际上是我的同事们，很难接受这个结果。关于这个研究结果，我们越想越觉得不对劲。如果你像我一样了解商学院的学生的话，就会知道我到底觉得哪里不对劲，因为典型的商学院学生更关心赚钱这件事，而不怎么在乎内在利益。我本人也是商学院毕业的学生，我很清楚商学院“见钱眼开”的这个名声可以说是实至名归。可是，研究中绝大多数的学生选择了内在激励型工作，怎么会这样？是这群学生真的和其他商学院的学生不一样，还是他们不愿意承认自己真实的想法，不想把自己唯利是图的一面展示给他人?

我和我的同事为此制订了一个计划，希望能够查个水落石出。

当心理学家想要探究某些人们不愿承认的事情时，会采用一种叫作投射技术的方法。所谓的投射技术就是，当心理学家想要获取人们关于某些棘手问题的观点时，不直接问受访者的个人意见，而是问受访者认为其他人会怎么想。这个技巧之所以有效，是因为人们通常比较看重自己的声誉，而不在乎他人的名声。例如，在择业场景中，学生可能不愿承认自己见钱眼开，但他们会毫不犹豫地承认自己的同龄人就是这样的。投射技术既简单又有效，因此长久以来被应用于调查研究中。

我们举个简单的例子，看一下如何在现实生活中利用投射技术。假设你想知道有多少人在游泳池里撒尿，如果想要得到一个较为准确的估值，你应该问“你觉得其他人中有多少会在游泳池里撒尿”，而不是直接问“你会不会在游泳池里撒尿”。如果他们回答“大多数人都撒尿”，那你就可以确信（某种程度上来说）在游泳池里撒尿是个较为普遍的现象。

## 择业场景小测试

给读 MBA（工商管理硕士）的学生上课时，我向学生们描述了前面提到的两份工作（工作 A 和工作 B），然后让他们假设自己已经接到了这两份工作的邀请。然后我问：“有多少人会选择高收入的外在激励型的工作 A？”

只有几个人举起手来，40 个人里有 5 个人举手。

我接着问：“你们中有多少人会选择收入较低的内在激励型工作

B？”这次有很多人举手了，大约 20 人吧。现在这种模式就与之前的研究结果很相似了：似乎更多的人喜欢收入较低的内在激励型工作，而不太受高收入、外在激励型工作的吸引。

我假装很惊讶，然后说：“真有意思！一般大家都以为读 MBA 的学生见钱眼开呢。不过你们好像不是这样，这是怎么回事？”

“我们和其他人不一样，”其中一个学生说，稍作停顿后，他继续说，“我们不太在乎赚钱这件事，更在乎自己的爱好。”

“那其他学校读 MBA 的学生是什么样的呢？”我问他，“他们中会有多少人选择高收入的工作呢？”

“绝对比我们学院的人要多，”这时另一个学生回答说，然后环顾四周寻求同班同学的支持，当然周围的同学也十分迅速地给予了他回应。

“那我们学院的本科生呢？”我继续问道，“他们是更像你们，还是更像其他学校读 MBA 的学生呢？”

“绝对更像其他学校的，”又一个学生回答道，言语中带着些许不屑，“读本科的时候，学生关心的全都是赚钱。只有工作几年之后，你才会意识到金钱并非一切。”

我心中暗想：“嗯，我得看看本科生们是怎么想的。”

很快我就有了这个机会。我对本科生也做了同样的调查，我想结果你都已经猜到了。本科生觉得与读 MBA 的学生相比，他们并不太看重金钱，更看重自己的爱好。

这么看来，我们的直觉似乎是对的。学生们在择业场景下的确有意隐瞒自己的真实想法。

我们猜测，我们的学生（如果延伸开来说，就是大多数人），即使在择业这样重要的情景下仍会表现出本质上的幸福悖论，那我们应该怎样才能绕过学生自我表现的欲望，获得更多直接性的证据来证明我们的猜测是对的呢?

这就是我们下一步要面临的任务。

## 择业场景中本质上的幸福悖论的证据

我也曾经读过 MBA，深知学生们“一切向钱看”的特征在求职面试季可以说是展露无遗。于是在之后的一次调查中，我和我的同事模拟了一次求职面试，以下是详细情况。

我们邀请学生们参加一场测试，在这次测试中，他们需要回答 12 个问题，内容涉及各种话题。我们这么做的目的是让学生感到一定的“竞争压力”（这是学生在求职面试季最常面临的一种压力），以便确定让学生处于压力状态是否有助于我们绕过他们的自我表现欲。根据推测，让学生处于压力之下应该能够达到理想效果，但同时我们也认为，压力的类型对测试效果也起着至关重要的作用。具体来说，我们认为施加的压力类型与学生在求职季面临的压力越像，学生选择外在激励型（高收入）工作的可能性就越高。为了进行测试，我们对其中一组学生解释称，他们在此次测试中的表现能揭示出他们日后在求职季中的情况，同时告诉另一组学生，他们在此次测试中的表现可以反映出他们的人格类型。然后，我们让这两组学生共同阅读了两份工作的描述（工作 A 和工作 B），要求他们做出选择。根据我们的推测，这两组学生中选择高收入工作的人的比例都应该超过 26%，如果你还记得的话，26% 正是上文我们说过的无压力状况下的比例。同时，我们还预测，“工作压力”小组选择高收入工作的人的比例应该会比“人格压力”小组高一些。果然如我们所料，“工作压力”小组的学生选择外在激励型工作的比例是 55%，而“人格压力”小组是 44%。

以上结果表明，压力越大，压力的类型越接近于求职季时的压力类型，学生牺牲幸福、选择外在激励型工作的可能性就越大。

尽管这次研究结果为本质上的幸福悖论提供了更多直接性的证据，我们仍不打算就此打住。我们还想要在真实生活中的择业场景中收集证据。

我们最终的研究分为两个阶段。第一阶段在真实的毕业求职季开始前的两个月进行。我们向读 MBA 的学生提供了一份清单，列举了 9 个行业（如食品包装、投行、零售等），要求学生选择自己感兴趣的 3 个行业。然后针对学生选择的每一个行业，我们会分别提供两份工作机会（例如，零售业的两份工作其中一份是在全食超市，另一份是在沃尔玛超市）。我们在工作描述中提供了充分的信息，以便学生判断出每份工作的内在价值（如与自己的价值观一致）和外在价值（如高收入）。我们会要求学生在每一行业的两份工作之间，选择自己比较喜欢的。随后，我们又要求学生对自己手中的 6 份工作进行排序。

以下是我们第一阶段的研究结果。在研究的第一阶段（毕业求职季开始前的两个月），内在激励对工作选择的影响较大，外在激励作用较小。内在激励型工作（如在全食超市工作）的评分和排名都高于外在激励型工作。同时，研究结果还显示，与收入较高的外在激励型工作（工作 A）相比，绝大多数学生（73%）都认为收入较低的内在激励型工作（工作 B）更能提升人的幸福水平。换句话说，在毕业求职季开始之前，学生似乎更加偏好幸福最大化这个选项。

毕业求职季临近时，研究进入第二阶段。我们让学生把第一阶段的流程又重复了一遍，即让他们在 9 个行业中选择 3 个自己想要进入的行业，然后针对他们选择的每个行业分别提供两份工作，请他们就两份工作的内在价值和在外在价值进行评分，说出自己对两份工作中的哪一份更加偏爱，并对这 6 份工作按照自己的喜好进行排序。按照我们的预测，与第一阶段相比，在第二阶段中，学生会更加看重外在价值。

果不其然。在第一阶段，三份外在激励型工作的平均排名得分是 3.58，而在第二阶段是 3.25（需指出的是，分数越低说明越受偏爱）。在第一阶段，内在激励型工作的平均排名得分是 3.41，而在第二阶段则是 3.79。

## 为何人们会表现出本质上的幸福悖论

这些研究发现到底意味着什么？

其中最直截了当的一个结论就是，虽然对大多数人来说，幸福是一个十分重要的目标——这从我们以往的幸福调查中可以看出，但生活中人们又在贬低幸福的重要性。更具体地说就是，人们总是习惯于为实现其他目标而牺牲幸福。

有人可能会提出异议，认为不能只从一个角度来解读研究结果。具体来说，这些人认为可能研究中的参与者是在以他们自己的方式来将幸福最大化。例如，处于择业场景中的 MBA 学生可能只是在牺牲“眼前的幸福”，而将“未来的幸福”最大化。毕竟，薪水更高的工作可以更好地帮助学生偿还贷款，并能让他们存下更多的钱以备不时之需。但需要指出的是，如果这种解读方式是正确的，那么，那些未偿还贷款较多的人应该更加倾向于高收入的工作，但事实并非如此。我们发现，未偿还贷款的多少对学生的工作选择并没有太大影响，无论学生的未偿还贷款是多还是少，他们都一样倾向于选择高收入的工作。

而且，有一个研究结果的确排除了那个学生试图将未来幸福最大化的说法。我们之前说过，学生对工作的喜好是随着时间变化的。详细来说就是，在第二阶段（与第一阶段相比），学生对外在激励型工作的偏好更加明显。如果学生在两个阶段中都想要将未来的幸福最大化，是不该出现这种差异的。因此最好的解释就是，学生的确在为了达成其他目标而牺牲自己的幸福。而且，在多种不同场景下得出的结果都呈现出类似的模式，可见这种本质上的幸福悖论无处不在。

当我把研究结果拿给人们看时，他们大都同意本质上的幸福悖论的确比较普遍，但同时，他们又感觉这并不是什么大不了的事情。毕竟只有一小部分人，也就 15%~20% 的人吧，在特定的场景下才会表现出这种矛盾的反应。

对于这种结论，我觉得还是值得注意的。我告诉他们，现实世界中的本质上的幸福悖论可能比研究中呈现的还要普遍。何出此言呢？因为几乎没有人愿意承认自己小气浅薄或者见钱眼开。因此，我们的研究很可能没能呈现这种本质上的幸福悖论的普遍程度。而且，后来我们利用投射技术又开展了一些后续研究，研究结果也验证了这种猜想。在这些后续研究中，表现出本质上的幸福悖论的人数在参与者总人数中的占比在原来的基础上增加了一倍。另一个本质上的幸福悖论的普遍程度比乍看起来更高的原因是，我们每天需要做的决定实在是太多了，没有上千个，也有上百个。因此，即使本质上的幸福悖论出现的次数仅占所有决定中很小的一部分，我们也遗漏了很多幸福的机会。

如果这种本质上的幸福悖论真的十分普遍，那就出现了一个重要的问题：为什么人们要把幸福放在次要的位置呢？这可是人们口口声声说的最重要的人生目标啊。

对此，我们将在第二章进行探索。

IF YOU'RE SO

SMART,

WHY AREN'T

YOU HAPPY?

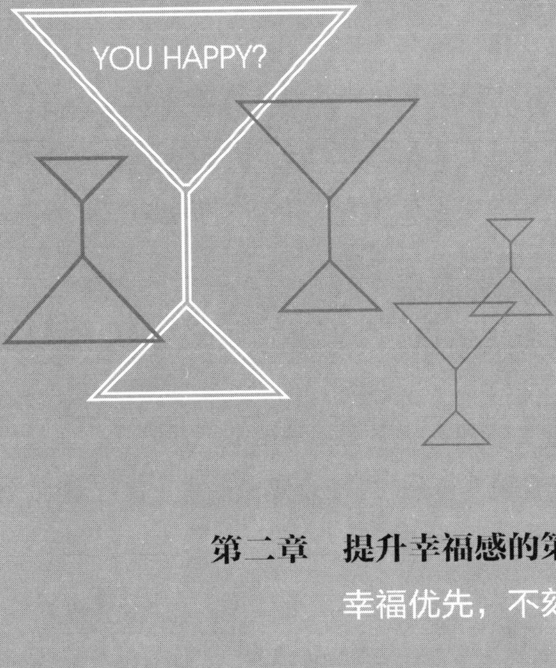

# 第二章　提升幸福感的第一个习惯：幸福优先，不刻意追求

我首先要讲一个脍炙人口的小故事，也许你已经听过了：

一位富有的美国银行家正在墨西哥的一个小渔村里度假。一天，这位银行家在码头遇到了一位渔夫，于是与他攀谈起来。很快，这位银行家发现渔夫很精明，精明到可以在华尔街做一位成功的银行家了。

银行家说："你知道吗？你真的很聪明。我敢打赌，你要是在华尔街，保准能轻松当个成功的银行家。"

渔夫问："可是我为什么要当银行家呢？"

银行家回答说："这样你就可以赚大钱了啊。"说着，他晃了晃自己的劳力士手表。

"然后呢？"渔夫一脸天真地问，"我要这么多钱做什么呢？"

"做什么？"银行家激动地说，"这样你就可以早退休了啊！说不准，要是你干得好，还能在墨西哥的小村庄里定居下来，整天除了钓鱼什么都不干！"

"可是……"渔夫并没有把话说下去，但美国银行家忽然意识到，眼前的这个渔夫已经实现了他所说的目标。

我喜欢这个故事的原因有两个，但在说出之前，我想快速说一下不喜欢这个故事的一个原因：这个故事似乎在暗示，短期的幸福比长期的幸福更加重要，但很明显，事情并不是那么简单的。在许多情况下，长期幸福要比短期幸福重要得多。在第四章中我将论述，为长期幸福牺牲短期幸福是一件值得的事情。不过现在，我们还是回到那个墨西哥渔夫的故事吧。我喜欢这个故事的原因之一在于，这是现实生活中本质上的幸福悖论的一个典型。尽管那位美国银行家很清楚地知道什么样的生活会让自己幸福（闲来垂钓，悠游自在），但他还是控制不住地被其他目标分散了精力。我喜欢这个故事的另一个原因就是，这个故事很好地展示了人们是多么容易陷入本质上的幸福悖论。如果你和大多数人一样，发现自己能与那位富有的美国银行家产生共鸣，那说明你也意识到了，自己在生活中有多轻易就会忘记幸福，为了达成其他目标而牺牲幸福。

我研究本质上的幸福悖论迄今已有几年的时间，但偶尔还是会发现自己也陷入这种悖论。就在前几天，我准备买一副眼镜，发现正好有促销活动：买一副眼镜，就可以半价购买第二副等价或更低价的眼镜。我很快找到一副很好看的售价 120 美元的眼镜，决定买下它。但为了利用好这个促销机会，我开始找新的眼镜，最终又找到了一副不错的眼镜，比其他所有的眼镜都好看多了，但在我正准备买下它时，我看到它的售价只有 70 美元。与此同时，我又知道，其他价格更贵的眼镜都没有这副 70 美元的眼镜好看。我该怎么办？是买那副很好看但售价只有 70 美元的眼镜，还是买一副难看一点儿，但是能让我在更大程度上享受商家优惠的眼镜呢？

我花了 10 分钟的时间把整件事情从头到尾想了一遍，然后意识到自己正要走入本质上的幸福悖论的陷阱。一旦意识到这个问题，我便迅速买下了那副 70 美元的眼镜，然后大步走开了，心中欢喜。但这次经历也让我了解到，克服自己的这种忽视幸福的倾向并不容易，需要彻底理解忽视幸福的缘由才可以。

## 我们为什么忽视幸福



那为什么我们会忽视幸福呢？这可是我们自己承认的最重要的目标啊。

前文提到的精灵之问可以很有效地解决这个问题。通常，在精灵之问后，我还会再问一个问题。我请那些没有把幸福列入愿望清单的人解释一下，为什么他们的清单上没有幸福。大家给出的解释很好地揭示了他们为什么会忽视幸福，原因主要有三个。

首先，许多人觉得幸福太抽象了，尤其是与金钱、声望、地位这些东西比起来。借用我一位学生的话说就是："我不会向精灵索要幸福是因为我不知道精灵到底会给我什么东西。与之相比，如果我提钱、名声、地位或者迷人的身材这些要求的话，我很清楚我会得到什么。"换句话说，我们之所以忽视幸福是因为我们对幸福并没有一个清晰具体的概念。如果联想一下流动效应（fluency effect）的研究结果，这还是很讲得通的。流动效应的研究结果显示，当事情比较抽象、模糊，或者难以理解时，我们就会倾向于忽视这些事情。





其次，我们长久以来所持有的消极观点使得幸福看起来不那么吸引人。一个较为普遍的消极观点就是，幸福会让人懒惰。正如我的一位学生所说："我不向精灵索要幸福是因为，在今天这个生活节奏几近疯狂的时代，我们唯一感觉放松、快乐的时刻就是手里有大把时间的时候，比方说度假的时候。所以我们逐渐把幸福与放松联系在一起。”但事实证明，这种一旦幸福就开始变懒惰的观念并不准确。以下是幸福对生产效率和成功的影响的部分研究结果[①]：

- 幸福的员工能更不折不扣地完成任务（包括涉及领导能力和创新能力的任务在内）。
- 幸福的员工薪水更高。
- 幸福的（乐观的）首席执行官有助于更加积极的工作氛围的形成，从而提高组织的生产效率。
- 幸福的首席执行官获得的董事会主席的业绩评分更高些，从而带领公司获得更高的投资收益。

下面这条是我个人特别喜欢的：

- 幸福的板球击球手的平均击球命中率更高。

还有一个我们许多人持有的消极观念是，幸福会使我们变得自私，这又是一个天大的误解。已有研究结果显示，我们在幸福时更容易与人为善，关心他人。以下是部分研究结果：

- 幸福的人会参加更多的志愿活动。
- 幸福的人更容易善意地评价他人，更乐意将自己的好运与他人分享。

---

① 我有幸采访了“幸福博士”埃德·迪纳教授，并就我的 Coursera 课程向教授请教了幸福的功能性。你可以在以下网址观看此次采访的片段：https://www.coursera.org/learn/happiness/lecture/mSNAw/week-1-video-8-three-negative-misconceptions-about-happiness。同时该视频中还包含芭芭拉·弗雷德里克森教授接受专题采访的片段，该片段主要是关于为什么我们在感到幸福时效率更高的。

• 心情好的人（与那些心情沉重或者无悲无喜的人形成对比）在给慈善机构捐款时会捐得更多，心情好的人更容易献血。

下面这条也是我个人特别喜欢的：

• 幸福的人更容易志愿参加额外的实验。

另一个关于幸福的消极观念就是，幸福稍纵即逝。引用一位精灵之问的受访者的话说就是："为什么我要索要一件不能长久的东西呢？"这位受访者的话也有几分道理。因为根据我们以往的个人经验，积极的情绪总是不会维持太久，甚至一件很小的事，像是天气不好，或者交谈不愉快，都会破坏我们的心情。但这并不意味着所有的积极状态都不能长久。在后文，我们将会看到的确存在某些类型的积极状态可以比其他类型维持更长的时间。



除了认为幸福太抽象，对幸福持有消极观点这两个原因外，我们忽视幸福还有一个原因：我们从来没有意识到我们的终极目标是要过上幸福美满的生活，不明白自己做这做那都是为了什么。



我在向学生提出精灵之问时，偶然得到了一点儿思路。我首先向他们提出问题，然后在他们回答之前，提醒他们可以要"任何东西，包括幸福在内"。

你猜我发现了什么？向精灵索要幸福的人的比例迅速增高，从之前的仅有 6%（我发现，一般情况下都是这样的）增长到了 18%：增长到了原来的 3 倍啊！



这次的结果揭示出人们不向精灵索要幸福的一个重要原因：他们压根儿没有这种索要幸福的意识。顺便说一下，这次的研究结果是我认为迄今为止自己所做的研究中最有趣的。同时，这个结果也很好地解释了，为什么在很多幸福调查中，幸福被参与者选为一个很重要的目标。因为在那些调查中，幸福这个词是清清楚楚列在众多目标之中的，所以人们可以毫无困难地将其选为首要目标。

除非得到提醒，否则人们在回答精灵之问时就会忘记幸福这件事，这一事实恰好与“媒介最大化”的研究结果不谋而合。媒介最大化是指人的一种忘记自己想要达成和追求的终极目标，只记得实现终极目标的手段（或者媒介）的倾向。在一个证明媒介最大化的存在的实验中，工作人员告诉其中一组实验参与者，他们可以完成一个花费时间较短（20 分钟）或较长（25 分钟）的任务从而获得奖励。如果他们选择时间较短的任务，可以获得 1 磅士力架巧克力棒作为回报。如果他们选择时间较长的任务，可以选择获得 1 磅士力架巧克力棒或者 1 磅杏仁巧克力棒。另一组实验参与者也接到了同样的两个任务，但与上一组不同的是，在该组中引入了一个“媒介”。参与者被告知完成花费时间较短的任务可以得到 60 分，他们可以用这 60 分兑换 1 磅士力架巧克力棒，而完成花费时间较长的任务可以得到 100 分，他们可以用这 100 分兑换 1 磅士力架巧克力棒或者 1 磅杏仁巧克力棒。

而事实上，两个小组的大多数人都更加喜欢士力架巧克力棒，不太喜欢杏仁巧克力棒。因此，对这两个小组的参与者来说，比较好的选择就是选择花费时间较短（而不选花费时间较长）的任务。然而，媒介的引入影响了他们的选择。在没有媒介的情况下，参与者会选择花费时间较短的任务，但媒介介入之后，参与者就选择了花费时间较长的任务。为什么呢？因为媒介的介入干扰了他们对最终目标（享受糖果的滋味）的注意力，反而让他们把注意力放在了媒介（分数）的最大化上。

想一想，实验中的媒介是不是就相当于现实中的金钱呢？这可是最通用的媒介了。实验表明，人们有时会迷失于追名逐利，而最终忘了当初为什么要赚钱。

毋庸置疑，关于本质上的幸福悖论的研究结果与媒介最大化这一概念是相当一致的。同时，以上实验还表明，金钱并不是唯一干扰我们的媒介。其他目标，比如想要证明自己正确的欲望、美貌、名声，都会干扰我们获得幸福。



如果本质上的幸福悖论真的是无处不在的，如果忽视幸福的倾向真的根植于众多问题（如对幸福的概念认识不清，对幸福持有消极的误解，以及媒介最大化），那我们自然就会想到一个问题：我们怎样才能减轻这一阻碍幸福的因素的影响呢？

## 把幸福放在第一位，但不要刻意追求幸福



对于这个问题，我和我的同事们——分别是来自西北大学的凯莉·戈德史密斯、伊利诺伊大学芝加哥分校的大卫·盖尔，以及来自斯坦福大学的劳伦·奇塔姆——在某年夏天进行了详尽的思考。一个最简单也比较有效的策略是：自我提醒，就像我在眼镜店所做的那样，优先选择幸福而不是其他目标。还记得我上文提到的自己迄今为止“最感兴趣的发现”吗？在那次研究中，当人们得到提醒时，幸福一词出现在精灵之问愿望清单上的概率就会大大增加。该研究发现向我们表明，仅仅是提醒人们做出提升幸福感的决定，也能大大降低人们被其他目标分散精力的可能性，从而帮助人们克服忽视幸福的倾向。



但这么简单的一个策略在现实生活中真的奏效吗？

为了进行验证，凯莉、大卫、劳伦和我专门开展了一项研究。我

们从 7 家不同的世界 500 强公司邀请了 300 多名员工来参加研究，跟踪他们每天的幸福水平，为期一周。我们将员工分为两组。整整一周的时间里，其中一组员工每天都会收到一封温和地提醒他们做出提升幸福感的决定的邮件，而另一组员工则没有收到任何提醒邮件。然后在这一周的最后一天，我们要求两组员工告诉我们他们的幸福水平。我们发现，一周结束后，那些每天收到邮件提醒的员工比没有收到邮件的员工幸福许多。同时我们发现，那些员工会感到更加幸福是因为他们在收到邮件提醒后做出了提升幸福感的决定，像是去看孩子的棒球比赛，而不是坐在家里看电视。在另外两个控制实验中，我们也得到了相同的结果。

因此，似乎提醒人们做出提升幸福感的决定这一简单的策略，的确能够帮助人们减轻第一大幸福杀手的影响。不过，尽管这个方法比较简单，还是要着重提醒一下：提醒人做出提升幸福感的决定的确可以提高人的幸福水平，但切记不要刻意追求幸福。为什么呢？因为当我们追求幸福时，很容易会把自己现在的感受与自己理想情况下的感受进行对比，而且我们一般都想要比现在更幸福，因此如果我们刻意追求幸福，就很容易因为对现状不满而感到不幸福。所以，正如研究结果显示的那样，把幸福放在首位是一个很好的主意，但刻意追求幸福就不是这样了。

因此问题出现了：我们该怎样保持这种微妙的平衡关系呢？既把幸福放在首位，又不刻意追求幸福。

其中一个方法就是类比一下我们生活中那些不能太过直接追求的重要目标，比如睡觉。失眠的人肯定知道，时时刻刻等着自己睡着，然后告诉自己“就是这个时间点，我就是在这个时间点快要睡着的”并不能让人睡着，只会让人更加清醒。要想晚上睡个好觉，一个比较好的方法就是做些有助于睡眠的事情，比如吃清淡点儿的晚餐，锻炼锻炼身体，或许最重要的一点就是不要和自己的配偶为了看哪个电视频道而争吵。当做完以上所有事情后，还有一点需要注意：不要时刻监控着自己是不是快要睡着了。这就是注重睡眠，但不刻意强求睡着的方法。与此相同，把幸福放在首位，而不刻意追求幸福的方法，就是多做能够提高自己幸福感的事情。

因此，我们可以采取以下两个步骤来提高自己的日常幸福体验：第一，定义幸福；第二，列出自己的幸福清单。

定义幸福就是明确幸福对自己意味着什么。显然，如果你想要把幸福放在首位，这一步骤还是至关重要的，因为不知道幸福对自己意味着什么就很难给予幸福更高的优先级。然而，难题在于幸福是很难定义的。其原因之一就如丹尼尔·卡尼曼（诺贝尔奖得主，普林斯顿大学心理学和公共及国际事务荣誉教授）所指出的，我们大多数人关心的幸福分为两类，而且事实证明这两类幸福并不总是同时出现。一类幸福与内心的直接感受有关，例如，你此刻有多么高兴或者不高兴；另一类幸福则与自己对生活满意度的整体评价有关。第一类幸福与自己直接的情感水平有关（例如，今天感觉身体不舒服，或者自己刚刚吃了一顿大餐），而第二类幸福则与宏观画面（例如，自己的银行账户余额，或人际关系的质量）的关系更紧密些。因此，一个人可能对自己的整体生活感到幸福或满意（因为从宏观画面上来看情况还是很好的），但对自己直接的情感水平感到不满，反之亦然。幸福难以定义的另一个原因就是，每个人对同一事物的感受是不同的。举个例子，让一个人害怕的某件事可能会让另一个人感到有趣。

不过即使幸福很难定义，我们也是能够明白其隐含意义的——这也就是当被问到“你幸福吗”这种问题时，没有人会感到困惑的原因。如果人们不能明白幸福的隐含意义，那他们也就无法回答这个问题了。这说明，人们本能地将幸福与积极情绪联系在一起。这也就是说，如果想要弄清人们口中所说的幸福是什么意思，只需要理解他们在谈到幸福时所关联的某种情绪就可以了。事实证明，想要理解情绪还是比较简单的。你要做的就是让人们“回忆一下最近发生的让你感到幸福的一件事”，人们对这个问题的回答可以被用于理解与幸福相关的情绪。

以下是相关情绪的定义：

• 爱与关联是指人在亲密关系中的感受。除去通过一个人或一只宠物感受到爱与关联外，人们还可以通过一项活动（如打网球）、一场集会（如演唱会）或一件物品（如一支钢笔）来感受爱与关联。

• 快乐是人们顺心时产生的情感，人们在这时会很有安全感，会放松警惕，变得爱开玩笑，甚至傻乎乎的。

• 自豪感是当人们做成某件重要的、有意义的事情时产生的情感，如举办一场重要的讲座或者帮助其他人实现目标等。

• 自高自大是当人们自认为“我很特别，我高人一等”时产生的情感。这种情感涉及与他人显性或隐性的比较，伴随着一种自认为高人一等的自我认知。

当然，这仅仅是与幸福产生关联的一部分情绪。北卡罗来纳大学教堂山校区的芭芭拉·弗雷德里克森教授与其同事共同发现，除以上 4 种情感外，至少还有 7 种情感也是人们日常生活中经常感受到的，其中的每一种情感都可与“幸福”一词关联。这些情感包括平静、敬畏、兴奋、感兴趣和心怀希望等。

## 和谐感与富足感

除上述情感外，我个人认为还有另外两种情感也十分值得关注，我们暂且称之为和谐感和富足感。

- 和谐感源于人们不想去其他地方、不想做其他事情的状态。

在这里的幸福定义中，一个人只要没有感受到或想到自己不想感受到或想到的事情就可以称其是幸福的了。举个例子就是，如果愤怒这种情绪是十分有必要且被需要的，那么这个人就可以在感受到愤怒的同时又感觉很幸福（或者至少不会感到不幸）。说一个你最不可能遇到的情况吧（我这是在说反话呢），如果你受到某个客服代理的不公对待的话，你当时的感受可能就是这样的。同样，一个人也可能在感到紧张（如坐过山车）或悲伤（如看话剧）的同时还感到幸福。

下面说说幸福的另一定义——富足感。

- 富足感是人们在认为自己生活中事事（包括金钱、爱、好运等）充足，甚至绰绰有余的时候产生的情感。

富足感源于人的一种信念：无论情况多么糟糕，依然相信最后一切都会好起来。当我们感觉富足时，生活就好像一个温馨的烂摊子，虽然有瑕疵但仍让人感觉很完美。提到“温馨的烂摊子”这个词时，我的脑海里总是会出现一个特定的画面，希望我这么说能有助于你的理解。在我女儿两岁的时候，她会用毯子、枕头以及任何她触手可及的东西（像是柔软的玩偶、纸箱、玩具笔记本电脑等）把自己围起来，然后在中间很快睡着。我和妻子就不得不收拾这乱七八糟的“烂摊子”，这样才能找到埋在里面的女儿。但对我们的女儿来说，这个“烂摊子”可并没有什么不舒服的地方，对她来说这舒服极了。同样的道理，对有富足感的人来说，正是生活中出现的种种挑战和问题让生活充满乐趣，在他们眼里，那些并不具有威胁性。这就是为什么有富足感的人能够全身心地投入生活，包括投身于生活中的挑战。

无论是和谐感还是富足感，它们的特征之一都是彻底接受所发生的一切。尽管如此，这两种情感还是与冷漠（冷漠的重要特征也是彻底接受所发生的一切）有着一定区别，其中最大的区别就是，冷漠的一大特征是无助感，而和谐感与富足感的一大特征却是乐观。就这一点而论，感到和谐、富足的人即使对周围的一切十分满意，也还是会希望通过进行改变来获得更好的生活。

在事情已经十分完美的情况下还是想要进行改变，这听起来十分矛盾，但事实却并非如此，我们可以用以下事例作为解释。假设某天晚上你很好地睡了一觉，第二天你感觉自己神清气爽、精力充沛。天气晴朗，阳光明媚，还有一场十分具有挑战性的网球赛在等着你。想到要打网球赛，你就精神百倍。

在这个例子中，虽然你已经感觉很好了，生活很完美，但你仍愿意和自己的对手对峙，战胜对方。你要克服一个有趣的挑战，而这个挑战恰恰就是你完美生活的一部分。当然，这并不意味着只有不断接受挑战的人生才是完美的。在和谐、富足的情况下，人可以完全接受没有挑战的状态，而这种状态则提供了体会平静或欢乐的机会。

两种看似矛盾的品质——完全接受和完全参与（包括改变情况的欲望）很自然地结合在了一起，正是这种罕见的结合使得作为幸福定义的和谐感与富足感如此吸引人。此外，至少还有另外两个特征让和谐感与富足感成为幸福的定义。首先，克莱蒙奥弗涅大学实验社会心理学教授米夏埃尔·当布兰与其同事最近所做的研究表明，如果以和谐感或富足感来定义幸福的话，幸福并不是稍纵即逝的。为何？因为和谐感和富足感与外在环境的关系较小，与内在因素的关系更大些。正如研究者所言，和谐感和富足感都有赖于能够应对生活中一切风浪的能力。也就是说，如果一个人将幸福定义为和谐感和富足感，那么他就把幸福的钥匙掌握在了自己的手中，不会被生活的变幻莫测所牵制。其次，尽管在我们的调查（你可能还记得，在调查中我们请参与者回忆最近让他们感到幸福的一件事）中，只有很少的人（一般不到2%）会自发地将幸福等同于和谐感或富足感，但如果明确说明这两者含义的话，几乎每个人都能明白为什么能将它们和幸福联系在一起。这说明，和谐感和富足感在某种程度上还是为人所熟知的，这意味着将它们作为幸福的定义，大多数人都是可以接受的。

## 幸福清单

定义幸福，即对幸福是什么有一个较为具体的概念，是幸福练习两大步骤中的第一步。第二步就是弄明白那些你用于定义幸福的、能够让你感到幸福的事情。这一步骤涉及回想之前让你感到幸福（按照你自己的幸福定义）的场景，并据此制作一张能够让你产生积极情绪的清单，包括各种活动、人、物品和经历等。例如，如果你选择将幸福定义为爱与关联，那么你可以回想之前自己感受到爱与关联的场合，然后找出让你产生这种感受的决定性因素（如和朋友出去玩、和家人一起度假）。同样，如果你将幸福定义为和谐感，那你可以把促使自己产生这种情绪的事情（如跑步、练习集中注意力）列一张清单。换句话说，第二个步骤就是让你按照自己的定义，把你眼中可靠的幸福的决定性因素（照片、歌曲、人和活动等）放到一个“文件夹”里。

## 第一个幸福练习

总结起来，第一个幸福练习有两个提升幸福水平的步骤：定义幸福，然后列出幸福清单。你可以在附录部分找到说明。不过，在阅读说明之前，我们最好还是快速讨论一下该练习中的两大步骤是如何帮助你消除第一个幸福杀手的。

不知道你还记不记得，我们忽视幸福的一个原因就是，我们对幸福是什么并没有多少具体的概念。幸福练习的第一步——定义幸福，就是设法让你对幸福是什么有一个具体概念。我们忽视幸福的另一个原因是我们自身持有的消极观念，如“幸福会让人变懒惰”“幸福会让人自私”“幸福稍纵即逝”等。根据人们定义幸福的方式，该幸福练习同样也可以解决这一问题。将幸福定义为自豪感（当我们认为自己完成某件有意义的事情时所产生的感受），可以帮助我们纠正将幸福与懒惰联系在一起的错误观念，因为没有一番努力是不可能完成一些有意义的事情的。同样，将幸福等同于爱与关联，也可以帮助我们改变幸福会使人变得自私的错误观念。与之类似，通过将幸福等同于和谐感或富足感，我们就可以改变认为幸福稍纵即逝的看法。

我们忽视幸福的最后一个原因是媒介最大化——把精力集中在获取幸福的手段上，而不是幸福本身的一种倾向。我们陷入媒介最大化陷阱的一个重要原因是，对于为幸福所做的判断和决定，我们并没有刻意去思考其背后隐藏的含义。第一个幸福练习中的两大步骤都可以很好地帮助我们解决这个问题。通过努力定义幸福，我们给予了幸福更高的优先级，因为我们之前也已经知道，人们通常会更加重视更具体、更容易理解的事物。而通过明确哪些事情可以让我们感到幸福，我们就知道了自己需要为提高幸福感做出哪些判断和决策。

在你心急火燎地开始做第一个幸福练习之前，我还有最后一件事情要交代。要牢记，改变忽视幸福这一倾向需要大量的时间和自身有意识的努力，因为我们大多数人从童年时期开始就已经习惯了忽视幸福。我仍记得在处理一件与儿子有关的事情时，我自己几乎就要“教育”自己的儿子去忽视幸福了。那时我的儿子才 3 岁，他看到附近的一个小孩总是开着一辆十分可爱的儿童小汽车到处玩耍，很自然地，他自己也想有一辆。最终，儿子说服我和妻子为他买了一辆儿童小汽车。我们网购了一辆，很快就收到了一个棕色的大箱子。看到自己的新玩具，儿子高兴得手舞足蹈，这当然也可以理解。儿子完全被儿童小汽车迷住了，不过这种状态只维持了 3 天。3 天之后，他转而迷上了装儿童小汽车的箱子！怎么会这样？因为儿子很喜欢汉密尔顿小猪这个卡通形象，而汉密尔顿小猪就是住在箱子里的。于是，他也想这样做。

记得当时我特别恼火，想让儿子玩儿童小汽车（该死的），毕竟我买下它时花了不少钱。不过我突然如醍醐灌顶般意识到，自己竟然想要让儿子为了实现金钱的价值而放弃他自己的快乐。我觉得只要儿子玩得开心，其余的都不重要，我不应该过问。同时，我还意识到，正是由于我们告诉孩子应该看重哪些东西——金钱、地位、美貌、权力等，他们才慢慢忽视了真正能够让他们幸福的事物。一旦清醒意识到这个问题，我不仅告诉儿子尽管按照自己的意愿玩耍就好，还告诉我自己，我也应该像儿子一样——不被其他事物分散精力，勇敢做出能够提升自己幸福感的决定。

现在，我需要赶紧补充一点，虽然在这个例子中我并没有向儿子灌输阻碍幸福的观念，但我深知，自己在其他事情中还是会不可避免地传达这种思想。而且，我也知道，会教儿子使用这种“生存法则”的也不仅仅是我，他还会从其他渠道接触到这种思想。鉴于忽视幸福的倾向是如此普遍——我们在后面的章节也会继续看到这种倾向，很可能儿子也会和我们一样逐渐习惯了忽视幸福。

这意味着，要想获得幸福美满的生活，不仅仅是弄清楚幸福的决定性因素这么简单，还要意识到我们在什么时候，以何种方式，因为什么原因会忽视幸福。同时，为获得幸福美满的生活，我们还要培养第一个提升幸福感的习惯：把幸福放在首位，但不刻意追求幸福。

IF YOU'RE SO

SMART,

WHY AREN'T

YOU HAPPY?

# 第三章　毁掉幸福感的第二个杀手：追求优越感

儿子3岁时，走路蹒跚，我们每天都把他送去附近的一家托儿所。一天，我把儿子送到托儿所后，满心欢喜地去上班，突然发现忘记把儿子的午餐盒留给他了。我心中暗暗不爽（怎么仅仅是重复做要做的事也会让我生气呢？），掉头开车回到托儿所。正要走进儿子的教室时，我透过门上的玻璃看到，包括他在内的所有小孩都围坐在音乐老师的旁边。我决定观察一下发生了什么。音乐老师手拿一把吉他，轻轻拨动琴弦，奏出一首耳熟能详的曲子，同时鼓励孩子们也加入进来，跟随曲调歌唱。毕竟是3岁的孩子，他们中的大部分都在打闹嬉戏、互相挠痒，不过令我欣慰的是，我的儿子和其他几个小朋友还在全神贯注听老师弹奏。

这位老师很棒，无论是对音乐的把握还是在激励孩子的方法上。他热情地对正在唱歌的小孩点头示意，同时耐心地鼓励其他孩子也参与进来。不过，几分钟之后，显然，那些嬉戏的小孩还是自得其乐，这位老师未能吸引到他们的注意。于是，他开始通过眼神交流和微笑把注意力放在正在唱歌的小孩身上。就是在这个时候，我注意到一件十分微妙的事情。在所有唱歌的孩子中，有一个小孩唱得尤其好（并不是我儿子）。我注意到这个小孩（让我们暂且称他为本吧）出色的歌唱能力开始影响到老师与他的互动。尽管老师与所有唱歌的小孩进行了眼神接触，我还是看得出他对本格外关注，眼神在本身上停留的时间更长些，还频频对本微笑，而且随着时间推移，笑得越来越灿烂。很快，本就注意到了老师的青睐，开始更加卖力地歌唱。几分钟之后，包括我儿子在内的其他小孩注意到了这种变化，其中一个试图效仿本，但可惜天赋不够。而我的儿子，他唱歌的声音越来越小，最后，快下课的时候，他也开始和其他小孩一样嬉闹起来。短短几分钟之内，我就目睹了一场戏，很显然，本已经成为“老师的宠儿”——班上最重要的小孩。

在很小的时候，我们就已经在获得种种反馈，并从中获得高人一等或矮人一截的认知，这种反馈的方式或微妙或明显[①]。在我刚刚描述的故事中，孩子付出的代价并不大。我的儿子不会因此被罚不能吃饭，或因为唱得不好受到处罚。然而，老师对本的偏爱却对他形成了巨大的冲击：他灰心丧气，以至于都不想唱歌了。当天晚上，儿子告诉我他对唱歌不感兴趣，因为“爸爸，我不擅长唱歌”。由此，我们可以轻易想象出，在代价较大的情况下，他人的评价对我们的情绪会有多大的影响。举个例子，想一想老师和家长的评价对成绩不好的高中生有多大的冲击。或者，想一想，当其他人都有男朋友或女朋友（甚至不止一个）时，自己却一直找不到，这得造成多大的冲击啊。现在说高中时人的自尊水平是最低的还有什么好令人惊讶的吗？同样，人到中年，我们被迫认识到自己与同龄人相比一事无成，这个时候说中年时

① 我并不是说孩子或者成人不应该从他人那里获得自己表现良好（或表现较差）的反馈。为了社会的有效运转，评价个人和团队能力的相对的高低是十分有必要的，否则我们都会深受其苦。与之不同的是，我在这里想要表达的意思是——在下文我也将进行介绍——我们需要教孩子学会切断自己的相对位置（与他人相比）与自我价值和幸福感之间的关联。

期是一段备受煎熬的时期还有什么令人意外的吗？

## 追求优越感的原因

第二大幸福杀手是追求优越感。这个幸福杀手产生的原因之一是，受社会的影响，我们总想要比其他人优秀。受父母、老师、媒体——事实上是社会中的每个人的影响，我们总想要事事做到最好（比其他任何人都要好）。

但究竟是为了什么，周围的每个人都在鞭策我们要超出常人？如果自己的孩子在单词拼写比赛或编花篮比赛中夺得冠军，对家长又有什么好处呢？

其中一个原因就是，在我们漫长的进化史中，优秀扮演着一个十分关键的角色：比他人优秀可以提高我们生存下来的概率。比他人优秀的人——那些身形更庞大、奔跑速度更快、身体更强壮、财富更多的人——更容易存活下来。当一个部落为进行劫掠袭击某个村落时，村落中奔跑速度最快的人生存下来的概率也就最大。同样，在饥荒和物资稀缺的年代，最有权势、拥有资源最多的人存活下来的概率也最大。因此，人们追求优越感的很大一部分原因是，周围每个人都在挖空心思想要变得优秀。这也很好地解释了为什么父母总是在逼迫我们追求卓越。作为支持者，他们希望能够大大提高我们的存活率。

当然，我们不仅仅从父母那里了解到比他人优秀的重要性，从老师、老板那里，我们也认识到了其重要性。我们知道优秀的学生可以拿到更高的奖学金，首席执行官可以拿到更高的薪水，娱乐圈的一线明星可以签下更好的合约、占据更多的杂志封面。此外，我们还从电视和杂志上了解到比他人优秀的重要性，因为电视和杂志总是选择性地报道成功的故事，而失败的事例则无人问津。

受其他人影响，尤其是受我们所关心的人影响，我们开始追求优越感，而这么做的一个后果就是，我们逐渐把自己的自尊水平与优越感联系在一起。当我们认为自己从他人那里获得爱和关注的多少取决于自己与同龄人相比有多优秀时，我们就会内化这种对优越感的需求，以至于在没有人加以评判时，我们也会主动追求优越感。不仅在幼儿和童年时期，为了达到他人的标准而追求卓越，到了青年和成年时期，我们还是会为了达到标准而继续追求卓越。由此看来，追求卓越的需求已经渗透到了我们的骨子里。

同时，对优越感的需求也根植于一种欲望：想要弄清楚自己进步得是不是够快，能不能达成自己希望的目标。作为人类，最重要的目标之一就是在某方面达到精通——日渐胜任、掌握某件事。想要弄清自己是否在进步，方法之一就是与他人比较。如果这件事比其他人做得好，我们就会感觉自己在进步；如果这件事做得比别人差，我们就会感觉自己停滞不前甚至在退步。因此，我们追求优越感的原因，除了想要获得他人的认可、提高自己的自尊水平外，还有对精通的需求。

此外，我们追求优越感还有另外一个原因：成为一个卓越的人可以给人更大的自主权或自由，使人能够保持自我。研究结果发现，那些地位更高的人很多时候并不需要注意自己的说的话，也不需要约束自己的行为。与之形成对比，那些地位较低的人则迫于压力要灵活变通一些。

因此，优越感并不仅仅关乎生存，还与许多其他的事情有关。优越感与渴望获得认可的需求有关，与自尊有关，与精通有关，还与自主权有关。可见，追求优越感并不意味着肤浅，并不是只有那些以自我为中心或自恋型人格的人才会追求优越感。相反，这是我们所有人的内在需求。

追求优越感有多种表现形式，有些真是让人觉得既好笑又可怜。想想那些已过盛年的人，尤其是那些仍坚持出现在公众面前的过气明星或过气运动员——这一主题早在比利·怀尔德的经典电影《日落大道》（*Sunset Boulevard*）中就有很好的阐述。想想脸书上的好友是如何大肆宣扬自己的成就，在精挑细选后上传自己最上镜的照片的。毫无意外地，研究发现表明，经常看到脸书好友的这类更新非但不会让人产生积极情绪，反而会让人更加消极。这的确很悲哀，因为大多数人都以为自己会为朋友的美貌和成功感到高兴，但事实是，他们会控制不住地感到忌妒。

追求优越感的另一个表现就是，倾向于把自己与优秀的人联系在一起。你可能知道，当自己的学校赢得比赛时，学生们会更愿意穿校服，反之，当学校输了比赛的时候，学生们则不太愿意穿。为什么呢？因为和优秀的团队沾上点儿关系会让人自我感觉良好。

## 拥有优越感会让人更幸福吗

如果追求优越感是一件如此普遍的事情，那拥有优越感的人肯定会感到更加幸福，对吧？事实的确如此。曾有一项研究，研究人员分别给出让参与者感到优越或自卑的反馈，然后观察参与者的面部表情。结果显示，感到优越的参与者面部表情会更加积极，而感到自卑的参与者则表现得更加消极。因此，至少从参与者得到反馈的那一刻看，优越感还是能够让人感觉良好的。

那从长期来看又如何呢？从长期来看，有优越感的人是不是会感觉更幸福呢？例如，老板是不是比员工更幸福呢？

由于诸多因素，这个问题有点儿难回答，因为人们的幸福感是众多因素复合作用的结果，而不仅仅是由优越感这一个因素决定的，像是生活方式、机遇、责任等都起着重要作用。除此之外，还有一个互为因果的因素在内。通常，幸福的人也更加成功。因此如果研究表明，老板比员工更加幸福，也有可能那些老板在成为老板前就很幸福。

虽然受到诸多因素的影响，优越感和幸福之间的关系看起来扑朔迷离，但似乎优越感的确可以提高幸福水平。关于这一点，或许著名的心理学研究——英国的白厅研究可以说是最具信服力的证据。

假设你是英国政府部门一个最普通的小职员（好吧，有时活着还真挺痛苦的），由于收入微薄，你只能买得起常规的英国食品——肉和土豆（可不是印度烤鸡哦）。不过还好，你住的是有电梯的公寓，还不赖，你的房租由政府承担。进一步假设，英国政府还承担了你的医疗费用，这就意味着你可以尽情享受热乎乎的麦芽酒了，毕竟政府承担了你治疗肝脏的费用。最后，假设一下，虽然大多数在政府工作的人地位都比你高，因此薪水也就自然比你高，但你和你的家人能享受和他们一样的医疗保险，因为所有政府人员的医疗保险都是一样的。换言之，尽管你在收入方面比其他人低，但你的基本生活还是得到了保障，你享受的医疗保险也和其他人没有任何区别。

那是不是你会和其他人一样健康呢？

事实证明，答案是否定的。无论是身体上还是心理上，你的状态都比其他人差很多。白厅研究始于 20 世纪 60 年代，至今仍在进行中，该项研究的研究人员发现，虽然大家享受着相同的医疗保险，但与地位更高的人相比，地位较低的人更容易生病，而且生病时间也更长，寿命更短，受负面情绪的影响更严重。例如，即使刻意控制生活方式（如睡眠时间）、改变不良生活习惯（如吸烟），等级最低的政府工作人员的死亡率仍是等级最高人员的两倍。白厅研究已经在多个国家开展过，其中包括芬兰和澳大利亚。

为什么地位较高的人无论在生理上还是在情感上都比较健康呢？

显然，这不可能是因为他们有更大的生存机会——毕竟该项研究中的参与者并不是挣扎在温饱线上。对此，研究人员专门开展了一系列后续研究来搞清为什么较高的地位可以促进健康，提升幸福水平。最后的研究结果发现，社会地位之所以有如此重要的影响有两大原因，自尊水平就是其中之一。那些社会地位较高的人自尊水平也较高，因此，他们感到更加幸福。另一个原因是控制权，或者说自主权。那些社会地位较高的人认为自己拥有更高的自主权和控制权，这使得他们更加幸福。

## 追求优越感和物质主义

鉴于我们之前的讨论，好像我们可以得出结论，为了最大化幸福，我们应该去追求优越感。然而，事实证明，虽然优越感的确可以让人感到幸福，但追求优越感反而会降低人的幸福水平。这一点是很值得我们关注的，我认为有必要再次强调一下：虽然优越感的确可以提升幸福水平，但事实证明，追求优越感会降低幸福水平。或者用更加专业一点儿的术语来说，控制某人当前的社会地位不变，追求优越感的欲望越强烈，幸福水平就越低。这意味着，无论与他人相比，你有多么富有、出名、有权有势、有魅力，越是追求优越感，你就越会感到不幸福。

为了探究为何会出现这种矛盾现象，请允许我在此与大家分享一个真实的小故事。

我最近有一次乘坐游轮度假的经历。当时我正在主甲板上的热水浴缸里泡着热水澡，迷迷糊糊地就快要进入梦乡，这时突然有人宣布说，胸毛比赛要开始了，一下子把我给吵醒了。虽然对参加这种比赛一点儿都不感兴趣，呃，好吧，我在某些方面毫无优势，但我还是不想错过这个一饱眼福的机会。于是，我振奋了下精神，把头发（我的头发至今还是挺多的）往脑后拢了拢，戴上墨镜，准备好好看看那些多毛的人是怎么比赛的。事实证明，时间花得挺值。最后，只剩下一个来自南非的老爷爷（参加决赛的选手之一）和一个爱尔兰的红发送奶工（另一个入围决赛的人）在为奖金角逐。最后爱尔兰的红发送奶工夺得了冠军，结果主要依据观众的非正式投票产生，但想要赢还是有一定难度的。

当天晚上，我在酒吧有幸坐到了南非老爷爷的身边，要知道这游轮上有很多家酒吧呢。我先是快速瞟了一眼老爷爷的胸，确认他的身份，然后漫不经心地告诉他，在我看来，他才是真正的冠军。我当时想，我这么说，老爷爷最多会感谢一下我对他的支持罢了。出乎意料的是，输给了爱尔兰的红发送奶工好像对他打击还蛮大的。

老爷爷一边握紧我的手，一边摇头说："谢谢！真的很感谢。我自己也觉得我应该赢的。但能怎么办呢？这冠军是谁，根本就是由观众决定的！"老爷爷面露鄙夷之情。很明显，今天对南非的老爷爷来说是糟糕的一天。

我一边拍着他宽厚的后背，一边回应着"好啦，好啦"。对于老爷爷的痛苦我感同身受，因为我自己也经常有类似的情绪，我也曾自认为自己本该赢得某些东西，比如有一次和别人辩论灵魂是否存在，到最后我才意识到我的对手之所以能赢过我，主要是靠旁观者的反应。我讲这个故事想要表达的意思是，即使是像比胸毛这样简单的事，有时都会难分胜负。也就是说，如果评判的标准比这还要模糊的话，问题就会变得更加棘手。

看一看下边这些例子：

> 谁是有史以来的最佳鼓手？

如果让我选的话，我会选斯图尔特·科普兰，但要是别人游说我一番，我也很容易就选尼尔·皮尔特，据说他的状态更好些。让其他更看重技巧的人来选的话，可能是史蒂夫·史密斯，或巴迪·里奇。而对那些从广义上理解鼓乐器的人来说，他们可能会选择单根鼓、非洲手鼓或者钢鼓的代表人物。

> 谁是有史以来的最佳板球运动员？

好吧，这个例子举得不太好，因为如果你是印度人的话，答案显而易见。大多数印度人，尤其是我这一代人，作为沙奇·德鲁卡的疯狂粉丝，肯定会认为他是有史以来的最佳板球运动员。

> 谁是有史以来的最佳轮机工程师？谁是有史以来的最佳园丁？最佳商人又是谁？最佳厨师是谁？

我想你已经明白我的意思了。事实上，几乎在所有的领域，都很难找到客观的标准来评价某个人与其他人的相对水平。实际上，正是由于缺乏客观的标准，人们才会沾沾自喜，认为自己比别人强，这一现象被称为“优于常人”效应。在积极人格特质方面，几乎所有的人都认为自己优于一般人，如专业性、为人热情度、为人友善度等特质，但很明显，从数字上来看，只有不到一半的人才可以说是优于常人，因此，肯定有些人在自欺欺人。

作为一个精明的读者，我想你肯定已经注意到，缺乏客观的标准来评价自己与他人的相对水平，对那些追求优越感的人来说是一个很严重的问题。如果评价一个人相对于其他人的标准是主观、模糊的，那人们究竟怎样才算进步呢？

这个问题看起来好像永远都无法解决，你可能会就此以为人们会放弃追求优越感。但很明显，人们追求优越感的欲望是如此迫切，根本不可能轻易放弃。我们不再用模糊却相关的标准来相互比较，相反，开始用更加明确却毫不相关的标准来进行评价。我这里说的当然是些外在的标准——金钱、权力和名声。这些标准让我们得以评价自己与他人的相对位置，即使评价的这些领域跟金钱、权力或名声没有任何关系。举个例子，如果想要比较比尔·盖茨和史蒂夫·乔布斯哪一个是更加优秀的领导者，我们会用资产净值来代替领导能力，这么做的逻辑就是越富有的人越有领导才能。同样，要评价作为鼓手，斯图尔特·科普兰是不是比尼尔·皮尔特更优秀，我们只是看一下他们脸书的粉丝数量，或者比较一下谁的演唱会门票更贵些。

使用代替标准的问题——或者有的人认为是好处——在于我们会因此进行跨界比较。比如，作为一个大学教授，我可以与一个和教学职业丝毫不相关的人进行比较。怎么比较呢？只要看看我和他大约有多少钱、多大权力，或者比较我们两个的名气大小就可以了。我之所以使用“大约”这个词，是因为通常很难精确知道别人的财富多少、权力或名气大小的，这就是为什么我们会用象征财富（如车的牌子）、权力（如在公司的职位）或名气（如推特粉丝数量）的标志来衡量真正的财富、权力和名气。

事实上，尽管财富、权力、名气的替代标准具有可量化的优势，但同时也显露出一个很大的问题：这些替代标准让我们把精力集中在积累外在的或者物质的回报上，而事实证明，关注物质恰恰是最大的幸福杀手。

## 为何物质主义会降低幸福水平

至今我仍记得很清楚，当初获得麦库姆斯商学院的教职时，我有多么得意。来麦库姆斯商学院之前，我只是一个穷博士生，补贴少得可怜，而当时当助教的薪资就是博士补贴的 6 倍了。说实话，这么一大笔钱，我都不知道该怎么花。我算了一笔账，即使把所有可预见的支出都计算在内，几年之后余下的存款也得有 100 万美元了。我打电话告诉父母这个好消息，还买了一瓶香槟酒庆祝。但后来证明，我想你也猜到了，我高兴得太早了。尽管在麦库姆斯商学院工作以来，15 年中每年薪水都会有一定的增幅，但我仍觉得手头紧（欢迎大家捐款啊）。

这其中有一个陷阱，就是赚得越多，花销也会越多，真是很神奇。这就是收入增加幸福水平却没有提升的一大原因。不过至于为什么更多的钱却买不来更多的快乐，这背后还有一个与之联系更紧密、更具信服力的原因：人们通过更高收入获得的心理助推会迅速消逝，为此需要更多的钱才能获得与当初相同的心理助推。这种对钱的需求逐渐增加的趋势，或者与之类似，对其他方面的优越感的需求提高的趋势是如此普遍，以至于人们会认为不断提高标准是人类的一种最基本的天性。例如，一项针对彩票中奖者的研究发现，正是由于人类这种不断提高标准的倾向，仅仅两年以后，中奖者的幸福水平就已经与未中奖的人无异，这项研究可谓家喻户晓，结果也有趣至极。我们总是不断地增加对财富、权力、名气以及其他能够带来优越感的物质替代品的需求，这也就意味着，如果当真把幸福与对优越感的追求联系在一起，我们就只有变得越来越有钱、越来越有权力、越来越出名，才能维持较高的幸福水平。即使你不是天才，我想你也能明白，没有人能做到以上这些。

因此，从长远来看，物质主义会降低幸福水平的一大原因就是标准的不断提高。人们对物质带来幸福这件事，总是抱有不太现实的过高的期望。研究表明，这些过高的期望是奉行物质主义者不幸福的主要原因。而物质主义会降低幸福水平的另一个原因是，物质主义会加剧以自我为中心的倾向，让人缺乏同情心，很难与奉行物质主义的人进行合作，从而导致他们无法得到长期的幸福。或许，正是由于缺乏同情心，奉行物质主义的人才更容易为了财富、权力、名气而牺牲能够带来快乐和幸福的事情——像是和朋友、家人一起出去玩，或者为社会做贡献。

一项研究的结果很好地证实了以上结论，在该项研究中，研究者跟踪调查 12 000 名大一学生长达 19 年（从 1976 年学生 18 岁开始，到 1995 年他们 37 岁结束），调查结果显示，20 年后，那些以赚钱为主要目标的人对自己的生活普遍不太满意。其他研究结果也显示，与非物质主义者相比，物质主义者更容易患精神疾病。

鉴于物质主义对幸福有着如此大的影响，你或许也好奇自己的物质主义程度如何。我在本章最后附上了一张物质主义量表，你可以用它进行测试。

除去物质主义这一原因外，追求优越感会降低幸福水平的原因还有若干。如果一个人将自我价值（或自尊）与比别人强这一目标联系在一起，那这个人可能会被各种未能实现目标的结果所困扰，变得脆弱，容易患抑郁症。而且，我们感知到的优越感更主要是受到我们认为的熟人（并非我们的亲密好友或家庭成员）对我们的评价影响的，这就使得优越感的根基十分不稳固。更进一步的研究表明，追求优越感会导致“优于常人”效应的出现，我在前文也简要提到过，这是一种认为自己比实际情况更加积极正面的倾向，最终会导致人们对自己的错误和失败视而不见。因此，那些有着更高优越感需求的人可能会最终牺牲自己的长期成长和进步，来换取短期优越感的提高。

此外，追求优越感会降低幸福水平的另一个原因是，追求优越感会对人际关系质量造成不良影响。据《沃顿商学院最受欢迎的成功课》（*Give and Take*）的作者亚当·格兰特称，那些追求优越感的人往往都是获取者，而获取者是不受大家欢迎的。在一项研究中，研究人员要求参与者说出自己更愿意与付出者还是获取者合作，结果表明，人们更喜欢与付出者合作。获取者不受欢迎的一个原因可能是，他们总是很容易对其他人发脾气，具有攻击性，尤其是当他们没能获得自己心中应得的尊重时。意料之中的是，多项研究也表明，与付出者相比，获取者更容易感到不幸福。

最后，也可能是最重要的一个原因，追求优越感会给人带来一种与别人做比较的倾向，而这种倾向已被证实会降低幸福水平。具体来说，研究结果表明，你越少关注自己比别人做得好还是做得差这件事，你就越容易感到幸福，或者反过来，你越是和别人做比较，就越不幸福[①]。

---

① 如欲观看康奈尔大学汤姆·季洛维奇教授谈到此话题的简短视频，可以访问网址：https://www.coursera.org/learn/happiness/lecture/JsKhm/week-2-video-2-effects-of-chasing-superiority-on-happiness。

## 减轻对优越感的需求

迄今为止，我们的讨论可以归结如下：

- 对优越感的需求不仅是我们与生俱来的，而且受社会的影响，我们大多数人都在追求优越感。
- 虽然成为优秀的人可以更加幸福（压力更小），但追求优越感会降低幸福水平。

因此，要想生活更加幸福，我们要做的事情很明确：减轻对优越感的需求，但同时不要让自己因此丧失成功的机会。根据我们之前探讨的内容，这样做肯定会提高幸福水平。

怎样才能在减轻对优越感的需求的同时，又不至于使自己丧失成功的机会呢？

我们先要做的就是，摆脱目前盛行的有关优越感需求的错误观念。通过观察教授的幸福课程班上的学生，我发现，许多人认为追求优越感是获得成功的决定性因素。因此，我们担心一旦减少这种需求，成功的概率就会减小。事实证明，认为追求优越感是成功的决定性因素这种观念是错误的，或者更加准确地说，在很大程度上是错误的。这并不是说追求优越感在激励我们成就一番事业方面一无是处，因为它的确可以激发工作热情。然而，一旦开始着手做某件事时，追求优越感就更像是一种阻碍，而非一种推力，尤其是像你我所从事的这种认知方面、智力方面（而非体力）的工作。乍看之下，追求优越感会阻碍成功似乎有违常理，但我们在第四章中就会看到，实际上，多个研究结果已经提供了十分具有信服力的证据，证明追求优越感的确会不利于成功。

除了认为追求优越感才是获得成功的决定性因素这一错误观念外，那些让我们没有安全感的场景也值得关注，因为一旦失去安全感，我们就会倾向于寻求优越感。在一项研究中，研究人员要求参与者参加一项测试，并根据测试结果对其自尊心进行打击或提升（测试结果是伪造的，不管他们在实际测试中表现如何，研究人员都会让参与者感觉自己做得不够好或做得很好）。然后，研究人员会请参与者针对自己组的其他人或者其他组的人，评价他们身上有哪些积极的品质和消极的品质。结果显示，与被告知测试表现良好的参与者相比，那些被告知测试表现糟糕的参与者更容易贬低他人。其他几项研究的结果也证实，越没有安全感时，我们对优越感的需求越明显。

具有讽刺意味的是，另一个促使我们对优越感的需求增加的因素竟然是物质上的成功，这是我们需要警惕的。事实上，整日接触象征物质上的成功的事物，如奢侈品，会让人更加以自我为中心，更加物质主义。这意味着能够获取更多资源的人，也就是那些聪明的成功人士，可能更倾向于追求优越感。这种观点是有证据支撑的。在美国人享受前所未有的物质繁荣的同时，对物质上的成功的欲望也达到了前所未有的高度。例如，American Freshman（美国新生，美国的一家服装品牌）的调查结果显示，20 世纪 70 年代，只有不到 40% 的大一新生将物质上的成功作为自己最重要的目标，而到 2014 年，这个数字却变成了超过 80%。

除此之外，为使自己在减轻对优越感的需求的同时，不丧失成功的机会，我们至少还有两件事可以做，对此我将在第四章中进行论述。

## 物质主义量表

这张物质主义量表由 18 个条目组成，是由里奇斯和道森于 1992 年制作出来的。该量表还有 3 个分量表，分别用于衡量“成功”“获取重心”和“幸福”（后面我将重点介绍）。

针对每一个条目，从 7 个数字（1~7）中选一个数字来表示自己的赞同程度，其中 1 代表“强烈反对”，7 代表“强烈同意”。

1. 我羡慕那些有豪宅、豪车和名贵衣服的人。

2. 人生中最重要的成就应该包括获取物质财富。

3. 人们总是把拥有物质的多少当作成功与否的标志，但我并不这么认为。*

4. 在很大程度上，我所拥有的东西说明我生活得有多好。

5. 我喜欢拥有许多东西，这让别人对我印象深刻。

6. 我对其他人拥有的东西并不是很关注。*

7. 我一般只买自己需要的东西。*

8. 在个人物品方面，我觉得尽量简单些好。*

9. 我所拥有的东西对我来说并不重要。*

10. 我喜欢花钱买些不太实用的东西。

11. 买东西会让我感到快乐。

12. 我觉得生活越奢侈越好。

13. 据我所知，我并不像大多数人一样看重物质。*

14. 我已经拥有享受生活所需要的一切了。*

15. 如果我能拥有某些东西的话，我的生活会更加美好。

16. 即使我拥有了更好的东西，我也不会比现在更幸福。*

17. 如果我能买得起更多东西，我就会更加幸福。

18. 并不是所有我喜欢的东西我都买得起，这让我有点儿苦恼。

## 评分方案

先将以下条目的得分相加：1、2、4、5、10、11、12、15、17、18。然后反向评分其余带“*”的条目（一个最简单的计算方法就是用 8 减去每个条目的得分，例如，如果你第 3 条的得分是 5 分，那你的实际得分是 8-5=3），将两组的得分相加就得到了最终的得分。

如果你的得分超过 72 分，那你真的是个很崇尚物质主义的人了；如果得分大于等于 99 分，则说明你对物质主义的崇拜已经到了无以复加的程度。

第 1~6 条主要涉及物质主义的“成功”层面，即传统意义上的物质上的成功（财富、权力等）对你的重要程度。如果第 1~6 条的得分大于等于 24 分，就说明在这一层面上，你是十分物质主义的；如果得分大于等于 33 分，则表示在这个层面上，你对物质主义的崇拜已经到了无以复加的程度。

第 7~13 条主要涉及物质主义的“获取重心”层面，主要是指物质主义者对获取更多物品的看重程度，如果看重程度高，物质获取就可能会成为他们终生奋斗的目标。如果第 7~13 条的得分大于等于 28 分，就说明你在“获取重心”这个层面上物质主义倾向严重；如果得分大于等于 38 分，则说明你在“获取重心”这个层面上的物质主义已经到了无以复加的程度。

第 14~18 条主要涉及物质主义的“幸福”层面，即你在多大程度上相信只有拥有所需的物品才能获得幸福。如果第 14~18 条的得分大于等于 20 分，就说明你在“幸福”层面上的物质主义倾向十分严重；如果得分大于等于 27 分，则说明你在“幸福层面”上的物质主义已经到了无以复加的程度。

IF YOU'RE SO

SMART,

WHY AREN'T

YOU HAPPY?

# 第四章　提升幸福感的第二个习惯：追求心流

假设你要完成一项任务，比如，要写一本书的某一章节。你来到办公室，准备大干一场，但不知道怎么回事就开始拖拖拉拉地磨洋工了。你上了会儿网，又在办公室里和大家一起聊八卦，随后又喝了一大杯咖啡。最后，你实在是找不出借口来继续拖延了，既愧疚又恐慌，没办法，你只能坐在电脑前，摩拳擦掌，开始写作。

你发现情况不太妙，这情形就和上周一模一样。你至今还没找到恰当的写法——法语中叫作 mots justes（准确表达），不过还是在拼命苦撑着。绝望之际，你抱着最后的一丝希望重新翻阅了之前的故事大纲，看着看着突然好像顿悟了什么。你意识到故事情节有问题，需要马上更改才能取得进展。发现这个问题让你既沮丧又兴奋，沮丧是因为你要把这一章重新写一遍，兴奋是因为你坚信修改后的故事会大获成功。在接下来的几分钟里，你一直在与自己的昏昏欲睡搏斗，想要把这一章重写，在洗手间稍作休息之后，终于决定背水一战了。

在接下来的一小时里，办公室里的哥们儿来找你，看你是不是想和大家一起喝杯咖啡，你拒绝了。中间你被几通电话和几封邮件打断，受好奇心的驱使，你接了电话，看了邮件，然后才继续工作。直到肚子咕咕大叫的时候，才意识到自己已经连续工作三个小时了。你疑惑时间都去哪儿了，自己怎么会不间断地工作了这么长时间。你看了看电话，然后大吃一惊，因为你发现电话线被拔掉了；你又看了看邮件，发现邮箱被关闭了。然后你意识到，自己肯定在某个时刻把电话线拔了，把邮箱关闭了，不过现在一点儿都想不起来了。

已经过午餐时间好久了，吃饭之前，你回顾了一下所写的东西，心满意足，同时发现这三个小时写的东西竟然比过去一周写得还要多。

## 心流

大多数人都曾在某个时刻体验过心流。心流由著名心理学家米哈里·契克森米哈赖提出，指一种全神贯注、忘记时间的体验。20 世纪 70 年代，契克森米哈赖首次记录了这种现象。

在契克森米哈赖的一个著名实验中，他给每位实验参与者一部传呼机和一本日记，让参与者在一周之内随身携带。他设定程序让传呼机在任意时间发出声音。一旦传呼机发出声音，实验参与者就必须立即放下手中的事情，并按照指示把自己正在做的事情以及此刻的感受记录在所发的日记本上。因此，假如你是该项研究的一位参与者，当你正在写书的时候，传呼机突然响了，那你就需要立即停止打字，拿出日记本来，把你正在做的事情（比如写本书的第二章）以及在写作过程中的感受（比如既沮丧又兴奋）记录下来。

实验结束后，契克森米哈赖将所有参与者的日记收集起来，逐一仔细阅读。他发现了一件事情，一件众多哲学家和神秘主义者，从亚里士多德到释迦牟尼都在寻寻觅觅的事情：幸福的秘诀。

现在假设你就是契克森米哈赖。此刻，你正在翻阅着成百上千本日记，写日记的参与者来自各行各业。

你会有什么发现呢？

我认为，你会发现什么取决于你在翻阅日记时心中在想什么问题。如果你在想“是不是真的某些工作就比其他工作更让人满意”，可能会发现当艺术家的确比看大门要好很多。又或者，如果你在想“人们是工作的时候更幸福些，还是做其他事情的时候更幸福些”，那可能会发现，人们在社交的时候最幸福，工作的时候次之，上班路上最不幸福。虽然这些问题很有趣，但是都不如契克森米哈赖的问题有深度。

契克森米哈赖的天才之处就体现在他所提出的这个问题中，这问题可谓前无古人。他的问题是：有没有什么体验是各行各业人士所共有的，即无论是水管工、艺术家，还是商人、科学家，都认为有意义的？如果有的话，那又是什么？

在提出这个问题时，契克森米哈赖就已经在假设，虽然人们认为有意义的事情各不相同（例如，一位音乐家可能会认为创作一首奏鸣曲比进行 100 米冲刺要更有意义，反过来，一位运动员可能也会认为进行 100 米冲刺比创作一首奏鸣曲更有意义），但人们的体验还是一样的，并不受到背景的影响。为了确定各种体验背后的共性，契克森米哈赖想要找到一个追求幸福的普遍适用的原则，一个对工厂工头和化妆师同样有效的幸福秘诀。当然，最后的结果可能是，压根儿就不存在什么各行各业都认为有意义的共同体验。如果当真那样，契克森米哈赖就走进了一个死胡同，事情也就不了了之。但事实证明，真的存在不受背景限制的十分有意义的共同体验。在了解这一共同体验之前，我们先来深入探究一下心流这一概念。

## 心流的特征

那到底什么是心流呢?

契克森米哈赖发现心流体验有几个共同特征。其中一个重要特征就是对时间的感知。十分矛盾的是，在体验心流时，时间好像既变慢了又变快了。

看一下下面这个例子。假设你正在打网球，正准备接下一个发球时，突然感觉自己好像掉入了一个时间隧道：一切都开始以慢动作发生。你能比平时更加清晰地看到网球，甚至当网球冲向你时，连网球上的纹理都看得一清二楚。由于时间似乎慢了下来，你感觉自己有更多的时间来击球，而且，你还会发现自己能接到平时接不到的球。尽管动作越来越快，运动量越来越大，你却一点儿都不觉得累，因为你的动作不仅十分高效，甚至可以说是行云流水的，你就像一名舞者。换句话说，你感觉自己就像《黑客帝国》里的尼奥：时间变得如此之慢，慢到你都可以躲避子弹了。不过，矛盾的是，当比赛结束时，你看看自己的手表，发现这场比赛的时间比想象中还要长。

心流的第二个重要特征就是没有自我意识。据人们反映，在体验心流时，人们全神贯注于自己所从事的活动，以至于没有多余的精力评价自己的表现是好还是坏。换言之，心流占据了人所有的心灵能量。只有在活动停止，或某些外在刺激（如传呼机响了）打断了心流时，人们才能退后一步评价自己的行为。

心流的第三个特征是活在当下，这一特征源于前两个特征。据称，人们在体验心流时，精力会完全集中在手头的任务上。或者更加具体些，人们的精力全都集中在如何实现当前任务的下一个子目标上。比如，假设你正在攀岩，你计划登顶之后和朋友一起野餐。如果你此刻正在体验心流的话，那么和朋友野餐将不是你目前关注的重点。相反，你全部的注意力都会放在要抓住的下一个岩架上。或许，你关注的是自己的手指有些湿，攀爬过程中出现的灌木有些扎手。换句话说，你的注意力全都放在与当下的任务直接相关的事情上。一旦登顶，你关注的重点就全都变了。也就是说，在体验心流时，你会主动屏蔽将来的安排和计划。当你全神贯注于能够引发心流的活动时，自然而然就会把精力放在自己手头的任务上。

对于以上三大特征，你可能都比较了解。这是因为和大多数人一样，你自己也有过心流的体验。几乎所有人都体验过心流这一事实说明，心流并不是某一个人或某一种职业的特权。人人都可以感受到心流。心流这种既神秘又深邃的事物可以被所有人感受到，这真是不可思议。

然而，我觉得更加不可思议的事情是，几乎每个人都觉得心流十分有意义。想想吧，我们成长的环境各不相同，有些人在乡下长大，有些人住在城里。然而，虽然我们之间有着如此巨大的差异，但却拥有这个共同的特质——我们都认为心流体验是十分有意义的。这说明想要全神贯注或想要“迷失”在心流中，是人们一个十分基本的需求。

与追求优越感不同，人们对心流的需求之所以如此大，是因为心流不仅能够提升我们自己的幸福水平，还能提高周围人的幸福水平。如果你觉得这个理由还不够充分的话，看看另一个理由能不能说服你：与追求优越感相比，追求心流是更加可靠的帮助你获得成功的因素。

但在告诉你心流为什么能够提升幸福水平之前，我们先看一看心流的最后一个特征。

## 已有能力和所需能力之间的匹配

再次假设你正在和某人打网球比赛，那在什么情况下你最容易感受到心流呢？是对方水平远高于你的时候还是远低于你的时候？

契克森米哈赖的研究表明，无论是以上哪一种情况，你都不太可能感受到心流。当对方水平远高于你时，你会感到明显的焦虑；而当对方水平远低于你时，你又会感到极度的无聊。契克森米哈赖发现，心流发生在介于焦虑和无聊之间的很微妙的一个状态下。换句话说，只有当你的技能水平和对方的技能水平相匹配时，你才最有可能体会到心流。事实上，心流之所以让人如此着迷，是因为即使是技能水平完美匹配，也并非达到心流的理想状态，只有在对方水平稍微高于你时，你才最有可能感受到心流。

假设你是一名中级水平的网球运动员，USTA（美国网球协会）评级是 4.0。只有当对方水平刚好稍高于你时，你才最有可能感受到心流，也就是如果对方评级是 4.1 就再好不过了。想象一下如果对手的水平比你稍高一点儿，你会有何表现。为了打败对手，你不能再完全依赖现有的技能水平，必须提升自己的技能水平才可以。不过你并不需要一时之间提升太多，只要循序渐进就好了。换言之，只有在遇到不大不小的挑战时，你才最有可能感受到心流。难度恰当的挑战可以确保你在参与的过程中达到学习和成长的目的。

我们已经知道，当目前的技能水平稍微低于达到目标所需的水平时，我们更能达到全神贯注的状态，从而感受到心流。这一事实说明，我们可以在某种程度上自由制造心流。打个比方，当你与水平稍高于你的对手（或电脑程序）下棋时，就有可能感受到心流。同样，你在玩稍微超出自己能力的填字游戏或数独游戏时，也有可能会感受到心流。

不过有趣的是，并不是已有能力和所需能力相匹配了，你就能进入全神贯注、充满意义的心流状态。为解释其中缘由，让我们再把自己放回到网球场。假设你是一个网球初学者，与另一名初学者对打。鉴于技能水平都比较低，因此你们都有可能把球打出球场（或者击球下网），不太可能正儿八经地打起球来。即使极其偶尔的情况下，一个人成功发了一球，另一个人也不太可能接到这个球，因为你们打这个球的时候可能用力过猛，也可能方向不对。因此，你的心流体验会被长时间地打断（想想吧，你得先去网旁边捡球，有可能还要到球场外面捡球）。

对比一下，如果你和你的对手都是专业级网球运动员，USTA 评级是 6.0 以上。在双方技能水平都如此高的情况下，你和你的对手都能够保持更长时间的心流状态。你们可能连续对打好几秒钟，然后在对打的过程中突破能力的极限。因此，你已有的能力越强，保持心流的可能性也就越大。

## 为何心流能提升幸福水平

让我们再次简短回忆一下高水平心流和低水平心流的区别。但在回顾之前，先让我讲述一下为什么心流可以提升幸福水平。当然，最显而易见的原因是心流能够给我们带来当下的快乐。在一项研究中，研究人员将参与实验的学生分成两组，一组从事高水平心流活动一小时，另一组从事低水平心流活动一小时。然后对两组学生的幸福水平进行测量。研究表明，从事高心流活动的学生明显比从事低心流活动的学生要幸福得多。

心流能够提升幸福水平的另一个原因与精通有关。我们之前已经讨论过，心流只有在人们面临挑战，需要提高和成长时才会出现。因此，如果你能够在某个特定的领域把一系列心流体验串联起来的话，那你在这个领域的技能水平自然而然就会得到提升。而且，如果在某个特定的领域，你能够把一系列关键性的心流体验串联起来，毋庸置疑，你肯定会在这个领域做到精通，至少也是取得重大进步了。而又因为精通是我们人类与生俱来的一种重要需求（我在前面的章节曾论及），心流能够帮助我们达到精通，从而提升幸福水平。

心流能够提升幸福水平的另一个原因则与其他人的幸福水平有关。我们在前文已经论及，心流不仅能提升自身的幸福水平，还能提升周围人的幸福水平。原因何在？因为当看到其他人很投入时，我们也会受到感染。想一想，在听摇滚演唱会的时候，看到乐队忘我演出，你是不是也深受感染？想一想，当你听教授在讲座上激情四射地讲着他自己最爱的主题时，是不是也会受其影响？

其他人能够被我们的心流所感染，说明与追求优越感相比，追求心流是一种更加可持续的幸福来源。想想吧，当你追求优越感的时候，别人都不怎么待见你。人们支持其他人追求心流，却不支持其他人对优越感的需求，是有着充分理由的。要知道，优越感的衡量标准——财富、名气、权力等都是十分有限甚至十分稀缺的，而心流却并不是这样。也就是说，一个人想要获得心流体验并不需要以剥夺其他人的心流体验为代价。相比之下，因为外在奖励都是十分有限的，一个人如果在财富、名气、权力方面得到提升，就必然要以牺牲他人的这些东西为代价[①]。

① 这个观点是契克森米哈赖教授在接受我的采访（为了完善我在 Coursera 上的课程）时表达的。你可在以下网址观看采访片段：https://www.coursera.org/learn/happiness/lecture/hMLNh/week-2-video-7-why-flow-enhances-happiness。

## 什么会打断心流

想一想生活中的种种发明，从飞机、电脑到透明胶带、Zipcar（共享汽车），心流都在其中起着作用。然而，我们中的很多人并不能意识到这个事实。相反，我们认为我们之所以取得成功，是渴望成功或渴望优越感带来的驱动力。也就是说，我们总是倾向于将自己的成功归结于对尘世功名的渴望，但实际上心流才是真正的原因。我们完全本末倒置了：明明是心流决定了我们的成功，但却以为对尘世功名的渴望和对优越感的需求，才是真正的决定因素。

当然，这并不是说对优越感的需求对我们取得成功一点儿作用都没有。通常，我们最初开始追求某个目标，或者能够持之以恒追求某个目标，都是因为对优越感的需求。然而，尽管这种需求能够让我们坚持追求目标，其所发挥的作用还是十分有限的，如果没有心流做辅助，这种需求就很难指引我们走向成功。

的确，一旦我们开始一项任务，渴望尘世功名或总是想着要打败对手，不但不会帮助我们取得进展，反而会阻碍前进的步伐。原因在于，我们大脑处理信息的容量是十分有限的，因此，如果我们将容量过多地分配在思索财富、名气、权力等评价优越感的标准上，那么用于完成手头任务的容量也就会变少。只有当忘记这些外在的奖励，把注意力放在手头的任务上时，我们才有可能取得最快的进展。

我想任何一个想要实现崇高目标的人都会了解这个事实。举个例子，想想那些奥运会的运动员吧。虽然他们和其他人一样有着很强的竞争欲，但同时，他们还是能够控制自己对胜负成败的思索的专家。事实上，正如大多数体育心理学家所知道的那样，将伟大的运动员和一般的运动员区分开来的并不是身体或者技巧上的能力，而是心理上的能力——一种既能忘记过去发生的一切，也能不思索以后会发生什么，而只关注眼前正在发生的事情的能力。如果没有这种活在当下的能力，那些伟大的运动员就不会获得心流体验了。

如果你怀疑是不是只有在像体育这样竞争激烈的领域，心流才会起着如此至关重要的作用，请三思。为此，行为经济学家丹·艾瑞里与他的同事精心设计了一系列研究。研究发现，几乎在所有领域，对尘世功名的渴望都会阻碍最终的成功。在其中一项研究中，参与者面临这样的挑战：他们需要破解 13 组变形词，每组包括 3 个变形词，如下所示：

1. SUHOE
2. TAUDI
3. GANMAAR

参与者可以在一个私密的格子间里破解这 13 组变形词中的 8 组，而其余 5 组变形词，则需要参与者走到屋子前面，在其他参与者的注视下破解。无论参与者是在私密的格子间里，还是在他人的注视下破解变形词，所得金钱的数目都是一样的。因此，在这两种情况下，金钱奖励并没有区别。不过，你应该也想得到，在大庭广众之下破解变形词的压力肯定是要更大一些的。在哪种情况下，参与者破解的变形词会更多些呢？是压力大的时候还是压力小的时候？

研究发现，与在私密空间相比，当参与者被他人注视时，表现更差些。此外，艾瑞里和同事还进行了几个类似的实验，以评估奖励对参与者的表现有何影响。他们最终发现，所有实验体现出的一个共同点是：金钱奖励就像达摩克利斯之剑悬在参与者的头上，当没有金钱奖励这个压力时，参与者的表现普遍更好些[①]。

---

① 你可以在http://www.coursera.org/learn/happiness/lecture/q2fSM/week-2-video-3-is-need-for-superiority-important-for-success 观看我采访艾瑞里教授的视频片段。

这些研究的发现与经典的内在激励研究（于20世纪80年代进行）的结果大体上是一致的。正如研究显示，外在的奖励和刺激就相当于胡萝卜加大棒，非但不会提高人们的表现水平，反而会降低人们的表现水平。外在的奖励之所以会降低我们的表现水平，是因为它会分散我们的注意力，让我们难以达到心流状态。当我们会因为自己追求目标的结果获得奖励或惩罚时，我们也就丧失了关注实现目标的过程的能力。

## 让心流重返你的工作与生活

如果心流是获得幸福和成功的决定性因素，那么可以由此判断，在工作中获得心流是至关重要的，毕竟我们大部分醒着的时间都是在工作。然而，大多数人并不认为工作是充满意义或者令人满意的。最近的一项全球调查显示，对工作不满的人数是对工作满意的人数的两倍。要知道以前可不是这样的，在20世纪70年代和80年代，美国人的工作满意度可比现在要高很多。

大多数人感觉很羞耻，自己没能在工作中寻找到意义，获得成就感。这也就是为什么《转行》（*Working Identity*）的作者埃米尼亚·伊瓦拉指出，我们很多人的梦想就是有朝一日能够辞掉工作，做一些有意义的事情。不过这也只能是个梦想了，因为我们太懦弱了，不敢去真正地冒险，不敢真的辞去现在的工作，从事一份有意义的工作，于是只能心怀不满地过日子，把“追求真正的快乐和幸福”拖延到退休以后。但等到真的退休了，我们要么被生活消耗殆尽，没有了追求的激情；要么因为没有足够的时间磨炼技能，而很难体会到高水平的心流。所以，基本上我们就这么一再拖延，一直未能过上美满、有意义的生活，等到一切为时已晚，才追悔莫及。

不过好消息是，现在还为时不晚。你现在就可以做一些事情，从而能够在生活中更加经常地感受到心流。如果现在还没有开始，很显然，你要做的第一件事就是培养自己的爱好。这是因为做自己喜欢的事是获得心流体验的最佳方式，而且即使我们的爱好被长时间搁置，重拾起来还是相对比较容易的。爱好可以让你的生活充满意义，不过也只能帮你到这个地步了，更重要的是，你要在工作中找到心流。

为了在工作中更加经常地体验心流，你可以做些什么？

我最近向史蒂文·汤姆林森教授（一位十分受人尊敬的商学院教授，目前在阿克顿商学院任教）请教了这个问题[①]。

他的建议是我们要尝试做两件事情。第一件事就是明确自己的才能是什么，然后试着在当前的工作中培养这些才能。如果这意味着要承担更多的责任，或者偏离了工作职责，那你也尽管去做好了。这是需要勇气和努力的，但一切的付出都是值得的。第二件事就是明确社会需要什么，所谓的社会也就是城市、国家甚至全世界，然后想方设法满足社会的需求。

因此，汤姆林森教授的建议是首先要明确自己的才能和社会的需求分别是什么，然后在理想情况下，找出两者的交集，最后努力将这两者的交集融入自己目前的工作中。

在他所建议的基础上，我想再添加一点：尽量多在工作中做自己喜欢的事情（也就是下页图中底部的圆圈中的内容）。因为，与回答“我擅长做什么”或“这个世界需要什么”相比，回答“我喜欢做

---

① 你可以在我的 Coursera 课程上观看有汤姆林森教授的视频片段，网址如下：https://www.coursera.org/learn/happiness/lecture/oMQFr/week-2-video-9-getting-flow-back-into-your-life。

什么”这个问题更加容易些。魁北克大学蒙特利尔分校的罗伯特·瓦勒朗教授通过研究发现，绝大多数人（85%）都知道自己的兴趣所在，也就是说绝大多数人已经知道自己喜欢做什么了。如果我们喜欢做某件事的话，那么就很可能在做这件事的时候体验到心流，从而进一步培养创意，走向成功。正如契克森米哈赖在其研究中所发现的，与大众传统的观点不同的是，更富有创造力的并不是那些郁郁寡欢、形单影只的人，而是那些生活相对比较幸福稳定的人。

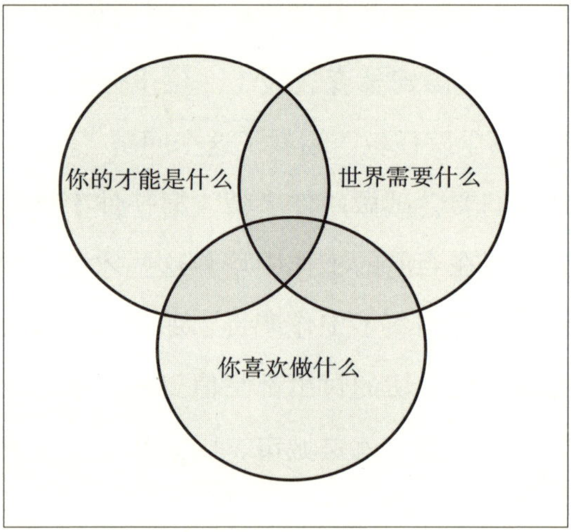


**找出让心流回归生活的方法**[①]

把自己喜欢的事情的优先级排在其他目标，尤其是外在目标之前，与为追求短期幸福而牺牲长期幸福并不是一回事。即使一个人喜欢做某件事，比如写作或者产品设计，积累相关的专业技能也是需要全身心投入和努力的。积累专业技能需要宾夕法尼亚大学心理学教授安吉拉·达克沃斯口中的“勇气”。换句话说，在短期内，积累专业技能的

① 在看过这三个圆之后，有人可能会添加第四个圆“这个世界会回馈你什么”。虽然一味追求金钱并不利于获得幸福（或者成功），但在其他条件相同的情况下，至少从某种程度上来说，钱当然是越多越好。

过程通常都是十分痛苦的，但这种痛苦还是值得忍受的，因为这是在为某件更加宏大、更加有意义的事情服务，是为了实现积累专业技能的目标，而我们通过前面的分析也已经知道，专业技能对体验高级心流起着至关重要的作用。

这就引出了我之前在第二章中提到的一个话题：什么时候才值得为追求长期幸福而牺牲短期幸福？在某些情况下，人们只需要最小限度地牺牲短期幸福就可以收获更高水平的长期幸福，但依我之见，除了以上情况外，还有两种情况值得牺牲短期幸福：一是当人的基本需求得不到满足时，二是当牺牲短期幸福能够提高心流或其他有意义的事出现的可能性时。除此之外的所有情况，像是最普遍的追求更多的财富、名气或权力等，都不值得你牺牲短期幸福。我之所以这么说，是基于我们截至目前讨论的两大主题：与追求外在奖励相比，追求心流不仅能更好地提升长期和短期幸福水平，而且还能促成成功；当我们处在追求外在奖励的额外压力之下时，我们的效率会大大降低，在面对智力或创造性相关的任务时尤其如此。

## “缓慢而渐进的”职业转变之路

让我们再次回到这个话题：如何提高在工作中体验心流的可能性？如果你目前的工作并不适合锻炼你的能力，或者并不能帮助你追求自己的梦想或点燃激情，那该怎么办呢？举个例子，如果现在的工作是销售，而你的兴趣却是写代码，那该怎么办呢？你会怎么做？

其中一个办法就是考虑一下要不要辞掉现在的工作，然后找一份与你的才能相符或能够使你保持激情的工作。但如果考虑到生活条件的话，这的确是一个很难的抉择。假设你已人到中年，一大家子人都指望着你养活，那辞掉现在的工作、尝试全新的领域，对你来说的确是件很冒险的事。与此同时，你觉得实在是没有什么办法让现在的这份工作有意义起来，唯一的出路就是尝试一份新的工作或者走上一条新的职业道路。

如果你现在就处于这种状态的话，那就应该勇敢一些，换一份工作，不过应尽量将风险降到最低。伊瓦拉曾采访过几十位成功转行的人，她在书中建议道，通常最好的策略就是在还没想明白什么事情对自己有意义之前，先保留着目前这份不尽如人意的工作。伊瓦拉经过调查发现，与那些一拍脑袋就辞职换工作的人相比，有些人会选择每周花几个小时的时间接触与自己认为有意义的工作相关的人或事，比如结交那个领域的人，参与那个领域的活动等，从而令生活更加富足幸福。

假设你是一个会计，觉得自己的工作很没意思。你觉得自己真正喜欢做的，同时也是自己的才能所在，就是开一家潜水用品店。如果这样的话，那你可以每周花几个小时（2~3 个小时）摸索一下开一家潜水用品店要做哪些准备。例如，你可以在当地的一家潜水用品店里义务打工，帮着收银、给水箱换水，或者考一个潜水教练证，帮助初学者考证。过一段时间，当你有了在潜水用品店工作的经验，就会发现自己是真的像自己以为的那样想开一家潜水用品店，还是只是一时兴起罢了。如果最终发现开潜水用品店并不适合自己，你会很庆幸自己没有为此辞掉现在的工作。相反，如果发现开潜水用品店就是自己心心念念的梦想，那你的时间也算是没有白费，因为已经与那一行业的重要人物取得了联系，也掌握了开店的重要信息。而且，你的家里也不会因此乱作一团，毕竟你的家人肯定不愿意看到你为了一件不确定的事情辞掉工作，这对他们的生活也会造成干扰。

因此，无论从哪个角度看，这种“缓慢而渐进的”职业转变道路（辞掉现在你不太满意的工作，换一份更有意义的工作）都比直接跳槽要好得多。

## “完美生活”计划

比起突然辞职跳槽，这种缓慢而渐进的道路可能是更好的选择，不过在踏上这条路之前，你先要弄清自己的兴趣所在。我在前文说过，罗伯特·瓦勒朗教授的研究已经表明，我们大多数人（85%）都知道自己热爱什么。然而，在我教授幸福课程的过程中，我发现有许多人觉得自己热爱的东西是不能作为事业的，因为它们并不能赚钱。一天，一位金融专业的学生在课堂上表达了这种担忧。她说：“我很喜欢折纸，能花上好几个小时研究折纸，完全入了迷。但我并不认为我能靠折纸来养活自己，更不要说养家糊口了。”她十分怀疑自己怎么可能从投行（这是她预期自己以后会从事的行业）转到折纸手工艺工作。

当然，要回答这类问题还是很困难的，不过一件绝对有帮助的事情就是，想象一下如果一切进展顺利，你的生活会是什么样子的。换句话说，想象一下你的“完美生活”，然后写在纸上，增大最终将它付诸实践的概率。有研究表明，当你在设想某个目标时，你会自然而然地将自己调整为与实现目标相适应的状态。的确，你在潜意识中更能使自己适应与目标相关的因素，因此当你十分明确自己想要做什么的时候，虽然可能并没有意识到，但这种明确本身就能提高成功的概率。

也许最终结果和想象还有一定差距，但至少你离自己的理想更近了些，总比从未开始要好。我那位对折纸感兴趣的学生就是用的这种方法。一开始她半信半疑地想象自己的“完美生活”，但当她把这些想象写下来的时候，就开始为此着迷了。在完成练习后，她意识到“完美生活”中的自己不一定非折纸不可，她发现自己真正热爱的是艺术，各种形式的艺术都可以。于是，她想象了一下自己如果投身于艺术行业会是什么样子，最终从事了一份给艺术品（主要是油画）定价的工作。很不错，是吧？她自己也这么觉得，因为她热爱自己的工作，而且觉得如果没有“完美生活”这个练习，就不可能找到自己的兴趣所在。

很明显，“完美生活”练习的设计初衷就是帮助你发现并培养提升幸福感的第二个习惯：追求心流。如果你十分幸运，已经找到了自己喜欢的、有意义的工作，那可能会好奇是不是还有什么其他的事情可以用来提高幸福水平。的确有，或者更具体地说，你还有两件事可以做：表现出自我同情，表达出感激之情。这两件事都能减轻对优越感的需求，从而提高幸福水平，至于原因我很快就会讲到。

## 自我同情：逆境时需做的练习

假设你是一名销售人员，上个月没有完成销售指标；或者，假设你是一名学生，没能取得好成绩；再或者，假设你是一位家长，总是对孩子太过严苛。正如我的同事克莉丝汀·内夫教授所说的那样，绝大多数人在这种情况下都会倾向于自我贬低。内夫教授发现，如果我们没有完成预期的目标，或者没有按照预期的行为做事，这个时候我们最大的敌人其实是自己[①]。我们的自尊会受损，进而开始追求优越感，至于原因我已经说过了——我们在没有安全感的时候会更倾向于追求优越感。

我们之所以跟自己进行消极对话，其中一个原因就是认为这种消极对话可以激励我们下次做得更好。但实际情况是，这种消极对话只会让我们更加痛苦沮丧，从而失去前进的动力。据内夫教授介绍，应对失败的一个更好的方式就是自我同情。简单地说，自我同情包括三个要素：

1. 自我包容
2. 共同人性
3. 清醒

自我包容指的是，像对待亲密的朋友或家人那样对待自己。自我包容的一个方法是，想想某个人如果在经历失败后向你求助，你会对他说些什么，把同样的话说给自己听就可以了。你应该也可以想到，自我包容会增加自己的安全感。

共同人性指的是，要承认失败是生活的一部分，每个人都会失败。也就是说，要意识到失败是生而为人必定会经历的事，金无足赤，人无完人。明确自己并不是一个人，并不是和其他人割裂开来的，也可以增加人的安全感。

清醒指的是，清醒地认识自己目前正在经历的事情，不去否认也不去拒绝，以一种友好、富有同情心的方式看待发生的一切。在第

① 为了完善我的Coursera课程，我曾针对自我同情这一主题对内夫教授进行过采访。你可以在以下网址观看该采访的片段：https://www.coursera.org/learn/happiness/lecture/8OmBu/week-2-video-10-a-practice-for-when-things-are-not-going-well-self-compassion。

十四章中我们会讲到，保持清醒能够降低压力水平，增加积极情绪，从而增加安全感，这听起来可能有点儿有违常理，但的确如此。因为自我同情的三个要素都能增加人的安全感，所以这三个要素都可以减少追求优越感的倾向。

## 表达感激之情的练习



另一个同样能够减少追求优越感倾向的练习是表达感激之情。这个练习要在处于顺境时进行。尽管在比较有安全感的时候的确不太可能追求优越感，但还是会强化对优越感的需求，例如，我们会骄傲自大，把成功都归功于自己。

假设你刚刚升了职，或者考试考得特别好。正常情况下，大多数人都会在这个时候有点儿骄傲。即使在跟其他人说起自己的成功时表现得很谦虚，在私下里，我们还是会沾沾自喜，对自己说“拉杰，可真没人比得上你”，或者“拉杰，你最厉害了，除了你没人能做得到”之类的话。一时半会儿你可能会自我感觉良好，但从长远来看，这样只会增强你对优越感的需求。



好了，从现在开始，不要再沾沾自喜、骄傲自大了，或者除了沾沾自喜、骄傲自大之外，让我们来做点儿其他的事情。比方说，想想你能取得这次成功，除了自己，还有谁功不可没。或许是那些任劳任怨、保证了咖啡不间断供应的工作人员，没有那些咖啡你是没法加班加点，最后取得成功的；或许是你的配偶，在你挑灯夜战时帮忙照顾孩子。你甚至可以继续往回倒推，想想还有哪些人在你的成功中发挥了间接作用，比方说高中时鼓励你要志存高远的老师，或者即使所有人都在怀疑你时仍对你抱有信心的奶奶。

表达感激练习的出发点就在于没有人能全凭自己完成某件事。总有那么一个时候，我们需要依靠他人，如果没有来自他人的支持，我们是不可能取得任何成就的。在恍然大悟的同时，我们还会产生一种感激之情，感谢那些曾经帮助过我们的人。请注意观察你在怀有感激之心时都有哪些变化。你会用积极的态度来看待帮助过自己的人，而这种态度反过来又会增强你与他们之间的联系。你可能会想给他们打个电话，说说话；等到真正与他们面对面交谈时，你会更加和颜悦色，更能专心致志地倾听；你还可能会想要在其他人面前说他们的好话。如此一来，你就会启动一系列连锁反应，加强你们两人之间的联系。

已经有多项研究表明，表达感激之情可以增强社会联结。一项研究发现，刚加入女生联谊会的学妹在收到礼物的时候，如果对学姐表达感激之情，随后与学姐成为朋友的可能性更大些。另一项研究发现，与崇尚物质主义的青少年相比，怀有感激之心的青少年更有可能健康成长，成绩更好，生活满意度更高，社交生活更加丰富，忌妒之心更少，更不容易抑郁。因此，我们可以把感激之心看作一架连接骄傲和人际交往的桥梁。感激之心让我们远离以自我为中心（一种认为自己高人一等的想法），接受以他人为中心的积极思想（与爱或联结有关的思想）。这样一来，在感激之情的带领下，我们就远离了短暂的幸福而靠近了长久的幸福。由于不再感觉被孤立，同时与他人建立了更多的联系，所以这个过程还会减轻我们对优越感的需求。

不过这并不是表达感激能够帮助我们提升幸福水平的唯一原因，

它还以许多其他形式发挥着作用，这也就是加州大学河滨分校的索尼娅·柳博米尔斯基教授将表达感激称为“元策略”（意思是说它能够以多种形式提升幸福水平）的原因。[①] 这也正是我把表达感激作为本章练习的原因。



① 你可以在以下网址观看我对索尼娅·柳博米尔斯基教授的采访，在这个视频中，她列举了她将表达感激称为元策略的种种原因：https://www.coursera.org/learn/happiness/lecture/Tx8Zm/week-2-video-13-summary-of-week-2。

IF YOU'RE SO

SMART,

WHY AREN'T

YOU HAPPY?

# 第五章　毁掉幸福感的第三个杀手：拼命渴望爱

少年时期，我曾翘课看过一部电影（对不起，妈妈，我以后再也不翘课看电影了），至今印象深刻。电影讲的是一位怀有身孕的妻子，她的丈夫热爱和平却被恶棍无辜杀害。后来，她产下一子，并把孩子培养成了一个勇猛坚强的人。很明显，她深爱着自己的孩子，但却故意用各种方法折磨他，比如在下雨天把他吊在外面、不给他吃的、让他一个人哭到睡着……所有这一切都是为了把他培养成一个坚强独立的人。这招还真管用！最终，男孩长大成人，和他父亲像是一个模子里刻出来的（这在宝莱坞电影里已是司空见惯了），并为他的父亲报了仇，从此过上了幸福的生活。

这部电影借用的思想就是一个看似普遍的世俗观念，即逆境，甚至包括极端的逆境，对孩子的成长是有好处的。这种观点在 20 世纪初期十分流行，尤其在被称为行为学家的心理学者中更为流行。这群行为学家甚至认为，依偎、爱抚或拥抱婴儿，给婴儿爱和关心会让他们变得软弱、懒惰、过度依赖。现在我们已经知道，那些行为学家的观点是不正确的。要想孩子能够健康成长，爱和关心就像食物和营养一样至关重要。大部分父母（电影中不好的父母除外）与生俱来就知道爱和关心的重要性，但这个理论一直没有科学依据，直到 1930 年，哈利·哈洛，一位刚从斯坦福大学毕业的博士，加入威斯康星大学，情况开始发生了转变。

## 哈洛的猴子实验

起初，哈洛的本意并不是想要证明爱和关心就如同食物和营养一样，对人至关重要。他想要证明，人类并不像行为学家所认为的那样是一台机器。那个实验我们改日再说吧。哈洛为了证明自己关于爱的假说，需要一些猴子来做实验，但在 20 世纪 40 年代，猴子在美国是十分稀缺的。于是哈洛做了件很大胆的事，在此之前还从来没有人这么做过：他让实验室里的成年猴子互相交配，然后把小猴子留了下来。哈洛当然希望这些小猴子可以健康成长，为了保证小猴子的健康，小猴子一出生，哈洛就把它们跟母猴分开了。他把小猴子放在单独的笼子里，以防它们染上疾病。十分具有讽刺意味的是，哈洛的本意是想要把小猴子养得健健康康的，但这么做却剥夺了它们从母猴那里获得依偎和拥抱的机会。

后面的事情我想你也猜到了，与哈洛及其团队所预期的不同，最终这些小猴子的心理受到了创伤。当把健康的猴子放在一个笼子里时，它们会对彼此产生好奇心，然后很快就会在一起玩耍，这种表现跟人类婴儿是差不多的。而且，在一起时间久了，健康的猴子之间会建立良好的关系，不愿意分开。哈洛实验室里的猴子却不是这样。当把哈洛饲养的猴子放在一起时，它们要么互相不感兴趣，要么会公开表示敌意。这些猴子尤其厌恶其他猴子或这里的研究人员抚摸自己。如果人类靠得太近的话，它们就会产生攻击性，对人造成伤害。而且，哈洛养的许多猴子还经常自残——它们会撕咬自己的四肢。有几只猴子还会不停地摇来摇去，表情呆滞地凝视前方。随后，勒内·施皮茨——一位从事人类孤儿研究的研究者发现，缺乏爱和关心的人类婴儿也会表现出相同的症状。

起初，哈洛和他的团队并没有意识到自己饲养的猴子是心理不健康的。只有像约翰·鲍尔比（一位英国精神分析学家）这样的局外人才注意到了这一点。不过在得到鲍尔比的建议后，哈洛立即就开始研究爱在小猴子的成长发展过程中发挥着什么样的作用。

哈洛与其团队在他们最著名的一个实验中，直接把对爱的需求与对食物和营养的需求对立起来。在这个实验中，好几只小猴子从一出生就跟妈妈分开，分别被单独关在一个笼子里，里面放了两个没有生命的玩偶，体型与成年猴子大体相当。这两个没有生命的玩偶被用来充当小猴子的“代理妈妈”，研究人员还给它们装上了嘴巴、眼睛和躯干。如下图所示，其中一位代理妈妈由泡沫和布片制成，十分柔软可爱，而另一位代理妈妈则由金属丝网制成，因此触感很硬。

**哈洛实验中由布制成的玩偶和由金属丝网制成的玩偶**

为了测试爱和食物两者中哪个更重要，哈洛和他的学生想出了一个十分聪明的办法。

他们把猴子平均分为两组，针对其中一组猴子，他们把食物（一瓶牛奶）放在金属丝网制成的玩偶身上；针对另一组猴子，他们把食物放在由泡沫和布片制成的玩偶身上。如此一来，由泡沫和布片制成的玩偶不仅是所有猴子爱（哈洛将之称为“接触安慰”）的供应者，而且还是其中一组猴子的食物供应者，而由金属丝网制成的玩偶则是另一半猴子的食物供应者。哈洛做出假设，认为对接触安慰的需求——也就是想要与柔软舒适的玩偶依偎拥抱的欲望——和对食物的需求一样，都是一种根深蒂固的需求。由此，哈洛做出预测，即使由泡沫和布片制成的玩偶身上没有奶瓶，小猴子也还是会花大量时间跟它在一起。（相反，如果是行为学家来预测，他们肯定会预测小猴子会时时刻刻都跟带有奶瓶的玩偶在一起，因为在他们看来，带奶瓶的玩偶身上有着奖励刺激——牛奶，尽管其中一组带奶瓶的玩偶是由金属丝网制成的。）

最终的研究结果证明哈洛是对的，不过哈洛并不能真正预测小猴子对爱的需求有多强烈。在由金属丝网制成的玩偶身上带有奶瓶的情况下，小猴子会花一些必要的时间来获取营养，剩余的时间里都会与由泡沫和布片制成的玩偶在一起。拿一天 24 小时来说，小猴子与由金属丝网制成的玩偶在一起的时间不到 1 个小时，而且在这不到 1 个小时的时间里一直都在吸奶瓶。与之对比，小猴子与由泡沫和布片制成的玩偶在一起的时间差不多有 18 个小时（24 个小时中剩余的时间，小猴子在笼子的其他地方）。而在由泡沫和布片制成的玩偶身上带有奶瓶的情况下，小猴子几乎一分一秒也不愿意跟由金属丝网制成的玩偶待在一起。与行为学家所认为的不同（行为学家认为婴儿之所以对母亲产生依恋，仅仅是因为母亲是他们食物的来源），哈洛的实验结果证明，依恋的产生更多的是基于对爱的渴望，而非对食物的需求。

在后续的实验中，哈洛和他的团队又提供了额外的证据来支持自己的理论。在其中一个实验中，小猴子被暴露在一个具有威胁性的物体面前，这个物体会产生哗啦哗啦的噪声，听起来和成年猴子发动攻击的声音有点儿像。当把这个物体放入小猴子的笼子时，小猴子自然就会感到紧张，这时它们都会走向由泡沫和布片制成的玩偶（而不是由金属丝网制成的玩偶），并紧紧抓住它。在另一个实验中，哈洛和他的团队发现，跟真正的（活的）母猴和玩伴生活在一起的猴子长大后很容易就能学会玩耍，学会和其他猴子交往。而被由泡沫和布片制成的玩偶“抚养”长大的猴子在这方面却表现迟钝，不过在一年之后也能慢慢学会与其他猴子交往。相比之下，被由金属丝网制成的玩偶“抚养”长大的猴子则会表现出社交无能，在长大后通常都不能成功交配。而且，即使那些社交无能的母猴偶然有了身孕，也不会照顾小猴子，经常忽视它们。这足以说明，母猴能不能给予爱，取决于它们小时候是不是得到了足够的爱。

## 人类对联结的需求

尽管时至今日，哈洛的实验结果并不能让我们大吃一惊了，但在那个时候，的确是让行为学家大跌眼镜。行为学家怀疑哈洛的实验结果是否能够适用于人类。也许爱对猴子来说很重要，但对人来说可能不重要呢？

由于种种原因，研究者是不能用人类婴儿做类似哈洛所做的实验的，我想大家也都能理解。想象一下，怎么可能因为做实验就把小婴儿从妈妈身边夺走呢？

然而，由于某些不幸的原因，的确有些婴儿从一出生就跟父母分开了，我们偶尔可以窥见这种分离对孩子的心理健康有着多大的影响。勒内·施皮茨是这一领域的先锋之一，他最先记录了被剥夺爱之后婴儿所遭受的心理创伤。他用镜头记录了婴儿与母亲分离之后所表现出来的典型行为，如今这些视频在网络上都可以找到。施皮茨发现，这些婴儿的表现与哈洛实验中小猴子的表现有着惊人的相似，例如不友好、无精打采、缺乏好奇心等。

施皮茨的发现印证了约翰·鲍尔比（英国的精神分析学家，我们在前文提到过）的研究。鲍尔比通过对比 44 名少年犯与 44 名“健康”青少年的童年经历和心理学特征描述发现，在 6 个月至 5 岁之间，少年犯被迫与母亲分离的比例更高，也更容易表现得“无情”或“冷漠”。

可以说，人类对爱的需求在婴儿时期最为强烈，原因我想大家也都能明白。毕竟，人类婴儿可是所有生物中最脆弱无助的。并且，这种对爱的渴望并不会就此消失。正如多位学者所观察到的，即使在青少年和成年时期，我们仍有强烈的想要与他人建立和保持关系的欲望。其中，对爱情的渴望可以说是人类最重要的特征之一，这也是为什么有那么多的电影、书籍和传说都以爱情为主题。或许，古希腊神话最能表达我们对爱的渴望有多强烈。根据古希腊神话，很久之前，人类和诸神是生活在一起的。那时的人有四条胳膊、四条腿、两个脑袋，而且随着时间的推移，人变得越来越强大。一天，诸神讨论，认为人太强大了，应该从人那里夺回控制权，于是诸神将人劈成了两半。这样人就变成了两条胳膊、两条腿、一个脑袋。从那时起，人类活着的一个重要使命就是找回自己的另一半，让自己重新变得完整。根据古希腊神话，人类对爱的追寻与人类追求自身的完整如出一辙。

如果你曾经深爱过，你就会知道古希腊神话还是有些道理的。当你处于热恋期时，好像没有什么事会比跟恋人整天待在一起更重要了。的确，爱到深处，你会觉得没有什么事情、没有什么人能够阻止你和恋人在一起。如果你的这种情感得到了回应，那真的是没有什么事情可以难倒你们了。换句话说，爱情会让人突然之间变得积极、强大、坚强。因此，爱情自然也被普遍认为是我们最宝贵的体验之一。

人类生活的一个重要特征就是不停追寻与他人的联结。正如心理学家所罗门·阿希在早期实验中所发现的，人类对联结的渴望通常以十分有趣的形式展现。在该实验中，研究人员向实验参与者展示 1 条一定长度的线段（如下文的“目标线”），然后要求参与者指出以下 3 条线中，哪条与目标线的长度最为接近。

目标线：________

选项：a）_____　b）________ c）______________

从我们所举的例子中可以看出，b 线段是与目标线长度最为接近的，正常情况下，很少有人会选错。但在社会压力下，人们很容易做出错误的选择，即使在某种程度上他们也知道自己的选择不对。让我们看看下面这个场景，以帮助理解。

假设你报名参加一个关于“视觉感知”的研究，当你走进实验室后，发现这个实验还有另外 6 个实验参与者。实验人员称，这个实验的目的是探究人们判断线段长度的能力，然后请包括你在内的实验参与者完成一项任务，内容跟我刚刚所说的类似。具体来说，实验人员将 4 条线段——1 条目标线和 3 个选项——用投影投射到屏幕上，先让另外6位参与者说出他们的观点，最后再问你的意见。现在，想象一下其余的6名参与者都选了c选项。也就是说，很明显，其他6个人都选错了。现在该你回答了。

你会怎么回答？你会选你自己认为正确的答案（b选项），还是会选择其他人认为正确的答案（c选项）？大多数人都觉得，即使别人选了其他答案，但自己还是会选择正确的答案。但实际上，阿希发现大多数人都选择了其他人选的答案。你可能也猜到了，阿希雇了帮手，其他6个实验参与者是阿希花钱雇来假扮的。后来阿希又做了其他类似的实验，最终发现人们都有一种从众心理：我们会不自觉地附和他人，即使知道别人是错的。在很大程度上，这种想要与他人保持一致的压力来自我们想要与他人建立、维持关系的欲望。

我和我的合作伙伴金姆·科夫曼曾共同开展一系列研究，我们参照阿希的实验，依样画葫芦，在真正的实验参与者中混入了我们的“帮凶”。我们把混入了“帮凶”的参与者分成两组，让其中一组人观看了一些十分有趣的视频，而让另一组人看了些比较无聊的视频。在观看视频的过程中，我们让“帮凶”在一半的情况下和真正的参与者保持反应一致。例如，如果参与者明显很喜欢这些视频，那这些“帮凶”就会发出言论或做出动作，表明自己也很喜欢这些视频。而在另一半情况下，“帮凶”的反应则与真正参与者不一致。例如，如果参与者喜欢这些视频，“帮凶”就发出言论或做出动作，表明他们认为这些有意思的视频无聊透顶。

我们这么做的目的是为了弄清楚下面这个问题：哪个因素对实验参与者的乐趣影响更大？是观看视频的质量好坏，还是参与者与“帮凶”对视频的观点的一致程度？你可能以为视频质量——视频是有意思还是很无聊——是有无乐趣的主要影响因素，但我们的研究结果表明，事实并非如此。我们发现，与“帮凶”观点一致，是参与者获得乐趣更加有效的来源。例如，即使是在观看无聊的视频，但只要“帮凶”们与自己的观点一致（也和他们一样认为视频很无聊），参与者们也能乐在其中。但即使是在观看有趣的视频，如果“帮凶”们与自己的观点不一致（认为视频很无聊），参与者们也会觉得无聊透顶。

这些发现说明，相较于某些共同体验的“客观”的好坏，我们更在乎别人是赞同还是反对我们。而且研究还发现，人们如此看重别人的观点，是因为在内心深处渴望与他人建立一种关系。别人越是表示赞同，我们就越发感觉自己与他人建立了一种关系，这会让我们感觉良好。当他人表示反对时，我们就对能否与对方建立关系持悲观态度，这会让我们感觉很受伤。

或许，证明这种联结需求的确存在的最有力证据就是有关孤独的研究发现了。一位叫作约翰·卡乔波的研究人员将大半生都奉献在了研究心理上与他人隔绝对人产生的影响上，他发现孤独感或许是诱发许多心理和生理疾病的最大因素，这些心理和生理疾病包括抑郁症、失眠症、肥胖症和糖尿病等。而且有趣的是，真正起作用的是人们感知到的孤独感（并不是真正的孤独）。鉴于感知到的孤独感对幸福的重要影响，我在本章最后附上了一张孤独量表。如果你对自己感到孤独的程度十分好奇，可以填一填那个量表。

## 联结可以提升幸福水平

很多研究结果证实，与他人建立联结是人类最重要的需求之一。曾有一项实验探究到底是什么因素把实验中前 10% 最幸福的人与其他人区分开来。最终研究人员发现，在那些最幸福的人中，每一个人都保持着至少一段亲密关系。这项研究表明，如果你想成为最幸福的人，那么一段牢固的关系对你来说就并不是一件奢侈品，而是一件必需品。研究者在另一项数据更翔实的实验中也得到了类似的结果。该项实验跟踪调查了 268 个人，研究时间从他们 1938 年入学起，一直到 20 世纪末，结果表明，牢固的社会关系是区分前 10% 最幸福的人与其余人之间的唯一特征。还有一项实验，参与者被邀请回忆自己前一天从事的所有活动，然后回答在参与这些活动时自己感觉有多开心。实验结果显示，在全部 25 项活动类型中（像是吃饭、通勤等），最让参与者感觉幸福的两项——亲密关系和社交——都与人与人之间的联结有关。此外，一项针对 1 600 名哈佛大学学生的研究证明，联结与幸福的相关度达到了 0.7，这个数字简直高得让人不敢相信。

如果保持关系对幸福来说至关重要，那被孤立的感觉就应该与幸福的背面——抑郁相关了。而事实上，研究结果的确如此。前面已经提到过，卡乔波和他的同事发现，孤独感会引发一系列的心理和生理问题。这并没有什么好惊讶的，因为研究结果表明，当人被社会排斥时所激活的大脑部位与身体受伤时激活的大脑部位是一样的。在该项实验中，研究人员邀请参与者玩一款叫作网络小球（Cyberball）的电脑游戏，并且引导参与者相信，他们自己正与另外两名参与者搭档。实际上，参与者的搭档是研究人员操纵的电脑程序。这个游戏的玩法就是把球传给搭档。对其中一组参与者来说，游戏还是蛮愉快的：他们把球传给另两位“参与者”后，自己也能收到另两位“参与者”传来的球。但对另一组参与者来说，游戏可就不那么顺心了：他们把球传给其他“参与者”，但其他“参与者”从来没把球传回给他们。于是，在这种情况下，参与者就感觉自己被孤立了。研究人员对这些参与者的脑部进行扫描发现，人在被孤立时激活的大脑部位与身体受伤时激活的大脑部位是一样的。

## 两种不健康的依恋风格

长话短说，对爱和联结的需求，或者用某些心理学家的话说，对归属感的需求，可不能简单地被称为人类的一个重要需求。确切地说，应该是人类的关键性需求。在这种思想的指导下，大多数人可能都会就此得出结论：“如果爱和联结的作用如此关键，那我最好赶紧抓紧手中的爱，而且越多越好！”

从渴望被爱的普遍程度可以判断出，人们渴望建立关系的欲望也是十分普遍的，我们都在拼命渴望爱和联结。虽然被爱是获得幸福的关键，但追求被爱是很多痛苦和不幸的根源。这是因为我们有时很难分清自己对爱和联结的渴望中，哪些是健康的，哪些是不健康的。健康的对联结的渴望表现为研究者所称的“安全型依恋”风格。表现出安全型依恋风格的人，可以做到很好地追求爱和联结，而不至于拼命追求以致绝望。因此，具有安全型依恋风格的人能够很舒适地寻求亲密关系，也不会因为其他人同样需求亲密关系而感觉到威胁。相比之下，那些对联结表现出不健康欲望的人，要么拼命追求亲密关系（可称这种倾向为“黏人”），要么在其他人想要与自己建立亲密关系时感觉到威胁（可称这种倾向为“回避”）。换句话说，在对联结的渴望方面，不健康的态度表现为两个极端：要么黏人，要么回避。黏人和回避好像一条光谱的两个极端，从两种风格所表现的行为来看，的确如此。但黏人和回避还有着一个重要的共性：两者都是根植于内心深处的对关系的不安全感的体现。这也就是为什么，拼命渴望爱是幸福杀手之一。拼命渴望爱源于对关系的不安全感，同时也是黏人和回避这两种表现的共同根源。

我们现在已经知道黏人和回避这两种依恋风格都源于对关系的不安全感，而这一结论则是由玛丽·爱因斯沃斯（一位心理学家，同时是约翰·鲍尔比的学生）和她的同事在 20 世纪 70 年代和 80 年代通过一系列研究得出的。爱因斯沃斯和她的同事发现，那些对自我价值有不安全感的婴儿通常表现出黏人或者回避倾向，这是因为他们的父母没有给予他们足够的爱，或者给予的爱并不恰当。与之相对，对自我价值有安全感的婴儿通常表现出安全型依恋风格。之后，在爱因斯沃斯研究发现的基础上，另外两名研究人员——辛迪·哈赞和菲利普·谢弗进一步发现，我们在婴儿和童年时期表现出的依恋倾向会一直延续到成年时期。

无论是黏人还是回避，都是由我们童年时期的经历所引发的，而且都会进一步影响我们成年之后的行为，听到这里你可能会觉得，想要克服我们婴儿时期形成的依恋风格简直是天方夜谭。不过，你很快就会发现，改变依恋风格也是有可能的。通过运用一定的策略，我们是可以克服黏人和回避倾向，从而形成安全型依恋风格的。但在讲解这些策略之前，我想我们有必要先讨论一下为什么黏人和回避不利于人获得幸福。

## 为何黏人和回避会降低幸福水平

让我们先来说说，黏人是怎么让人不幸福的。在一项研究中，研究者邀请了同一社区中99位老人和96位年轻人参与实验，最终发现，在这两个年龄段的人群中，与黏人型的人相比，安全型的人生活得更加幸福。另一项研究还发现，与安全型的人相比，黏人型的人更容易患上抑郁症和焦虑症。

为什么黏人型的人没有安全型的人生活幸福呢？

这其中有着诸多原因。相信大家凭借某些惨痛的经历也已经发现了，黏人并不是什么吸引人的特质。换个说法吧，一旦你变得黏人，别人就不再对你感兴趣了。而之所以会这样，原因之一就是黏人型的人实在是太“唾手可得”了，偏偏人天生又有一个不好的习惯：对待能轻易得到的总是不会珍惜。

黏人会降低幸福水平的另一个原因是，太过黏人容易引发孤独感，这或许是因为人们总是倾向于避开黏人型的人吧。这样就形成了一个恶性循环，使得黏人型的人变得愈发渴望与人建立联结。此外，黏人之所以会降低幸福水平，还与人在迫切渴望与他人建立联结时的自我评价有关。人在黏人时的自我对话是这样的：“我是不完整的、分裂的、破损的，我极度渴望能有一个伴侣出现，来让我变得完整。”这些话的言外之意就是：“我很没有安全感，不知道自己有什么能拿得出手的，觉得自己对他人根本就没有吸引力。我害怕自己不值得也配不上别人的情意。”你肯定看得出来，这样的自我对话是不会让人感受到幸福的。

如果说黏人会降低幸福水平，那你或许会觉得，黏人的反面——回避，肯定就能提高幸福水平了。可惜，事实并不像你想的那样。回避型的人在处于亲密关系中时总是感觉不自在，正是这种不自在降低了他们所处关系的质量。这是回避型的人在恋爱和工作中都需要面临的问题。

举个例子，与黏人型或者安全型的人相比，回避型的人更容易对工作感到不满。同时，回避型的人也容易对他人给予的帮助感到不满，如此一来，回避型的人就会刻意减少与他人进行协作。因此，如果有人告诉你回避型的人并不是好的领导者，这也是意料之中的事。

回避会降低幸福水平的最后一个原因是，和黏人一样，回避也会导致孤独。尽管回避型的人认为自己很坚强、很独立，但事实证明，这只是他们一厢情愿的假象罢了。在内心深处，回避型的人和黏人型的人同样都十分渴望爱和联结，但与黏人型的人不同的是，回避型的人总是希望他人能主动与自己建立联系。当别人没有主动联系他们时（而且大多数情况下都是这样的，因为回避型的人也不是很讨人喜欢），回避型的人就会认为自己被孤立了，缺乏与他人之间有意义的联结。因此，和黏人型的人一样，回避型的人也会因为自己没有亲密关系而感觉沮丧，由此降低幸福水平。

如果只有获得安全感才能获得幸福，那这些黏人型的人和回避型的人该怎么办呢？这个问题对那些在婴儿时期没有获得足够多的爱的人来说尤其重要。好在，事实证明人的依恋风格是可以改变的。曾有一项研究显示，仅仅是多接触具有亲密意义的词汇，如“爱”或“拥抱”，就能暂时性地提高人对关系的安全感。无独有偶，另一项十分相似的研究也显示，仅仅是回忆童年时期自己被爱和被关心的经历，就能暂时性地增加人的安全感。

有这么多的方法可以暂时性地提高人的安全感，这的确很令人欣慰，但如果有什么方法能产生持续性的效果，那就再好不过了。是不是真的有什么策略能够让人保持安全型的依恋风格呢？事实证明还真有。不过在讲这些策略之前，我先要说一说依恋风格，以便你能够更好地理解。在本章最后，你会发现一个简单的量表，叫作亲密关系经验量表（Experiences in Close Relationships），包括 12 个条目。填写该量表可以让你对自己目前的依恋风格有个很好的了解，如果最终结果显示，你是黏人型或者回避型，那你可以练习一下我下面要讲的三个策略。

## 培养安全型依恋风格的策略

减轻黏人或回避倾向的第一个策略就是表达感激之情。研究结果显示，经常表达感激之情的人拥有更加丰富的社交生活。这可能是因为表达感激会让人结交更多的朋友，从而减轻黏人或回避的倾向，培养出安全感。研究人员将“感激”称为“发现－提醒－绑定”情感。之所以说“发现”，是因为感恩之心能让我们发现或者确认谁最终能够成为我们的好朋友甚至终身伴侣。之所以会出现这种情况，是因为怀有感恩之心的人通常更受大家的喜爱，我想这也应该没什么好惊讶的。之所以说“提醒”，是因为感恩之心能够提醒我们关注朋友或者伴侣的优点。而之所以说“绑定”，是因为表达感激有助于约束处在关系中的人。

另一个有助于减轻黏人或回避倾向的练习是自我同情（self-compassion）。你可能还记得，自我同情的要素之一就是共同人性，即认识到每个人都会经历困难和失败。这种观点可以让你感到自己与他人的联系更加紧密，从而增加安全感，减轻黏人或回避的倾向。自我同情练习能够增加安全感的另一个原因是它能解除我们的威胁系统（该系统与不安全感和防御机制紧密相关），激活自我安慰系统（与安全型依恋紧密相关）。

除去表达感激和自我同情之外，还有一个策略能够培养安全感，减轻黏人或回避倾向。这一策略是我们第六章的主要关注点，也就是幸福习惯：表达爱与给予的需求。

# 孤独量表

## 介绍[①]

该量表由丹尼尔·W. 拉塞尔于 1996 年编制，共包括 20 个条目。你可以从每个条目后面的 4 个数字中选择一个，来表明自己的感受，1 代表“从不”，4 代表“总是”。需要指出的是，以下条目，有一半是探究你感觉生活中缺失了什么的（针对这个，我们很快就要展开介绍），另一半是探究你感觉有哪些事是生活的馈赠。

| | 从不 | | | 总是 |
|---|---|---|---|---|
| 1. 你是不是经常感觉自己跟周围的人很合拍？ | 1 | 2 | 3 | 4 |
| 2. 你是不是经常感觉自己缺少陪伴？ | 1 | 2 | 3 | 4 |
| 3. 你是不是经常感觉自己没人可求助？ | 1 | 2 | 3 | 4 |
| 4. 你是不是经常感觉孤单？ | 1 | 2 | 3 | 4 |
| 5. 你是不是经常感觉自己和一群朋友很玩得来？ | 1 | 2 | 3 | 4 |
| 6. 你是不是经常感觉自己和周围的人有许多共同点？ | 1 | 2 | 3 | 4 |
| 7. 你是不是经常感觉自己和任何人都不太亲密？ | 1 | 2 | 3 | 4 |
| 8. 你是不是经常感觉周围没有和你志趣相投的人？ | 1 | 2 | 3 | 4 |
| 9. 你是不是经常感觉自己很外向，很友好？ | 1 | 2 | 3 | 4 |

① 在此，我借用了卡乔波和帕特里克在《孤独是可耻的：你我都需要社会联系》（*Loneliness: Human Nature and the Need for Social Connection*）（纽约：诺顿出版社，2008）中的说明。

| | 从不 | | | 总是 |
|---|---|---|---|---|
| 10. 你是不是经常感觉和其他人关系很亲密？ | 1 | 2 | 3 | 4 |
| 11. 你是不是经常感觉自己被冷落？ | 1 | 2 | 3 | 4 |
| 12. 你是不是经常感觉自己与他人的关系是没有意义的？ | 1 | 2 | 3 | 4 |
| 13. 你是不是经常感觉没人真正理解自己？ | 1 | 2 | 3 | 4 |
| 14. 你是不是经常感觉被他人孤立？ | 1 | 2 | 3 | 4 |
| 15. 你是不是经常感觉自己随时都能找到人陪伴？ | 1 | 2 | 3 | 4 |
| 16. 你是不是经常感觉有人能真正理解自己？ | 1 | 2 | 3 | 4 |
| 17. 你是不是经常感觉害羞？ | 1 | 2 | 3 | 4 |
| 18. 你是不是经常感觉周围的人虽近在眼前，但和自己不是一类人？ | 1 | 2 | 3 | 4 |
| 19. 你是不是经常感觉自己有人可倾诉？ | 1 | 2 | 3 | 4 |
| 20. 你是不是经常感觉自己有人可求助？ | 1 | 2 | 3 | 4 |

## 评分方案

首先把以下条目的得分相加：2、3、4、7、8、11、12、13、14、17、18，然后对其余的条目分别进行反向评分（即用 5 减去其余每项的得分），并将以下条目的反向评分相加：1、5、6、9、10、15、16、19、20。最后将两类分数相加，得出最终的孤独评分。

## 评分解析

得分大于等于 44 分的属于高度孤独，得分小于等于 28 分的属于低度孤独，得分在 33~39 分的，则属于中间范围（既不孤独也不合群）。

# 亲密关系经验量表及其评分方案

## 介绍

以下内容主要涉及你在恋爱关系中的自我感觉。我们感兴趣的不仅仅是你目前所处关系的状况，还包括你对所有关系的总体感受。在每一条目后选择相应的数字，来表达自己同意或不同意的程度有多深，1 代表“强烈反对”，7 代表“强烈同意”并在每一条目后做好标记，方便评分。

| | 强烈反对　强烈同意 |
|---|---|
| 当遇到困难时，向我的伴侣求助是有用的。 | 1 2 3 4 5 6 7 |
| 我需要再三确认对方是爱着我的。 | 1 2 3 4 5 6 7 |
| 在内心深处，我想要靠近对方，但我总是临阵脱逃。 | 1 2 3 4 5 6 7 |
| 我发现对方并不像我一样想要彼此更加亲密。 | 1 2 3 4 5 6 7 |
| 许多事情我都依赖于我的伴侣，包括寻求舒适和安慰。 | 1 2 3 4 5 6 7 |
| 有时我想要与人建立十分亲密的关系，但总会把人吓跑。 | 1 2 3 4 5 6 7 |
| 我努力与我的伴侣保持距离，不太过亲密。 | 1 2 3 4 5 6 7 |
| 我并不怎么担心自己会被抛弃。 | 1 2 3 4 5 6 7 |
| 通常我都会和我的伴侣讨论我的问题和顾虑。 | 1 2 3 4 5 6 7 |
| 当我需要对方时，对方如果没有出现，我会感觉很沮丧。 | 1 2 3 4 5 6 7 |
| 当对方跟我的关系太过亲密时，我会紧张。 | 1 2 3 4 5 6 7 |
| 我担心对方并不会像我在乎他一样在乎我。 | 1 2 3 4 5 6 7 |

## 评分方案

涉及焦虑（或者黏人）的条目包括 2、4、6、8、10 和 12。其中 2、4、6、8 需要反向评分，即用 8 减去该条目的得分，举个例子，如果你第 8 条的得分是 5 分，那你第 8 条的最终得分是 8−5=3，其余的条目也是这样。涉及回避的条目包括 1、3、5、7、9 和 11，其中 1、5、9 需要反向评分，反向评分方法同上。

最后，将 12 个条目的得分相加，如果你的最终得分低于 25 分，你就属于安全型。需要指出的是，有少部分人（约 5%）既是焦虑型（黏人型）也是回避型。

## 自我同情练习

拿出一张纸，回答以下问题，并将答案写在纸上：

1. 想一想当你的好朋友自我评价极低，或者正在因为某些事情而痛苦纠结时，你会怎么做（尤其是在你自己状态很好的时候）。请写下你通常会做些什么、说些什么，并写下自己会用什么语气跟朋友说话。

2. 现在，想想当你自我评价极低，或者正在因为某些事情而痛苦纠结时，通常会对这时的自己说些什么。请写下你通常会做的事、说的话，并写下自己会用什么语气与自我对话。

3. 你是否注意到了不同？如果注意到了，那问问自己为什么会有这种不同。是什么因素导致你在对待自己和对待朋友时态度如此不同？或者你在害怕什么呢？

4. 如果你用对待朋友的态度来对待自己的话，你觉得情况会有哪些变化？为什么不像对待好朋友那样对待自己呢？看看这样做会发生什么变化。

IF YOU'RE SO

SMART,

WHY AREN'T

YOU HAPPY?

# 第六章　提升幸福感的第三个习惯：表达爱与给予的需求

最近我和妻子去了一趟洛杉矶，路上遇到了一件比较有意思的事。飞机飞行大约1个小时后，我们听到乘务员发出如下公告：“抱歉打扰，如果本机乘客中有医务人员，可否请您到机舱前部？谢谢！”

“肯定有人病了。”妻子对我说，后来的事证明她猜对了。很快乘务员又发布了第二则公告，证实有人心脏病发作了，乘务员正在寻找有医学背景的人来帮忙。我们这趟航班上的人肯定都不一般，因为竟然有3名医生和2名护士。当我看着这些好心人走向机舱前部帮助病人时，一股暖流涌上心头。有这么多人愿意伸出援手，帮助素不相识的陌生人，我深受鼓舞。

飞机上的这段插曲进一步佐证了我一直以来持有的观点：人类天生就有着助人为乐的倾向。当然，还是会有愤世嫉俗者觉得，那些医生和护士之所以愿意帮助他人仅仅是因为自己在飞机上太无聊了，或者想要在其他乘客面前逞英雄。当然，这么说也有几分道理。但如果那些愤世嫉俗的人好好想想的话就会发现，那些医生和护士完全可以要求一定的报酬，从中大赚一笔。而事实却是，他们不仅自愿帮忙，而且还抱着发自内心的热忱，这就说明他们这么做完全是出于内心的善良。

当然，问题在于，为什么这些医生和护士——或者扩大一下范围，大多数人，都不能长期地慷慨无私呢？例如，为什么医生不能经常免费医治病人？为什么教育工作者不能免费授课？为什么作家不能免费出版自己的书？

这些都是十分有趣的问题，我在本章结尾处将会一一解答。至于现在，我先来说一个更加根本性的问题：哪一个词能够准确地描述人类的本性？是自私还是无私？人类天生就是慷慨的，还是生来就是贪婪的？

## 亲社会行为让人幸福

假设某天你刚停好车，正从停车场慢慢悠悠地往办公室走，偶然发现地上有 5 美元。你环顾四周，确认没人看到你发现这 5 美元，然后就做了一件所有体面且自爱的人都会做的事：一把捡起钱，塞到口袋里。当然，能捡到钱，你心里肯定很高兴，正盘算着去附近的星巴克好好款待自己一下。可是，当你正要走进咖啡馆的时候，不经意间瞥到了当地报纸上十分醒目的一个标题：《最新研究表明，给别人花钱会让自己更加幸福》。你有些迟疑，开始思索如果把这 5 美元花在别人身上，而不是花在自己身上，是不是真的会感觉更加幸福。不过，在思考了整整 3 秒钟后，你马上打消了这个念头，觉得继续思考下去没有意义。几分钟之后，你就在吸溜吸溜地喝着草莓星冰乐了，并且咧着嘴大笑。不过即使你喝着饮料，还是会控制不住地想报纸标题上写的是不是真的。不把钱花在自己身上，而花在别人身上，真的会让自己更加幸福吗？

大多数人都觉得不是。曾有一项调查向受访者提出类似的问题，

63%（或者说大约 2/3）的受访者预测，把钱花在自己身上，而不是花在别人身上会令自己更加幸福。不过，多亏了后来的一些新研究，我们才知道这 63% 的受访者都说错了。事实上，当你把钱花在别人身上，而不是自己身上的时候才会更加幸福。

接下来我们可以看看英属哥伦比亚大学一项研究的研究结果[1]。在某天早晨的 8 点钟，学生们正赶着去上课，一位研究人员在半路上把一批学生截住，问他们愿不愿意参加一项研究。这位研究人员给了每位参与研究的学生一个信封，里面装着 5 美元或者 20 美元。按照指示，其中一组学生要把钱花在自己身上，而另一组学生则要把钱花在别人身上。在确认学生们已经明白指示之后，这位研究人员要求学生们提供自己的电话号码，方便联系。当天晚上，他打电话联系研究参与者，询问他们是否遵照指示去做了。大多数学生都很听话。然后，研究人员提出了一个重要问题："你感觉自己有多幸福呢？"

以下是研究人员的发现，可能和你预想的不一样：收到 20 美元的参与者并没有比收到 5 美元的人高兴多少（乍一听，你可能会感觉有点儿惊讶，不过需要说明的是，收到 5 美元的人并不知道原来还有人收到 20 美元，两组人对收到钱这件事都感到很高兴的），而且更重要的是，把钱花在别人身上而不是自己身上的参与者明显更快乐些。具体来说，如果以当天早上他们的幸福程度作为基准的话，与把钱花在自己身上的人相比，那些把钱花在别人身上的人情绪改善更加显著。

现在你肯定在想，如果参与者花的是自己的钱，而不是研究人员的钱，结果是不是还是这样呢？当然，花别人的钱要比花自己的钱高

---

① 针对此项研究以及其他相关研究，我有幸采访了哈佛大学的迈克尔·诺顿教授，以完善我的 Coursera 课程。你可以在以下网址观看采访片段：https://www.coursera.org/learn/happiness/lecture/VKRt2/week-3-video-7-evidence-for-the-need-to-love-and-give。

兴些。可能你还会怀疑学生自我描述的幸福水平是否真实可信，比如那些把钱花在别人身上的参与者虚报了自己的幸福水平。毕竟，人家研究人员已经说了要对其他人好一点，尤其是花的还不是自己的钱，都已经到这个地步了，谁好意思说自己不高兴呢？另一个问题是，如果参与者很缺钱的话，研究结果是否还是如此呢？现在这项研究的参与者是来自一个发达国家名牌大学的学生。如果把参与者换成一个发展中国家的学生，比方说乌干达，给别人花钱是不是会给他们带来同样的幸福水平呢？

这些问题都是实实在在存在的，不过可惜的是，并不是所有的问题都能通过实验来解决。例如，在实验中，是很难邀请参与者把自己的钱捐给慈善机构的。如果那样，参与者很可能会撂挑子不干了。不过，我们还是可以从现有的调查和研究结果看出，亲社会行为和幸福之间有着强大的关联。

让我们再看一看下面这项调查的研究结果，它看起来有些不可思议。来自 136 个国家的 20 多万名受访者参与了这项全球性的调查，研究人员利用这些调查数据研究了利他主义（具体来说，就是受访者在近一个月里有没有向慈善机构捐过钱）与他们自述的生活满意度之间的关联。最终结果显示，在 136 个国家中有 120 个国家（也就是 90% 的国家）的受访者向慈善机构捐过款，与那些没有捐过款的人相比，这些捐款人自述的生活满意度要更高一些。而且，投身慈善对生活满意度的影响并不是无足轻重的：它能使家庭收入增加一倍。鉴于该项研究中大部分国家都是比较贫困的（每年的人均GDP不到1 000美元），这就说明利他主义不仅仅会令发达国家的人获得幸福，即使是在不发达国家也是如此。

当然，这类全球性的调查数据也有局限，人们很难从中推断因果关系，也很难就此得出结论说，利他主义可以让人获得幸福，因为很可能是幸福让人变得无私。你可能还记得，在第二章中我们曾说过，幸福的人更加无私。

为了应对上述问题，研究人员进行了另一项研究，只邀请了加拿大和乌干达两个国家的人来参与。毋庸置疑，加拿大是发达国家之一，人均 GDP 有 50 230 美元，是全球第 19 大富裕的国家；相比之下，乌干达排名 173，人均 GDP 只有 714.57 美元①。研究人员邀请两个国家的参与者回忆，最近什么时候花了一小笔钱（大约相当于加拿大的 20 加元或者乌干达的 10 000 先令），可以是花在自己身上的，也可以是花在别人身上的。然后研究人员要求参与者回忆他们在花钱的时候有多开心。最终该项研究的结果也再一次证实了之前其他研究的发现：把钱花在其他人身上的参与者明显比把钱花在自己身上的参与者幸福许多。加拿大人和乌干达人花钱的地方是不一样的：加拿大人大多把钱花在购买奢侈品上（如名牌围巾），乌干达人则把钱花在购买生活必需品上（如医药用品）。但两个国家的人在幸福体验方面的整体模式还是一致的：把钱花在其他人身上会让人更加幸福。

## 人类天生就是无私的吗

无私对幸福的积极效应已经被诸多研究所证实，因此“人类本质上或者一直以来都是自私的”这种说法是站不住脚的。我们至少还是有那么一点儿慷慨无私之心的。我将这种“想要展现无私的欲望”称

① 人均 GDP 数据资料来源于 2014 年。——编者注

为对表达爱与给予的需求，它体现在很多不同的方面，比如宠爱一只可爱的小狗，或者捏捏婴儿胖乎乎的小脸。研究人员将这种“温柔伤害”可爱动物或小孩的欲望称作“温柔侵略性”。之所以会有这种看似古怪的欲望，是因为人们渴望表达自己对喜爱之物的爱意，尽管这种方式稍显扭曲。

如果人们真的有表达爱与给予的需求，那就有几个重要的问题摆在我们面前了。这种需求是与生俱来的，还是受到社会的影响后天形成的呢？如果这种需求是与生俱来的，那有什么证据可以支持这个论点呢？例如，那些还未受到社会影响，刚会走路的小孩会不会展现出这种表达爱与给予的需求呢？

这些都是十分重要的问题，因为答案对于我们可以对同胞抱有何种期待有着重要的启示。如果表达爱与给予的需求是与生俱来的，即使刚会走路的小孩都有这种需求，这就意味着我们在爱和同情方面的潜能是巨大的。只要给人传达恰当的信息，我们就有希望建设一个人人都富有爱心和同情心的社会。但如果这种需求并不是与生俱来的，只是受社会影响的产物，那在原有的基础上提高人们慷慨无私的意愿，就势必是一场艰苦的战斗。

直到近期，我还是没能找到什么数据来证明刚学会走路的小孩也能做出慷慨无私的行为。不过近期，已有研究者就此话题进行了初步研究，结果既振奋人心，又出人意料。

在其中一项研究中，研究人员给 20 名刚学会走路的小孩——全都不满两周岁——每人一只猴子玩偶，并告诉他们这只猴子“喜欢别人招待自己”。不久之后，研究人员给每个孩子发了 8 块小熊形状或小鱼形状的饼干，接着对孩子们分别做了以下三件事情中的一件：（1）又拿出了一些饼干，在孩子的注视下，把饼干给猴子玩偶；（2）又拿出了一些饼干，把饼干给了孩子，让孩子把饼干给猴子玩偶；（3）让孩子把自己的饼干分给猴子玩偶一个。独立观察者对三个场景下孩子的幸福水平分别进行了评分。

如果孩子们真的自私多过无私，那当这些饼干全都由自己享用时，他们应该是最幸福的。如果，反过来，孩子们的慷慨多过自私，那当猴子玩偶得到饼干的时候，他们应该更幸福。如果孩子们在将自己手中的饼干与玩偶分享时，而不是用研究人员第二次拿出的饼干慷他人之慨时获得的快乐最大，这个实验就可以有力地证明人类与生俱来就有着慷慨之心。

研究人员的研究结果正是如此：从下图的数据可知，当获得饼干时，孩子们是很开心的；当要求孩子把研究人员第二次拿出的饼干分享给玩偶时，孩子们更开心了；而当要求他们把自己的饼干分享给玩偶时，孩子们是最开心的。“有代价给予”能够给人带来最高水平的幸福，这说明孩子们并不需要过多的鼓励就能做到与人为善。

实际上，这些数据并不是证明人类天生具有无私倾向的唯一研究结果，还有其他几项研究也确认了这一事实。

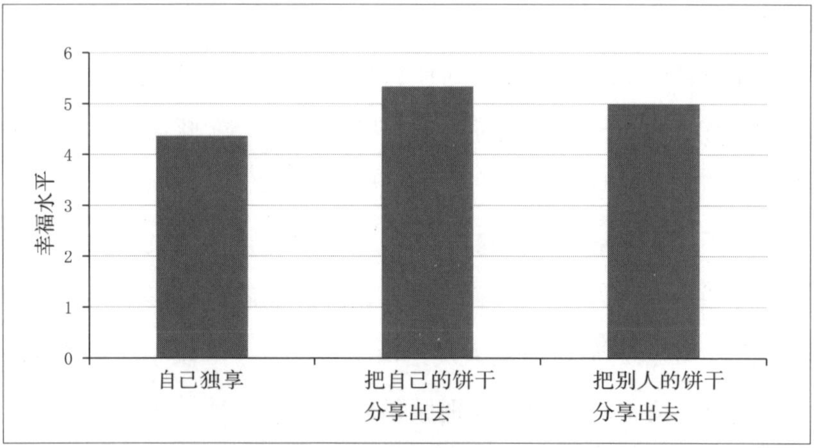


**“有代价给予”最能提升幼儿的幸福水平**

## 为什么表达爱与给予的需求可以提升幸福水平

如果表达爱与给予的需求是人类与生俱来的，那可以由此断定，为人友善和慷慨可以让我们感到幸福，而且之前结果也证明的确如此。但到底为什么为人慷慨和友善会让我们更加幸福呢？[①]其中一个原因就是，当我们展现友善和慷慨时，可以暂时性地转移注意力，不再关注自己的烦恼和问题，转而关注他人的烦恼和问题。研究人员针对这一点做了一项研究，该研究跟踪调查了5位患有多发性硬化症的女性，时间长达3年。研究人员选择这5位女性作为多发性硬化症患者的同伴支持者[②]，同时训练她们为其他患者提供富有同情心的照料。按照研究人员的要求，3年来，她们每月都会给其他患者打15分钟的电话。最终结果显示，这5位女性志愿者的幸福水平要比她们服务的患者高出7倍。

为人友善和慷慨能够提高幸福水平的另一个原因是相互作用：你可能也猜得到，当你对别人慷慨时，别人也会对你表达感激之情，从而提升双方的幸福水平。研究人员曾开展一项为期一周的研究，在该项研究中，研究人员记录了乐于助人的参与者是如何对待他人的，并估量了参与者的乐于助人行为是如何让接受帮助的人产生感激之情的。最终研究结果提供了强有力的证据，证明为人慷慨可以引发人们的感激之心——具体表现为微笑和致谢，而这种感激之心又可以提高幸福水平。

为人友善和慷慨能够提升幸福水平的另一个原因是，友善和慷慨

① 你可以在以下网址观看我针对此话题对迈克尔·诺顿教授的采访的片段：https://www.coursera.org/learn/happiness/lecture/ABiEE/week-3-video-8-why-the-need-to-love-and-give-enhances-happiness。

② 同伴支持是指患有相似疾病或身体状况接近的人们互相帮助。——编者注

对促进人体健康有着显著作用。研究结果显示，在控制收入、流动性等其他变量的前提下，那些给他人提供支持的人，整体身体状况要更加健康些。曾有一项十分有趣的实验考察了给予和身体健康之间的关系。在该项实验中，研究人员给部分参与者 10 美元，并宣称，收到钱的参与者可以把自己的钱与没收到钱的参与者分享，具体数目多少自己决定。最终结果显示，参与者拿出钱的数目越大，就越会感到幸福。不仅如此，将钱分给他人的参与者的压力水平（通过测试参与者唾液中的皮质醇水平得出）也更低一些。

为人友善和慷慨能够提升幸福水平的最后一个理由，有可能也是最具信服力的一个理由，就是我们的自我评价。当我们待人友善时，会认为自己是一个很友善、很慷慨的人，内心的潜台词就是“我是国王”或者“我是女王”。换句话说，我们在帮助他人时会感觉自己很能干、很高效、很富有。而且值得一提的是，我们并不是要过分慷慨才能感到富足，即使是一个很小的举动也能给我们带来富足感。曾有一项研究，研究人员给每位参与者一个装有 1 美元的信封，并告诉参与者，他们可以选择把这 1 美元捐出去，也可以选择自己留着。结果显示，那些把钱捐出去的参与者会感觉自己更加富有，即使从客观上来说，那些把钱捐出去的参与者其实是有点儿穷的（毕竟他们捐出去了 1 美元啊）。

慷慨竟然对幸福有着如此巨大的影响，我的许多学生对此表示惊讶不已。坦白说，要不是我有过亲身体验，也不知道原来影响这么大。不过，还有一个让他们更加惊讶的发现——慷慨对成功也有影响。

大多数人认为，要想成功——尤其是在企业里获得成功——就必须要变得刻薄、不择手段。这主要是因为我们认为同情心会让人变得软弱，而在这个竞争激烈的商业世界，软弱无异于自己送上门，让别人踩。然而，《沃顿商学院最受欢迎的成功课》（*Give and Take*）的作者亚当·格兰特，在翻阅大量研究发现的基础上提出，正是那些友善慷慨的人，也就是格兰特口中的付出者，才更有可能获得成功，即便是在商业世界也是这样。

以下研究发现非常值得我们关注：尽管那些赚得多的人会稍微大方些（这没什么好意外的），但反过来，那些为人大方的人赚的钱也明显更多。经济学家亚瑟·布鲁克斯对慷慨和收入之间的因果关系进行了探索，最终发现慷慨对收入的影响远远大于收入对慷慨的影响。在其中一项研究里，他对 3 万多名美国人的数据进行分析，发现人们每多赚 1 美元，捐给慈善机构的金额就增加 14 美分（或者 14%）。与之形成对比的是——请做好心理准备——人们每多捐 1 美元，收入就会增加 3.75 美元，这可是增加 375% 啊，数目惊人！

还有其他来源的数据也证明了，付出者比获取者（获取者只对自己的利益感兴趣，不在乎他人的利益）更容易取得事业成功。在其中一项研究里，研究人员把人分为两大类：工作无私者和工作孤立者。工作无私者是指那些在同事、家人和朋友需要自己时给予他们支持的人。与之对比，工作孤立者则是向他人寻求帮助的人。研究结果显示，工作无私者，也就是组织中的付出者，得到的支持和帮助比工作孤立者，也就是获取者高出 20 倍。同时，该研究结果还显示，工作无私者得到晋升的可能性是工作孤立者的 6 倍。该研究的研究员之一肖恩·埃科尔，著有《快乐竞争力》（*The Happiness Advantage*），在对研究结果进行归纳整理时指出：“事实证明，与索取相比，给予会让人感觉更加良好，收获更多，从而提供更多的长期回报。”

## 给予的三大基本原则

目前为止，我已经回顾了各项证据，证明友善和慷慨是幸福和成功最可靠的来源之一。那这是不是意味着你给予的东西越多，就会越幸福、越成功呢？很明显，答案当然是否定的，原因是尽管为人友善和慷慨可以让人更加幸福、更加成功（原因我们前面都说过啦），但同时这也会消耗人的精力和资源。因此，一旦给予超过一个临界点，就会让人心力交瘁，换个说法就是“过分慷慨”。因此，如果真的让你 24 小时连轴转照顾别人，你就高兴不起来了。

一项研究显示，老年痴呆症的照料者患抑郁症的可能性是常人的 3 倍。尽管研究显示付出者获得事业成功的可能性更大（我之前提到过），但还有一件事也同样千真万确：某些付出者是最不可能获得成功的人。这并不矛盾。因为事实证明，付出者分为两种，只有其中一种付出者可以获得成功，而另一类付出者只能陷入举步维艰的处境。

格兰特使用“忘我的付出者”一词来特指那些盲目给予的人，这些付出者最终会耗空自己，跌入底层；他同时使用“利他且利己的付出者”一词来特指那些知道如何机智地展现慷慨的人，这种付出者通常都会升到最高层[1]。利他且利己的付出者和忘我的付出者有一项十分重要的共同之处：他们都是出于好意，都想要提升他人的幸福水平。然而，他们的不同之处在于，利他且利己的付出者并不会盲目慷慨，

---

① 尽管我未能采访到格兰特本人（因为他正忙于写第二本书），不过他很友善地向我推荐了他的一位同事，雷布·雷贝利。你可以在以下网址观看我对雷布的采访，采访话题包括利他且利己的付出者是如何比获取者、竞争者和忘我的付出者更加成功的，以及利他且利己的付出者使用了何种策略来提升大家（包括他自己）的幸福水平：https://www.coursera.org/learn/happiness/lecture/LWoDi/week-3-video-9-the-rules-for-giving-when-does-giving-enhance-happiness-and。

他们更能认清什么时候去给予，给予的程度如何，以何种方式给予，以及对谁给予。这么说并不是在贬低利他且利己的付出者。正如格兰特所指出的，从长远来看，恰恰是那些利他且利己的付出者才能让人受益更多。

利他且利己的付出者主要采取了两大策略防止自己被耗空。第一大策略就是控制给予成本。换句话说，他们在努力将自己慷慨行为的积极效应最大化。如果他们发现有四五个人同时需要某一类型的帮助（比方说微积分辅导），就会选择一并解决这个问题，而不是一个一个单独进行；如果他们觉得其他人能够提供更好的帮助，那就会牵线搭桥，帮助寻求帮助的人与能够提供更好帮助的人取得联系，诸如此类。总之，利他且利己的付出者能够高效地展现慷慨。

利他且利己的付出者运用的第二大策略是价值提升。简单来说，这一策略主要是指为防止自己的热情被耗空而对自我情绪资源进行管理。例如，利他且利己的付出者会为自己行动所产生的有益连锁反应而感到自豪（是真的自豪，而不是傲慢）。同时，他们十分感激自己能有机会展示自己的慷慨和友善，这会激励他们继续给予。

控制给予成本和价值提升都是利他且利己的付出者十分重要的秘密武器，可以说是“给予的基本原则”的重要组成部分。不过，我还要再加一条：一定要看到自己的给予行为产生的影响。已有若干研究发现证明，那些能够看到自己的给予行为产生的影响的人，幸福水平的提升幅度最大。在一项研究中，研究人员给了每位参与者一张 10 美元的星巴克礼品卡，并把参与者分为两组，一组按照指示用礼品卡给自己买东西，另一组按照指示把礼品卡赠送给其他人。同时，研究人员又将赠送礼品卡的参与者分为两个次级小分组。按照要求，一个小分组的参与者要陪同礼品卡的接受人去使用，另一个小分组则不出现在礼品卡的使用现场。以下是研究人员的发现：那些把礼品卡赠送给别人的参与者，要比自己使用礼品卡的参与者更加开心（现在对于这个研究发现，你应该不会感到惊讶了吧），更有意思的是，那些出现在礼品卡使用现场的参与者比不出现在现场的参与者要开心得多。为什么？因为能够看到自己的慷慨行为给人带来有益影响是一件很重要的事情。

## 为什么慷慨并不常见

截至目前，我们已经讲述了一些重要的研究发现，因此是时候概括总结一下了：

- 我们与生俱来都有着为人友善和慷慨的欲望——我们称之为表达爱和给予的需求。
- 充满爱心、乐于给予不仅能够提升我们的幸福水平，而且还能增加我们成功的概率——但前提是方法得当（也就是说，只有在遵循给予的三大基本原则时才可以）。
- 给予的三大基本原则是：控制给予成本，运用价值提升策略，看到自己给予行为的影响。

看完以上概述，好像我之前提出的问题也有了答案：到底哪个词能够描述人类的本性呢？自私还是无私？答案是两者都是。对大多数人来说，人类很自私这件事并不新奇，我们总是能看到人类的贪婪和以自我为中心。在大多数人眼中，别人，尤其是陌生人，都是自私多过无私的——即使有人可能很快就可以找出一大堆反驳的理由。然而，我们没有注意到的是，人类对展现友善和慷慨的需求也同样是很旺盛的。想想看，大家在给服务生小费的时候是不是总是给得比较多。人们会帮其他人开门，还会对陌生人微笑。在世界各地的机场行李带处，会不辞劳苦地帮别人拿行李；在世界各地的每个角落，总是帮助残疾人过马路。人们对老人和孩子总是特别友好，就在前几天，一个店主还免费给了我的孩子几根棒棒糖。在地铁和公交上，为老人让座的人更是不在少数。在飞机上，医生和护士欣然同意帮助生病的乘客。这样的事三天三夜都说不完，但我想你肯定已经明白我的意思了：毫无疑问，如果你认为人性本质上是自私的，那么你会发现这世界上存在着许多善良和慷慨之举，比预想得还要多。

那为什么我们宁可相信贪婪和自私是人类的本性，也不愿意相信友善和慷慨也是人性的一部分呢？这与媒体报道有着重要的关联，正如那句老话："流血才能上头条。"它的意思是说，相比正面报道，电视台和报纸更加青睐报道负面新闻。大家估计也想得到，整日淹没在负面新闻中只会让我们觉得这个世界充斥了太多负能量，缺乏正能量。但其实我们在说媒体报道青睐报道负面新闻时，只是在搪塞，而回避了问题的本质：为什么人们会喜欢负面新闻呢？毕竟，媒体只是在迎合大众的需求罢了，如果大众更加偏爱正面新闻的话，媒体也会投其所好。人们如此偏爱负面新闻，是因为关注这种负面新闻与提高我们的存活概率有关。简单来说，那些能够注意到他人负面行为的人的存活概率比注意不到的人更大。《象与骑象人：幸福的假设》（*The Happiness Hypothesis*）的作者乔纳森·海特是这样来论述他的观点的：假设你正在为一条鱼设计思维，你会让这条鱼的机会（比方说吃到一条很好吃的小鱼）响应机制和威胁（比方说遇到一条很危险的鱼）响应机制一样灵敏吗？肯定不会啊！正如海特所说："错过一条食物指示信号的代价并不是很大，大海里还有很多其他的鱼可供享用，不会饿死。但如果错过一条指示附近有捕猎者的信号，其代价就是毁灭性的。”

换句话说，把更多的精力放在关注别人的负面行为而非正面行为上，是人类适应环境的产物。这也可能就是为什么，在程度相同的情况下，负面刺激比正面刺激更能对我们的心理造成影响——这已经得到了研究人员的实验证明，他们将此现象称作“坏的要比好的影响更深”。例如，恋人每说 1 句负面的话，需要 5 句积极的话才能弥补，我们在后面的章节会对此有详细描述。同样，每经历 1 次负面的经历，需要经历 3 次积极的经历才能弥补。

以上所有的这些都说明，我们需要辩证地重新审视之前深信不疑的东西：认为人的本性总体上是自私和贪婪的。如果真的能够重新审视，我相信大家就会开始注意到，生活中其实有很多无私和慷慨的行为，多到超出你的想象。例如，我们会注意到，实际上义诊的医生要比我们想象中的多很多。同时，你还会发现，许许多多的顶尖学者免费提供自己的课程，数量之多也是超出你的想象的。因此，我一开始提的那些问题其实是陷阱：为什么医生不免费医治病人？为什么教育者不免费提供课程？最终事实证明，无数的医生和教育者，还包括许多来自其他领域的人，像是律师、税务会计，的确是定期提供免费服务的。只是我们大多数人都忙于关注其他人的负面行为，而忽略了别人的正面行为。

如果我们刚才所做的讨论还是不能说服你，还是不能让你相信这个世界上积极的行为要比我们认为的多，没关系。因为那并不是我要说的重点。具体来说，我想要表达的是：比起被爱的需求，表达爱与给予的需求是我们获得幸福和成功更具决定性意义的因素。当然了，可能连这个观点你也不是十分认同。不过我希望，看完所有这些研究后，至少你能够愿意尝试去做慷慨的行为，检验一下慷慨是否对自己的幸福和成功有着积极影响。

这就说到了我们的第三个幸福练习，我将它称为“创意利他主义”。这个练习的精髓在于展示自己的慷慨——当然要严格按照给予的三大基本原则。

## 练习慷慨：创意利他主义练习

顾名思义，所谓的“创意利他主义”练习，其要义就在于在展示友好和慷慨的同时，做到有创意并乐在其中。按照练习指示（见本书附录），你要和其他人玩一场利他主义恶作剧。这里，我故意使用了“恶作剧”这个词。

我们小时候肯定都玩过恶作剧，通常我们在玩恶作剧的时候，都会从中获得乐趣，而受害者则总是惨兮兮的。但在我们这个创意利他主义练习中，你并不需要牺牲他人就能获得乐趣，你和你恶作剧的“受害者”都能乐在其中。

这项练习有两大“创意约束条件”。第一，你需要消耗一定的资源（努力、时间、金钱）才能实施恶作剧。举个例子，仅仅在优兔网（YouTube）上观看一个温馨的视频可不行。第二，恶作剧的“受害者”最好是一个彻底的陌生人，一个你完全不了解的人。之所以会有这个约束条件，是因为我们想更加严格地测试有关慷慨的研究发现。对熟悉的人展现友善和慷慨的确会让我们更加幸福，但由于太过熟悉，这份感受可能并没有什么稀奇。但如果对陌生人展现友善和慷慨，并感到幸福的话，这份幸福感就很容易被我们注意到了——尤其是那种我们以后再也不会见到的陌生人，这就更能证明我们具有与生俱来的慷慨本性了。

不过，在你开启创意利他主义之旅时，切记要遵循给予的三大基本原则：

第一，确保控制自己的给予成本。例如，如果你想要给正在跑步的运动员发水，一定要找一个能够遇到运动员的地方。

第二，一定要运用价值提升策略，从该项练习的角度来说，意思就是一定要玩得开心。从我学生的经验中，我观察到，这的确是很重要的一个原则，因为如果你在进行练习的时候不能玩得开心，那很可能就体会不到幸福水平的提升了。

第三，一定要亲眼看到自己慷慨行为的影响。例如，如果你的想法是给无家可归的人分发食物，那就一定要留下来接收他们的反馈。自己做了好事，享受一下赞美和感激也没什么不对。事实上，从许多方面来说，能够亲切友好地接受别人的感谢也是一种慷慨。

## 思考总结

在我总结本章之前，我想说最后一个问题，我想这个问题肯定在大家的脑子里打过转，如果我绕过不提的话就太过怠慢了。既然我本人这么支持友善和慷慨，那为什么我不能把这本书免费提供给大家呢？

这说来话长了，其实我的确想过要免费出版这本书。但由于我签了出版合同，是否免费出书就由不得我了，我想有过出书经验的人（或者曾经在出版行业工作过的人）都能明白。于是接下来我做了另一件事，这是在我看来最好的做法了：我在 Coursera 上免费提供本书所涵盖的内容。这门课在 Coursera 上的课程名叫“幸福美满的一生”。而且，我决定拿出本书的全部预付款，帮助那些没钱买这本书的人。简单来说就是，如果你（或者你认识的人）很想买这本书，但又付不起全款，你可以登录本书的网站，点击“pay it forward”（爱心传递）链接。在本书出版之日，我会把预付款存到一个专门的账户里，用在此处。每次有人通过这个链接购书，需要的钱就会从这个账户里被扣除。只要这个账户里还有余额，人们就能花尽可能少的钱（算上运费和手续费）买到这本书。当然，如果有好心人想要为这项事业捐款，帮助更多的人免费拿到这本书，不用说，那就更好了。我迫不及待地想要看一看这个爱心接力能持续多久。不过我迫不及待地想看的不仅仅只有这一件事，我还很想知道从上一次幸福水平测试之后，大家的幸福水平是否有了提升。因此，还请大家填写“生活满意度量表”，下一页即是。

## 生活满意度量表

该量表共有 5 个条目，每个条目后面有相应的评分，其中 1 代表“强烈反对”，7 代表“强烈同意”。在对 5 个条目评分完毕后，将每个条目的评分相加，就可得出你的生活整体满意度得分。

| | 强烈反对 | | | | 强烈同意 | | |
|---|---|---|---|---|---|---|---|
| 大多数情况下，我的生活还是接近理想状态的 | 1 | 2 | 3 | 4 | 5 | 6 | 7 |
| 我对自己的生活感到满意 | 1 | 2 | 3 | 4 | 5 | 6 | 7 |
| 我目前的生活状态很棒 | 1 | 2 | 3 | 4 | 5 | 6 | 7 |
| 目前为止，生活中我看重的东西自己都有 | 1 | 2 | 3 | 4 | 5 | 6 | 7 |
| 如果可以重新生活，我不想对自己的生活做任何改变 | 1 | 2 | 3 | 4 | 5 | 6 | 7 |

IF YOU'RE SO

SMART,

WHY AREN'T

YOU HAPPY?

# 第七章　毁掉幸福感的第四个杀手：控制欲太强

2013 年 2 月 21 日早上大约 7 点钟，我的好朋友杰克正驱车前往他在得克萨斯州阿马里洛市的办公室。这天清晨异常寒冷，马路上全是冰，杰克开车开得很小心。当他把车开到 40 号州际公路上一座桥的顶部时，远远地就看到以前经常下高速的出口处挤满了警车，看样子是好几辆车连环相撞，警车把事故现场层层包围了。杰克觉得自己不太可能从原来的出口处下高速了，即使原来的路能走，速度也会十分缓慢，于是决定从离他比较近的另一个出口走。杰克开得特别慢，时速 32 千米，他觉得以这个速度绝对能在到达出口之前变道。但等到真正转动方向盘时，他才发现车轮开始打滑，直到车滑到出口匝道才刹住车，车身来了一个 180 度大转弯。

好在后面并没有其他车，不然真会撞上。杰克意识到自己必须马上把车带离险境，于是慢慢地把车开到紧急停车带，并打开危险警示灯。然后，他做了一件头脑清醒的人都会做的事情：打电话让拖车公司把车（还有他自己）送到办公室。拖车公司称 20 分钟左右就能赶到，为了消磨这段时间，他给母亲打了电话，因为已经有段日子没跟母亲说说话了。杰克至今仍记得他打电话时仪表盘上的时间：上午 7

点 14 分。事情就是从那个时候开始变得一发不可收拾。

就像所有的车祸事故一样，接下来发生的事情，杰克已经记不太清楚了。他最后记得的是，透过挡风玻璃看到一辆车正在高速公路上急转弯。他记得自己当时还在想，这辆车开得太快了，事实上这辆车的确开得很快（后来警察注意到这辆车的时速是 101 千米，车速表上显示的就是这个速度）。或许正是因为速度太快了，这辆车没能像杰克的车一样停下，最终和杰克的车迎面撞上。这辆车的司机还是一个少年，后来在警察调查时，他说一开始只是想要从杰克早先想走的那个出站口下高速，却发现车失去了控制。随后，少年又说，在意识到自己控制不了车后，他曾试图阻止自己的车撞向杰克的车，为此猛打方向盘。不得不说，那天发生的一切都充满了讽刺意味。在注意到少年的车即将撞向自己并发生车祸的 2~3 秒的时间里，杰克记得当时以为自己肯定命不久矣。同时，杰克记得当时自己还很感激，因为当时他正与他生命中最重要的人——他的母亲——聊天。

杰克的车在事故中完全毁坏，花了好几个月的时间才获得保险公司的赔偿并且换了辆车，而且医疗支出和其他车祸方面的花费也不少。尽管如此，这也已经算是不错了。虽然身体多处受伤，但好在没有什么特别严重的伤，不用在医院住太长时间，杰克觉得这简直是奇迹，自己竟然能够死里逃生，只是受了伤。不过，杰克并不觉得自己幸运，因为一开始他就已经在竭尽所能地防止事故的发生了。首先，他开车特别小心。其次，车打滑停下后，他马上打电话叫了拖车公司，没有选择继续开车。此外，他本可以轻轻松松地试着把车开到附近的停车场，但最终还是选择把车开到紧急停车区。而且，回想起来，如果当初他没有做这些决定，没有做以上的事情，也许情况就不会这么糟糕。

事故发生后不久，我去看望了杰克。他对我说的第一句话就是：“如果生活想让你完蛋，你肯定完蛋！”

## 如何应对不确定性

总体来看，杰克遭遇的事情其实和失业、被诊断出绝症，或者家人逝去一样可怕。不过他的遭遇以及以上提到的各种遭遇却揭示了一个很重要的事实：我们不应该用理所当然的态度去对待生活。可能这一秒事情还进展得十分顺利，下一秒就出现了 180 度大反转。既然我们已经认识到了随机性和不可预知性是生活的重要组成部分，那就应该去学着应对这种不确定性。

但怎样应对这种不确定性呢？

我们先来看一下如何应对不确定性之母——死亡，这也许会对我们解决问题有帮助。正如俗语所说，生活中只有两件事是确定的：死亡和纳税。对于纳税我们还是略知一二的（或者你跟我一样，认识精通税务的人），但对于死亡，我们知之甚少。我们不知道自己什么时候会死去，以何种方式死去，也不知道死后会发生什么，真的，你不知道自己死后会不会留下点儿什么。这些还不是全部，在我们走向死亡的那些天、那些月，甚至是那些年，通常还要经历疼痛、痛苦、自尊受损等。因此如果说死亡是所有人最害怕的，大家应该也没什么好惊讶的吧？仅次于死亡的第二大恐惧对象是在公共场合发言。因此，我们应对对死亡的恐惧的方式，能为应对生活中各种不确定性提供一定的借鉴和启发。而且，很凑巧，我正好对如何应对对死亡的恐惧有点儿了解，这要感谢恐惧管理理论领域的各项研究。

简单来说，恐惧管理理论的研究发现，当人们被要求思考死亡时，通常会对之前持有的价值观、理想和世界观更加深信不疑。来看一下该领域最早的一项研究，当中的参与者都是来自亚利桑那州图森市法院的法官。大家都觉得身为法官，他们最重要的理想应该是捍卫法律。因此，实验人员也做出假设，当提醒法官死亡这件事时，他们会更加坚定捍卫法律这个理想，从而对违法者更加严厉。为了验证这个假设，实验人员给一半法官发了一份问卷，让他们思考有关死亡的事情，对另一半法官则没有做这样的要求。然后，实验人员邀请两组法官判决一个假定的案件：妓女招徕嫖客。具体来说，就是让法官判决妓女需要为自己的不当行为交多少保释金。研究发现，那些被要求思考死亡的法官都会变得特别严厉，他们判决了 455 美元的保释金。与之相比，那些没有被要求思考死亡的法官则宽容些，判决的金额也少很多：只有 50 美元。（如果哪天你也做了什么不检点的事，你最好祈祷判决你的法官没有刚好也在思考死亡！）

在另一项研究中，研究人员邀请信仰基督教的学生填写一份问卷，问卷分为两种，一种是关于死亡的，另一种没有涉及死亡。填完问卷后，研究人员向学生们口头描述了两个虚构人物。口头描述时已经说得很清楚，虽然这两个人物的性格特征很相像（例如都很和蔼可亲），但有着不同的宗教信仰，一个是基督教徒，另一个是犹太教徒。随后，研究人员邀请学生对两个虚构人物做出评价。研究发现，那些没有被提醒死亡的学生，给两个虚构人物的评价都是积极正面的。而那些刚做过关于死亡的问卷的学生，对于和自己宗教信仰相同（基督教）的人物的评价更加积极正面，而对与自己宗教信仰不同（犹太教）的人物的评价则比较负面。

对死亡的恐惧会不会不仅让人持有消极的态度，还让人对他人做出实际伤害呢？为了进行验证，在另一项研究中，研究人员对其中一组参与者提起了有关死亡的事情，对另一组参与者则不提醒。同时，研究人员以食物研究为由，要求参与者倒出一定数量极其辣且刺激的辣椒酱给其他参与者。在研究人员的描述中，其他参与者中有的与他们的政治倾向相同，有的则不同。实际上，辣椒酱是大众经常使用的一种武器。正是因为辣椒酱有过被用于伤害他人的“前科”，所以实验人员决定将其应用于研究中。当然，实验人员也可以使用其他比辣椒酱更具威力的东西，但出于可以理解的原因，实验人员并不想对参与者造成严重的伤害。研究结果发现，当其他参与者与自己的政治倾向不同时，参与者倒出的辣椒酱数量是立场相同时的两倍。

这些研究都昭示着，当被提醒有关死亡的事情时，人们对与自己立场不同的人不仅会表现出消极的态度，而且还会被激怒，进而采取负面的行动。

## 对控制的需求的多种表现形式

为什么人们在被提醒死亡时会对与自己立场不同的人表现出更多的敌意呢？主要原因有几个，而且它们还相互关联，并且有一个共同特征：对死亡的恐惧会引发内心的不确定感，让人感觉缺乏控制感，并由此感觉受到威胁。这时，人们会被那些能够让自己有控制感的人和事物（价值观、理想等）吸引。换句话说，我们应对死亡这种不确定因素的方式就是，试图夺回控制权。其实，我们也正是用这种方式应对生活中其他的不确定因素的：寻找能让我们感到确定的事物。

由于我们的生活充满了各种不确定性，有的很美好，有的并不怎么美好，大家都会觉得生活就是不停地尝试对事物保持控制。这与研究结果或多或少还是不谋而合的。例如，人们获得或保持控制权的方式至少有五六种，我们下面就可以看到。

在女儿满 6 个月的时候，我和妻子想要把她送到儿子所在的托儿所。不过，那时儿子所在的托儿所已经满员，没有多余的名额了。于是我们一方面帮女儿在儿子所在的托儿所报了名，排队等候，另一方面又把女儿暂时送到了另一家托儿所。对于这所新的托儿所，我跟妻子并不太了解，很自然会感到紧张。而最终事实证明，我们实在是多虑了。女儿在新托儿所适应得很好，当然了，也是在经历了最初几天撕心裂肺的哭闹以后。你肯定以为我和我妻子对这个转变感到很高兴，但我们并没有。为什么呢？因为我和妻子都知道，不久的将来我们就得做出决定，是把女儿留在新的托儿所，还是送到儿子所在的托儿所。到底该怎么做，这种不确定性让我和妻子心烦意乱。我们都很困扰，以至于几乎每天都会权衡利弊。最终，我们还是把女儿送到了儿子所在的托儿所，而且事实证明，时机成熟了，做出决定其实是很容易的事。可见我们之前的痛苦挣扎是多么不必要。

控制权需求的一个重要表现形式是想要明确自己做出决定的原因。我们都希望做的决定是正确的，能够使个人利益和收获最大化。而控制权需求的一个重要表现形式，正是这种想要弄清楚自己为什么做出决定的欲望。假设你刚参加完一项重要的考试，为了这次考试可以说是全力以赴。现在，你正焦急地等待考试结果，但结果要一个月以后才能出来。这个时候，朋友邀请你在考试结果公布后跟她一起去夏威夷度假。她现在就想做安排，想要你立即答复她。你会怎么做呢？

如果你通过了考试，那就可以想出一大堆去度假的理由。但万一没考过呢？话说回来，即使没通过，你也能想出一两个度假的理由，像是散散心、恢复下自信啦、充充电才能好好准备下次考试，诸如此类。可见，无论考试结果如何，你总是能为度假找出理由。不过，如果你和大多数人一样，那么可能只有在知道了度假的确切原因后——是为了庆祝还是为了重整旗鼓——才能全身心地去度假。也就是说，如果不明确自己做出决定的原因，你就难以给朋友一个肯定的答复，否则会浑身不自在。

此外，我们寻求控制权的另一个表现形式是过分自信。多项研究结果表明，大多数人对自己观点、态度和判断的准确性都十分自信，尤其是在某些比较困难和复杂的问题上。想一下我们之前提到的一个话题：人死后会发生什么？我们真的会像东方宗教中所说的那样轮回吗？或者像犹太教、基督教所说的那样上天堂或者下地狱？我们很难确定。因此，即使我们同意某一种观点，也应该在持有这种观点的同时保留一丝怀疑，而不应该过分自信。换句话说，我们应该承认自己无法确切地知道人死后会发生什么。但即使在某种程度上，我们认识到了自己的局限性（这也是为什么我们在思考死亡时会感觉受到了威胁），好像也不愿承认。的确，大多数人总是给他人这样一种印象：对于不太复杂的问题，像是“广告有用吗”或者“明天天气怎么样”，还会表现出不太确定的样子，而对于“人死后会怎样”这种比较复杂的问题，态度却无比坚决。

控制权需求的最后一个表现形式是控制错觉。所谓控制错觉是指，我们自认为对事情的结果有着很大的控制权，而事实却并非如此。在一项与彩票有关的研究中，研究人员要么随机给参与者一张彩票，要么让参与者自己挑选。然后，研究人员告诉参与者，他们可以用手中的彩票换取一张中奖概率更大的彩票。最终结果显示，那些一开始自己选择彩票的参与者更不愿意换彩票。为什么？因为他们认为，自己选择彩票这一行为已经赋予了彩票魔力，帮助他们打败客观的概率。而且，控制错觉也解释了为什么人们在坐飞机的时候会害怕，而自己开车的时候却不怎么害怕。因为开车时人们会觉得对命运有了更大的控制权，比坐在飞机上任他人摆布自己的命运好多了——即使开车出车祸的概率要比飞机失事的概率大很多。

## 控制感可以提升幸福水平

如果我们内心深处如此渴望确定性和控制感，那它们肯定有某些重要的作用吧？多项研究发现，确定性和控制感至少有两大作用。首先，确定性和控制感让我们相信，自己可以按照自己的意愿左右事情的结果。也就是说，我们越是有控制感，就越能确信自己能获得想要的结果，而这种自我效能感能提升幸福水平。换句话说，控制感能提升幸福水平的一个重要原因是，控制感让我们感觉自己更能干，从而产生一种感觉，认为自己正朝着在某一领域达到精通这一重要目标前进。

控制感让我们感觉良好的另一个原因是，它让我们感觉自己不受制于人。拥有这种个人自主权于我们而言是一个十分重要的目标。有一项在养老院开展的研究证明了自主权的重要性。在这项研究中，参与者被分为两组。第一组参与者有权决定在房间里种哪种植物，在周末看哪些电影。而第二组参与者则没有选择权，具体来说就是，研究人员给他们每人一株植物让他们养在房间里，并告诉他们周末看什么电影。最终研究结果显示，一年半后，第一组参与者的死亡率仅为

15%，而第二组参与者的死亡率是第一组的两倍（30%）。大家先不要急着对两组参与者天文数字般的死亡速度表示震惊，需要提醒一下，这项研究是在养老院做的，所有参与者都已是风烛残年了。

在另一项针对老鼠所做的研究中，实验人员对老鼠什么时候获取可卡因进行了控制。其中一组老鼠可以随时获取可卡因，它们只需要压一下控制杆就可以过把瘾。而另一组老鼠则无法选择什么时候获得可卡因，只有当第一组中的老鼠获取可卡因时，他们才能顺便过把瘾。研究结果显示，两组老鼠的身体都开始变得不健康，平均来看，与第三组没有吃可卡因的老鼠相比，这两组老鼠死得都相对比较早。不过这并不是研究的有趣之处。有趣的地方在于，第一组老鼠（那些能够自己决定什么时候获得可卡因的老鼠）的死亡率要比第二组老鼠低很多。

## 控制欲过强以及评估自己的控制欲倾向

既然控制感可以让人们感觉很有能力且拥有自主权，对健康和幸福还有着积极作用，那追求控制感这件事也就不足为奇了。但问题在于：追求控制感会对幸福产生什么样的影响呢？是好事还是坏事呢？

最终证明，是好是坏要视情况而定。具体来说就是，追求控制感是一件好事，但应该适度。研究显示，通常那些控制欲比较强的人设定的目标都比较远大，取得的成就也更多。因此，从成功有益于人们获得幸福这个角度来说，控制欲是一件好事。但研究也显示，控制欲过强并不是一件好事，例如总是想要让事情变得更好，或者总是执迷于获得好的结果。换言之，控制欲有一个临界点，一旦超过这个临界点就反而会降低人的幸福水平。或者，换种说法，控制欲过强并不利于获得幸福，这也就是控制欲过强对我们来说是幸福杀手的原因。

控制欲过强会降低幸福水平的原因包括以下几个比较有趣的方面。但在我一一讲述这些原因之前，或许你对自己的控制欲水平会比较好奇。本章最后提供了两张量表，它们可以帮助你答疑解惑。第一张是控制欲量表，由杰瑞·伯格教授编制。第二张是最大化者–满足者量表，由巴里·施瓦茨教授和他的同事共同编制。如果你对自己的控制欲处于何种水平还不是很确定，可以选择在继续阅读本章以下内容之前先填完两张量表。

## 为什么过分控制他人会降低幸福水平

过分控制他人会降低自己的幸福水平，为了弄明白这其中的原因，先问一下自己这个问题：如果你被别人控制的话，会有什么样的感觉？假设你和一个控制欲极强的人结了婚，或者再糟糕一点，假设你是某个人的奴隶……被别人控制一点儿都不好玩。这其中的一部分原因是我们都渴望自主权，想要为自己做主。当别人控制我们时，他们就是在破坏我们的自主权。事实证明，这种对自主权的渴望在两岁孩子和青少年身上表现得尤为突出。当然，这并不是说我们其他人就毫无知觉了：无论处在哪个年龄段，人都不喜欢被控制。这也就是为什么当我们被限制做某件事时，想要做这件事的欲望就更加强烈。例如，研究已经发现，当我们被限制购买商品的数量时，往往倾向于买更多，而没有这种限制的时候则不会有这种倾向。

心理逆反（psychological reactance）一词很好地解释了为什么过分

控制他人并不是什么好事。心理学家用心理逆反来指代人们想要做被禁止的事情的欲望。当你想要控制他人时，他人就会表现出心理逆反。例如，如果你试图控制配偶的饮食，那你的伴侣为了激怒你，可能就会吃更多不健康的食物。同样，如果你试图控制孩子，让他们完成家庭作业，那孩子很可能会大发脾气，或者做出其他反抗行为。这也就是为什么鱼与熊掌不可兼得，在人际关系中你要么选择控制他人，要么选择获得他们的爱，只能二选其一，除非你是畅销小说《五十度灰》（*Fifty Shades of Grey*）中的主角克里斯蒂安·格雷。我们在第五章中已经知道，爱是人类的基本需求，控制欲过强并不利于获得幸福。

过分控制他人之所以会降低自己的幸福水平，是因为这会导致著名励志心理学家戴维·麦克利兰所说的“权力压力”。所谓权力压力是指当得知他人不按照自己的意愿行动时，表现出愤怒和沮丧情绪的倾向。在一项相关研究中，研究人员邀请了一批控制欲有强有弱的参与者，并要求他们向由两名“帮凶”组成的观众进行一次即兴演讲。这两位“帮凶”是研究人员事先安插到参与者中间的，需要按照要求做出一定的行为。对第一组参与者，“帮凶”们表现出很支持、很喜欢的样子，而对另一组参与者则表现得比较消极。以下是实验结果：当两名“帮凶”表现出很积极、很赞同的样子时，无论是控制欲强还是不强的人都会感到高兴。当然，这也没什么好大惊小怪的。然而，当“帮凶”们表现得很消极时，有趣的现象出现了：那些控制欲强的人远比控制欲弱的人更心烦意乱，最终变得十分消极。这项研究说明，当人们试图控制他人时，一旦他人没有按照自己的意愿办事，自己就注定要经受负面情绪（愤怒、沮丧，以及失望）的折磨。

通过以上实验，我们知道过分控制他人之所以会降低自己的幸福水平，是因为这种行为会让自己失去别人的爱，自己也会因此感到沮丧。但除此之外，还有另外一个原因，与我们做出决定的质量有关。事实证明，兼听则明，偏听则暗，当我们能够接触到多种不同的观点和信息时，就能做出最优决策。这也就是为什么多接触不同背景的人是一件很重要的事情。这意味着，当我们过分控制他人时，做出的决策也并不理想，因为我们会屏蔽那些与我们观点不同的人，只跟那些不介意自己被控制的人——那些唯唯诺诺的人——在一起。

## 为什么对结果的过分控制会降低幸福水平

行使控制权的方式有两种：一种是试图控制他人，另一种是试图控制外在环境——我们生活中发生的事情的结果。和过分控制他人一样，由于诸多原因，过分控制结果也会降低我们的幸福水平。在我讲述其中的原因之前，我想有必要先指出，过分控制结果并不等同于热衷于取得自己想要的结果。热衷于取得自己想要的结果，像是想去一所好的学校，或者想要有一段很棒的恋爱关系，这是好事。研究结果显示，有目标会提升人的幸福水平。但当人过分执着于取得想要的结果时，这就不同了，就变成了控制欲过强。也就是说，当你控制欲过强时，并不是你在控制着自己的欲望，而是你被自己的欲望所控制。

魁北克大学蒙特利尔分校的罗伯特·瓦勒朗教授使用了“强迫式热情”一词来特指这种过分渴望取得理想结果的状态。执着于获得理想结果之所以会降低幸福水平，原因之一就是我们上文说过的一件事：生活本身充满了不确定性。因此，过分控制结果就注定要经受失望的折磨。多项研究结果也已证实了这一点。其中一项研究发现，当控制欲过强的参与者们处于一间十分拥挤的房间时，他们的心情会遭到极大的破坏，仅仅因为这些控制欲太强的参与者感觉不喜欢这个房间。另一项研究发现，控制欲强的销售人员在与顾客互动时，如果没有达到预期的效果，会更容易不满意，表现更差。而另一项研究则发现，当参与者被置于控制权低于预期水平的场景中时，他们的血压会急剧上升。以上这些研究发现表明，当生活没有按照计划进行时（当然，这种事很常见），那些控制欲过强的人经受的痛苦要更多些。

过分控制结果会降低幸福水平的另一个原因与我们做出决定的质量有关。研究显示，与控制欲较低的人相比，控制欲强的人更倾向于冒险。例如，与控制欲较低的人相比，控制欲强的人更容易飙车。同时，他们也更容易依赖控制错觉（人们自以为能够掌控局面，实际情况却并非如此），因此，也更容易在涉及实物的赌博场景中输更多的钱。另一项相关研究还发现，那些控制欲比较强的人在处于压力状态下时，更容易迷信（例如相信敲敲木头就能赶走霉运）。

过分控制结果会降低幸福水平的最后一个原因是，当人们极度渴望控制某件事（比如想获得某个工作），十分执着于控制结果时，很可能会牺牲其他能够让他们幸福的事情。瓦勒朗教授和他同事的研究结果已经证明了这一点：执着于某件事不仅会对身体和心理健康产生不利影响，而且还会对各种人际关系产生不良影响。

## 不去控制会让人快乐吗

既然控制欲过强会降低幸福水平，那么，想办法来控制自己的控制欲还是很有必要的。减轻控制欲的方法之一就是学会欣赏不确定性，而不是逃避它。前面说过，我们之所以寻求控制感，原因之一就是在面对不确定性时会感受到威胁。

但怎样才能学会欣赏不确定性呢？首先可以从认识不确定性的重要意义开始：不确定性可以为生活增添色彩。从某种程度上来说，我们都知道不确定性是件很重要的事情，这也就是为什么我们在去电影院之前绝对不会看“剧透”，即使已经录下了某项体育赛事的录像也不会提前看结局。然而，虽然我们凭直觉能够认识到不确定性发挥的积极作用，但还是会感受到不确定性所带来的威胁。

看一下以下这项研究，在这项研究中，参与者得知自己很快就会收到 1 美元。研究人员要求其中一组参与者想象一下，他们在收到钱之后很快就能知道收到钱的原因；同时要求另一组参与者想象一下，他们永远都不知道收到钱的原因。之后，研究人员请两组参与者表达一下自己如果收到钱会有多么开心。结果显示，第一组参与者——那些想象自己知道收到钱原因的人——认为自己会比第二组参与者更开心些。但事实恰恰相反：那些不知道自己为什么收到钱的参与者会更加开心些。《好奇心》（*Curious?*）的作者托德·卡什丹在总结以上研究的基础上指出：“我们以为会给我们带来快乐的东西（在此情景下是指确定性和控制感）其实并不能真正让我们快乐。”

如果不确定性对获得幸福来说是至关重要的，那为什么我们会对不确定性表示厌恶呢？其中一个原因就是，虽然对积极的事情来说，不确定性是一件好事，但对消极的事情来说，不确定性就未必如此了。当事情有好的结果时，不确定性可以强化积极情感；而同样，当结果不太好的时候，不确定性也会强化消极情感。在我看来，人们之所以会厌恶不确定性，与对生活的掌控程度有关。从个人经验中，你可能已经发现，如果我们感觉对生活没有控制感，就很难欣赏这种不确定性。只有当我们能够掌控自己的生活，至少能够掌控一些重要的事情时，像是健康、人际关系、财务安全等，才能学会欣赏不确定性。由此可以得出结论，要有能力欣赏不确定性的一个办法就是，先掌控好自己的生活。而很大程度上，所谓的掌控好自己的生活，其实就是量力而行。事实证明，尤其重要的一件事是，要相信自己手中有足够的时间。大多数人的生活节奏都既快又乱，以至于总觉得时间紧迫。研究结果显示，认为时间匮乏（与认为时间宽裕的看法相反）是人们感到不幸福的原因之一。具有讽刺意味的是，在生活中越是成功，人们就越感觉时间不够用。最近的一项研究很好地解释了个中因由。在这项研究中，参与者被要求扮演咨询师的角色。他们被分为两组，其中一组参与者的咨询费用是每分钟 15 美分，另一组是每分钟 1.5 美元。项目结束后，研究人员询问参与者的时间压力有多大，最终结果显示，那些单位时间收费更高的参与者感觉压力更大些。换句话说，赚的钱越多，人们就会感觉压力越大，时间越紧迫。

这表明，减轻时间匮乏感的方法之一，就是不要把工作中赚多少钱这件事看得太重。或者，至少不要斤斤计较地计算自己时薪多少。另一个减轻时间匮乏感的方法是，参加公益服务。这可能听起来有点儿违背常理，但研究结果显示，那些投身于公益服务的人往往会感觉自己的时间更加充裕——可能你在做第三大幸福练习（创意利他主义）时已经有过类似体验。还有一个减轻时间匮乏感的方法是体验敬畏。研究结果发现，观看引发敬畏感的图片——鲸鱼、瀑布等——可以让人感觉时间变慢，从而感受到充裕。

以上所有方法都在向人反复灌输一种时间很宽裕的观念，至少从理论上来说，这些方法可以提高人们对不确定性的欣赏水平，有助于减轻控制欲。但在所有减轻控制欲的方法中，效果最好的可能就是人们所说的“内在控制”。采取内在控制的方式，意味着做自己幸福钥匙的掌管人，永远不要因为自己的不幸而责怪他人。

那到底该怎样培养内在控制呢？为什么内在控制可以减轻外在控制欲呢？对此我们将会在第八章探究。

## 控制欲量表

该量表共有 20 个条目。请从数字 1~7 中选择一个，为每个条目进行评分，其中：

1= 这种说法一点儿都不符合我。

2= 总体来说，这种说法不符合我。

3= 大多数时候，这种说法是不符合我的。

4= 我不确定这种说法是不是符合我，或者部分时候符合吧。

5= 多半时候，这种说法符合我。

6= 通常情况下，这种说法符合我。

7= 这种说法一直很符合我。

根据量表的评分方案计算得分，然后把得分相加。

评分方案后有相应的评分解读。

1. 我比较喜欢能够自己决定做什么以及什么时候做的工作。
2. 我喜欢参与政治，因为我想在政府管理方面拥有尽可能多的发言权。
3. 我总是试图避免让自己陷入别人对我发号施令的情况。
4. 我更喜欢当领导者，不喜欢当追随者。
5. 我喜欢影响他人的行动。
6. 在每次长途旅行前，我都会仔细检查车上的一切。

7. 通常，其他人了解什么最适合我。

8. 我喜欢自己做决定。

9. 我喜欢自己掌控自己的命运。

10. 当参加团体项目时，我更喜欢让其他人担任领导者的角色。

11. 我认为自己总体上比其他人更会处理事情。

12. 我宁愿自己创业，自己犯错，也不愿意听别人发号施令。

13. 在开工之前，我喜欢先搞清楚关于这项工作的一切。

14. 当我发现问题时，我比较喜欢采取行动解决问题，而不愿意坐视不管，听之任之。

15. 我宁愿命令别人也不愿意被别人命令。

16. 我希望可以让别人替我做日常生活中的许多决定。

17. 开车时，我总是努力避免让自己陷入因为他人的错误而使自己受伤的处境。

18. 我总是努力避免陷入让别人告诉我该做什么的处境。

19. 许多情况下，我希望自己只有一个选择，不喜欢做决定。

20. 我喜欢静观其变，看其他人会不会来解决问题，这样我就不必为此烦恼了。

## 评分方案

1. 反向评分项目包括：7、10、16、19、20，在计算这几项的评分时，1=7，2=6，以此类推。

2. 将以上 20 项的最终得分相加。

**控制欲量表解析**

| 得分 | 解析 |
|---|---|
| 得分小于等于 80 分 | 你的控制欲水平低于 95% 的人 |
| 得分小于等于 90 分 | 你的控制欲水平低于 70% 的人 |
| 得分在 90 分至 110 分之间 | 你的控制欲水平处在平均（正常）范围 |
| 得分大于等于 110 分 | 你的控制欲水平超过 70% 的人 |
| 得分大于等于 120 分 | 你的控制欲水平超过 95% 的人 |

注：平均分约为 100 分，标准偏差值为 10

## 最大化者 – 满足者量表

该量表包括 10 个条目。针对每个条目，从数字 1~7 中选择一个与自己相符的。其中 1 代表“完全不同意”，2 代表“不同意”，以此类推，最大的数字 7 代表“完全同意”。

根据量表的评分方案计算得分，然后把得分相加。

量表后附有相应的得分解析。（同时，你还可以在下页查看控制欲量表和最大化者—满足者量表的共同解析。）

1. 我经常幻想自己过着与现在截然不同的生活。

2. 无论我对现在的工作多满意，我还是一直关注更好的工作机会。

3. 在车上听广播时，即使我对正在收听的这个电台比较满意，也要把其他电台都听一下，确定是不是有更好的选择。

4. 看电视的时候，即使我只想看一个节目，我也要把所有的频道都看一下。

5. 给朋友买礼物的时候，我总是很难抉择。

6. 出去买衣服时，我总是很难找到自己真正喜欢的。

7. 对我来说租影碟是件很困难的事，我总是想要挑出一张最好的。

8. 我对待感情就像买衣服一样：总是想要把所有的试穿一遍，然后买下最完美的那件。

9. 无论做什么，我总是用最高标准来约束自己。

10. 我从不退而求其次。

## 评分方案

只需要把自己以上 10 项的得分相加就可以了，不需要反向评分。

## 最大化者 – 满足者量表解析

得分大于 35 分，说明你有最大化者倾向，这意味着你在不停寻找各种办法来改善现状，或试图做出更优选择。这种倾向很容易导致你控制欲增强。

得分大于 50 分，说明你是一个极端的最大化者。目前看来，很可能你周围的人已经注意到了你的控制欲倾向。

得分低于 35 分，说明你有满足者倾向，也就是说，你更喜欢顺其自然。事实证明，满足者往往比最大化者更幸福。

## 控制欲量表和最大化者 – 满足者量表综合解析

下表提供了控制欲量表和最大化者 – 满足者量表的综合解析方法。

**控制欲量表和最大化者 – 满足者量表综合解析表**

| 控制欲量表得分 | 最大化者 – 满足者量表得分 | 表现倾向 |
|---|---|---|
| 大于 120 分 | 大于 50 分 | 绝对控制欲过强 |
| 大于 120 分 | 大于 35 分 | 很可能控制欲过强 |
| 大于 110 分 | 大于 50 分 | 很可能控制欲过强 |
| 大于 110 分 | 大于 35 分 | 可能控制欲过强 |
| 低于 80 分 | 低于 25 分 | 控制欲较低 |

如果你的控制欲量表得分超过 120 分，最大化者 – 满足者量表得分超过 50 分，那你肯定是控制欲过强了。如果你的控制欲量表得分超过 120 分，最大化者 – 满足者量表得分超过 35 分，或者，你的控制欲量表得分超过 110 分，最大化者 – 满足者量表得分超过 50 分，那你很可能是控制欲过强。最后，如

果你的控制欲量表得分超过 110 分，最大化者 – 满足者量表得分超过 35 分，那你有可能是控制欲过强。

另一方面，如果你的控制欲量表得分低于 80 分，尤其是如果你的最大化者 – 满足者量表得分低于 25 分，那你很可能已经低于控制欲的理想点了。在你必须对某事进行控制的情况下，或者当你自认为控制水平较高时，这种控制欲较低的倾向就会为你带来不少问题。

如果你不属于以上任何一个分类，那你的控制欲既不是很强，也不是太低，这真是莫大的好事啊！

IF YOU'RE SO

SMART,

WHY AREN'T

YOU HAPPY?

# 第八章　提升幸福感的第四个习惯：学会内在控制

我出生于20世纪60年代末，20世纪80年代中期开始上大学。从出生后到上大学之前的这段时间里，每逢暑假，我都会和妈妈、姐姐一起去位于印度崔奇市的外婆家。每到那时，我的舅舅和姨妈们也会携家带口来到外婆家。早在出发之前的两个月，我往往就翘首以待了。有时想到去了之后得有多么开心，我就兴奋得睡不着觉，直到凌晨才迟迟睡去。这并不是说我在崔奇的暑假生活真的如想象般悠闲，真实生活可不是那么回事。首先，每次我都至少要和一位表兄打一架，而且打得还挺凶（当然，肯定不是我的错）。其次，我和表兄妹们通常都被严令禁止做一些我们很想做的事，像是看宝莱坞大片，或者打扑克，因为那些聪明的大人们觉得这些都是成人活动。还有就是天气酷热，崔奇夏季的大热天可不是闹着玩的。

因此，总结起来，可以说我想象中的暑假总是比实际有趣很多。但奇怪的事情在于，我在崔奇已经度过了约15个暑假，却总是高估暑假的乐趣。不仅仅是我有这种想法，包括妈妈、姐姐、表兄妹、舅舅、姨妈在内的所有人都是这样，都高估了在崔奇度假的乐趣。

现在，为了防止你得出我们全家人都是傻帽儿的结论，我先声明一下，这种高估假期乐趣的倾向可以说是十分普遍的。因此，问题不在于为什么我的家人会高估假期的乐趣，而在于为什么大家都会高估假期的乐趣。其中一个原因就是，在我们的记忆中，过往的假期总是比实际更有趣，所以对即将到来的假期我们会满心期待，把它想得比实际更有趣。至于为什么记忆中过往的假期会比实际中更有趣，这是因为一旦假期结束，我们就会选择性地只记住那些积极美好的事情。

有趣的是，这种现象不仅仅发生在度假这件事上，我们几乎高估了所有事情给我们带来的乐趣。例如，我们会认为周末更加有趣些，而实际上并非如此，这也是为什么广受欢迎的连锁饭店叫星期五餐厅（TGI Friday's）而不叫星期天餐厅。所幸，也有可能是不幸，我们也同样高估了消极事件的消极性。这就是为什么与一周里的其他时间相比，星期一的早晨（也就是工作周真正开始之前）心脏病发作的概率更高些。

## 思维对情感的影响

为什么想象会对情感产生如此强大的影响？其中一个原因是，我们在想象事情时，总是会将事情想得很纯粹。当想象自己在坎昆度假时，我们想的全都是躺在绵延不断的沙滩上，一边小口啜饮着冰镇科罗娜啤酒[1]，一边看夕阳西下。我们不会想下着雨，被困在酒店里，无事可做，即便这都是很有可能发生的事情。另一个原因是，我们的大脑不能完全区分现实和想象的差别。如果不是这样（也就是说，如果我们的大脑能够区分现实和想象的差别），就不会被电影和小说所打动，这样一来，许多娱乐相关的行业也就不会存在了。

---

① 科罗娜啤酒（Corona），一种墨西哥淡啤酒。——译者注

其实，研究人员很早就知道思维和想象对情感有着强大的影响。他们还发现，某些特定类型的思维通常可以引起某些特定类型的情感。在一项研究中，参与者按照要求回忆并写下过去一件让他们产生某种特定情感的事情。按照要求，一些参与者回忆的是悲伤的事情，而另一些参与者回忆的是愤怒的事情，还有一些参与者回忆的是自豪的事情，等等。然后，研究人员对参与者所写的内容进行分析，想看一下是否能够从中找到什么规律，最终发现，所有参与者产生相同情感（例如焦虑）之前的思维方式有明显的共性，而产生不同情感（比方说焦虑和悲伤）之前的思维模式是截然不同的。人们在产生焦虑感之前的思维几乎都与不确定性或缺乏控制感相关。与之对比，产生悲伤情绪之前的思维则与失去重要的东西有关，产生愤怒情绪之前的思维则是自己向目标前进的步伐被阻碍。同样，不同积极情绪产生之前的思维模式也是各不相同的。例如，自豪情绪产生之前的想法是将积极结果归功于自己的行动。与之对比，感激情绪产生之前的想法则是将积极结果归功于他人的行动。

我们来看看以下这些研究结果。研究发现，仅仅是改变思考的内容，我们就可以控制自己的情感。举个例子，如果老板没有给你加薪，你也不必感到愤怒，可以转而换一个思路，感激老板没有把你炒鱿鱼。同样，如果女朋友和你共度一周后要离开，你也不必感觉悲伤，只要把注意力放在你们共度的美好时光上，就会感到很幸福。按照这个逻辑进行延伸，如果想要感到幸福（无论是哪种幸福），只需以能够引发幸福情感的方式来解读事情就可以了。

当然，这并不是说人应该时时刻刻感觉幸福。毕竟，偶尔我们还是想要悲伤一下的。例如，如果你的好友最近正处在低谷，你可能是会想要感到难过的。同样，如果你没能履行一项重要的职责，可能会想要感到悔恨。不过，如果你和我一样，那肯定还是想要比现在更开心些。假设你明天和客户有一个非常重要的会议，如果会议进行顺利，公司可以从中大赚一笔，但如果会议不顺利，那公司势必要蒙受损失。你意识到只有今晚好好睡一觉，明天搞定客户的胜算才最大，但就是睡不着，因为你太焦虑了，总是控制不住地想如果搞砸了怎么办。让我们再来假设另一个场景：你现在在一座陌生的城市里，还有 2 个小时返程的飞机就要起飞了，但你还在等公交，等了 30 多分钟公交车还没有来，而且周围好像也没有什么出租车。显然，在以上两种让你既焦躁又疲惫的情景中，有效的方法是控制自己的想法和情感，这样你才能做出冷静、理智的决定。

本章的主旨是培养控制思维和情感的能力，我们可以将这种能力称为内在控制力。我们很快就会看到，对所有人来说，培养内在控制力是获得幸福的一个重要途径。

## 为自己的幸福负责

从某种意义上说，大家对内在控制力并不陌生。在某种程度上，即便是两岁小孩也懂得进行内在控制。然而，很少有人会把培养内在控制力视为一个目标。在这里，我想从更深层次介绍一下内在控制。我想先向大家介绍为自己的幸福负责这个概念。为自己的幸福负责意味着，永远不要因为自己的感受而去责怪他人或周围的环境。也就是说，不管别人做什么，不管外在环境如何，你要想办法让自己高兴。

我之前曾说过，思维和想象对情感有着重大影响，正因为如此，从理论上来说，控制情感并非不可能。也就是说，如果能够彻底控制思维，那人就可以全面控制情感了。

能够做到彻底的内在控制，这个概念对你的吸引力有多大呢？

如果你和大多数人一样，那你会发现，这个概念总体上还是很吸引人的，只不过你会有两个顾虑。一个顾虑是，彻底的内在控制会让自己脱离现实。如果无论别人做什么，无论外在环境怎么样，你都能感到高兴，那会不会失去与现实世界的联系？

乍看之下，这种顾虑不无道理，但这是建立在一种错误的假设上的：一旦控制了自己的思维和情感，就意味着要时时刻刻都进行控制。实际上，拥有内在控制的能力不代表就一定要运用这种能力，就像身体强壮并不意味着要时时刻刻都展现自己的力量。换句话说，如果你觉得在某个特定的情况下，改变自己的思维和情感会让自己与现实脱节，那就没必要运用自己的内在控制力。

另一个顾虑是，别人会借此利用自己。我的一位学生是这样说的：“如果不管别人怎么做，我都乐呵呵的，那岂不是我的同事都要把脏活累活扔给我？因为他们知道反正我也不会生气。那岂不是我的女朋友即使做错了事也可以毫无悔意？因为无论发生什么我都能安然自若。”同样，这个顾虑也是建立在一个错误的假设上的——认为为自己的幸福负责就是不追究他人应负的责任。事实上，你可以做到，既不因为自己的情绪责怪他人，又让他人为他们的行为引发的后果负责，以下这个例子可以很好地解释这一点。

假设，由于行政人员的粗心大意，你错过了一个重要的会议。让我们进一步假设，错过这次会议让你很生气。现在，在此情景下，如果你能够全面控制自己的思维和情感，那就可以轻松把愤怒情绪转化为其他情绪。但让我们假设你没有进行自我控制。因为你选择不改变自己的情绪，那就要负担自己的情绪，就没有让行政人员为你的情绪负责。现在，让我们假设你选择改变自己的情绪。这样做，你也没有让行政人员为你情绪负责。然而，虽然行政人员不必为你的情绪负责，但这并不意味着他不需要为自己的粗心带来的后果（你错过了会议）负责。因此，即使没有因为自己的情绪而责备他，你还是可以让行政人员解决因他的过失而引发的问题——如果你因为愤怒而让他负责，最后产生的结果也差不多。区别在于，现在是你控制着自己的情绪，而不是外在环境控制着，这样一来，你与行政人员的互动就会有很大的不同（会是一种更加积极的互动），结果也会更加积极，因为你在以一种更成熟、更有成效的方式与他互动。

还有一个方法可以区分为自己幸福负责的人和不为自己幸福负责的人。在刚刚提到的场景中，为自己负责的人，他的内心对话是这样的："虽然你的行为让我愤怒，但我还是不会让你为我的情绪负责，因为我可以随心所欲地调整自己的情绪。不过这并不意味着我会听之任之，你还是要为自己的行为产生的后果负责的。"与之对比，不为自己负责的人，他的内心对话是这样的："你的粗心大意给我带来了负面影响，让我很愤怒。我要让你负责，你要为我的情绪负责，还要为给我带来的负面影响负责，你最好把这两件事都给我负责到底！"

这两种做法的区别有点儿微妙，并不是很明显，但影响深远。第一种做法（为自己的幸福负责）承认了，尽管外在环境已经控制了自己的外在状态（所要经历的结果），却并不能控制内在状态（自己的情绪）。这样一来，我们就可以自己掌握幸福的钥匙。相比之下，另一种做法（不为自己的幸福负责）承认了，外在环境不仅控制了自己的外在状态，还控制了内在状态。我想你也看得出来，这种做法就相当于把自己的幸福钥匙交给了外在环境掌管。

## 内在控制和外在控制的区别

如果你真的想要获得幸福，那显然，培养内在控制力是至关重要的。但我想你肯定也发现了，内在控制力说起来简单，却不容易实践。那么培养内在控制力需要具备哪些条件呢？

在讲这个问题之前，我需要说明一下，尽管外在控制和内在控制看起来是一件事（只不过内在控制是向内的），但其实两者有很大不同。从某种意义上来说，内在控制和外在控制是截然相反的。具体来说，我们只有在缺乏内在控制，也就是缺乏控制自己思想和情绪的能力的时候，才会寻求外在控制。或者，换个说法，外在控制欲望的产生是为了补偿内在控制力的匮乏。

内在控制与外在控制是两种互为补偿的力量，这一观点与多项研究的发现不谋而合。不久之前，我曾做过相关研究，在该项研究中，我请参与者列出他们在感觉“焦虑、紧张、有压力”时想要做的事情。我发现，人们越是缺乏内在控制（控制自己的情绪），就越渴望控制外在，例如：把周围的空间整理一下，试图找出自己焦虑的根本原因；寻找一个能够让自己平静下来的环境，以便更好地思考。其他研究人员也得到了类似的结果。一项有关市场营销的研究发现，人们在心情低落时喜欢购物，因为购物可以补偿人们情绪失控时的落差。

相反的情况也同样得到了证实：当外在控制水平较低时，人们就更倾向于寻求内在控制，所以崇尚精神世界或者拥有宗教信仰才有作用。无独有偶，研究发现，人们在缺乏外在控制时，会更容易迷信。

用内在控制补偿外在控制的做法，很好地解释了我们所说的提高幸福感的第四个习惯（内在控制）是如何缓解第四个幸福杀手（控制欲过强）带来的负面影响的。基本上，当人有足够的内在控制力时，就不会再强求控制他人或者控制外在环境了。

## 进行内在控制时不应做的两件事

让我们回到原来的问题：培养内在控制力需要具备哪些条件？我认为，有两大禁忌要牢记在心。第一个禁忌是，在培养内在控制力时，不要做打击自信心的事情。打击自信心的一个常见方式是问自己，如果发生很糟糕的事情（像是缺胳膊少腿，丢了饭碗之类的事），自己是不是还能控制好自己的思维和情绪呢？因为无法想象自己在如此糟糕的情况下是否还能自我控制，所以他们就此得出结论，试图寻求内在控制是毫无意义的。一项有关目标追求的研究发现，自信心是实现目标的关键，尤其在初期更是如此。所以，一开始就问自己如果发生不幸是否能够做到内在控制，这是一个错误的问题，只会打击自己的自信心。正确的做法应该是，针对自己日常遇到的事情，问自己是否能够做到内在控制。例如，在度假时，如果外面下起了雨，你还能开开心心吗？如果孩子在公共场合大哭大闹，你能做到心情不受影响吗？即使老板亏待了你，你还能保持心情愉快吗？

从这个意义上来说，培养内在控制力和训练肌肉是一个道理。只有当你使用恰当的重量——既不能太轻也不能太重——进行训练时，才更有可能练出肌肉；只有当你接受与自己目前能力相匹配的挑战时，才更有可能培养出内在控制力[①]。如果面对每天的日常活动，你都很难做到泰然自若，那正好可以从这里下手。一旦能熟练控制面对日常活

① 接受的挑战要与自己当前的技能水平相匹配这一观点与我们在第四章中所提到的观点不谋而合：只有已有能力与所需能力匹配时，心流状态才最有可能出现。

动时的思维和情绪，那你就可以进阶，继续接受更大的挑战了。

第二个禁忌和让人们自我感觉良好的思维类型有关。我们大多数人都利用被称作“自利性偏差”的思维方式来让自我感觉更加良好。所谓自利性偏差就是将积极结果归功于自己，将消极结果归咎于别人（或者运气）。请看以下例子：假设你和另一位参与者共同参与一项测试，研究人员给了你们虚假的反馈——研究人员告诉你，你们的小组表现很好，或者告诉你，你们的小组表现很差。你会把你们小组的成功和失败归结到什么原因上呢？如果你倾向于把成功归功于自己（例如“我们之所以表现好是因为我回答的问题更多些”），把失败归咎于你的队友（例如“我们之所以表现差是因为我的队友把事情搞砸了”），那你的表现很可能就是自利性偏差。事实证明，自利性偏差是一种很普遍的心理现象，尤其在控制欲较强的人群当中。

自利性偏差有利的一面在于，它可以让你在短期内感觉良好，但长期来看，这样做很可能适得其反。那些有自利性偏差心理的人往往自视甚高，常常自不量力。例如在谈判这一场景下，通常自利性偏差倾向较强的人对自己的谈判能力过分自信，而其实表现得很差。同样，在项目规划中，表现出自利性偏差倾向的人通常会盲目乐观，最终导致失败。自利性偏差的另一个坏处在于，它不利于建立健康的关系。你应该想象得到，那些惯于把自己捧得很高、把别人踩得很低的人是很难与他人好好相处的，这就降低了他们的长期幸福水平。

## 通过练习简单的情绪调节策略获得内在控制力

要做到内在控制，除了注意两个禁忌之外，还要知道两件必须要做的事。第一件是学习并练习一些简单的情绪调节策略，第二件是通过更加健康的生活方式获得内在控制力。情绪调节的策略之一就是情境选择，即避免让自己（根据以往经验）进入会引发负面情绪的情境。你可能也已经看出来了，这个策略更像是预防，而不是治疗，其中隐含的逻辑很简单，就是如果你没有经历过负面情绪，那也就没必要调节这种情绪了。举个例子，如果知道在考试前夕看恐怖电影会让你紧张，影响睡眠，那就不要看。同样，如果你知道自己做推销之前跟某个特定的人打照面会破坏自己的心情，那就不要和这个人打交道。就是这么简单。

另一个策略是情绪标注。按字面意思来看，这个策略就是给情绪贴一个标签。例如，当你愤怒时，告诉自己“我现在感觉很生气”。研究发现，仅仅是为情绪做一下标注也可以降低情绪的强度。如果你觉得有点儿不可思议，要知道，并不是只有你一个人有这种感觉，大多数人都觉得标注自己的情绪会使情绪加剧。这可能是因为我们把情绪标注与“反复思考”的概念混淆了，实际上这两者是不同的。从字面意思上来看，标注意味着记录下自己的感受，然后既往不咎。例如，如果你正好遇上堵车，情绪变得越来越沮丧，就可以坦然地告诉自己“这可真令人沮丧”。这并不意味着你要反复思考近年来交通状况变得越来越差，或者把其他让你感到沮丧的事情一一回味。换句话说，标注自己的负面情绪就是确认自己的感受，但并不进行过度分析，研究发现，仅仅是确认就能降低情绪的强烈程度。

还有一个策略是注意力部署，即把注意力从引发负面情绪的事情上转移开来，转向能产生积极情绪的事情。这个策略和情境选择有点儿相似，不同之处在于注意力部署是在你产生负面情绪之后，而不是产生之前。当然，大多数人对注意力部署并不陌生。我们部署注意力最常见的方式就是利用自利性偏差，但可能许多人并不知道的是，这种方式有其固有的副作用，我们在前文已经讨论过。所以问题的关键在于找到一个没有自利性偏差的方法来部署注意力。其中一个方法就是，尽量不要以自我为中心（尽量从自我超越的角度）对幸福进行定义。如果你将幸福定义为傲慢，那很自然，你就会自视甚高或者贬低他人，从而让自己感觉良好。与之对比，如果你将幸福定义为自豪，或者爱与关联，那就会用其他方式（例如，回忆过往的成功经验，感激自己能够在一个充满爱的家庭中长大）来让自己感觉良好。

最后一个策略是认知重评。所谓认知重评，就是重新解读某个消极情境，从而达到让自己感觉良好的目的。假设不久你有一场会议要参加，为此压力很大。在这种情境下，你可以告诉自己，不要感到焦虑，应该感到幸运，因为这说明你做的并不是那些细枝末节、毫无意义的杂活，你此刻面对的“问题”是“更重要的问题”，应该为此感到荣幸。我想大家也已经看出来了，所谓认知重评就是恰当地看待事物。

在执行这四大情绪调节策略（情境选择、情绪标注、注意力部署和认知重评）时，很重要的一点就是一定要避免陷入自利性偏差的陷阱。

还有一件同样重要的事情是，一定不要压抑自己的负面情绪。因为研究发现，与普遍观点相反，压抑情绪并不能缓解情绪。这是因为即使努力压抑情绪，我们在产生消极情绪时大脑被激活的部分仍然会保持活跃。而且，压抑情绪还会占据大脑容量，这就意味着我们用于处理手头任务的大脑容量会减少。最后一个原因，当我们压抑情绪时，其他人通常都能感受到，这会提高其他人的压力水平，降低他们对我们的喜爱程度。正是由于这些原因，压抑情绪并不是什么好主意。当然，这并不意味着我们要时刻把自己的情绪写在脸上。但这的确说明了，我们不应该依靠压抑情绪来调节情绪；同时，还说明了，我们应该积极寻找其他策略——情境选择、情绪标注、注意力部署和认知重评——来获得内在控制力。

## 通过更加健康的生活方式获得内在控制力

以上的情绪调节策略为我们提供了获得内在控制力的强有效方法。但很可能，获得内在控制力更加有效的方法是采取一种更加健康的生活方式。健康的生活方式包括三大组成部分：合理饮食、加强运动和改善睡眠[①]。已有大量证据证明，合理饮食、加强运动和改善睡眠无论是对人的身心健康有着重要的积极影响。健康的生活方式不仅会令人从内而外感觉良好，还可以提高应对生活压力的能力。要知道，我们中很多人，尤其是那些既聪明又成功的人，可是过着极度忙乱的生活的。因此，我们总是定期表现出爱德华·哈洛韦尔博士所说的“注意力缺乏特质”（attention deficit trait），即一种认为生活彻底失控的情感，认为生活已经满满当当，自己无力再应对生活中的挑战和责任。正如哈洛韦尔博士所说：“睡眠、合理的饮食和锻炼对驱走注意力缺乏特质是至关重要的。”因此，健康的生活方式——合理饮食、加强运动和改善睡眠——会让我们感觉对生活更有控制感。这样一来，我们就不会因为感觉生活失控而想要获得外在控制。健康的生活方式会让我们感觉对自己的生活、自己的内心更有掌控感，从而帮助我们减轻控制欲过强带来的消极影响。

健康生活的第一个组成部分——合理饮食可能从概念上讲比较简

---

① 这是我从汤姆·拉思的著作《盖洛普科学家告诉你，三个细节决定健康》（*Eat, Move, Sleep*）中借用来的术语。

单，但正如我们所知道的，关于怎样才是健康饮食众说纷纭，有多少营养学家，就有多少种饮食观念。不过，好消息是，大家对什么是不合理的饮食，观点还是比较一致的。不合理的饮食包括：

- 吃太多的加工食品——罐装和包装食品。
- 吃太容易消化的食物，像是糖类和简单的碳水化合物。
- 吃太少的蔬菜和水果。
- 吃太多不良脂肪——基本上就是反式脂肪和饱和脂肪。

研究显示，吃太多的加工食品会令体重增加，导致糖尿病和炎症，这些都会影响人的心理健康。同时，研究还发现，反式脂肪和饱和脂肪含量过高的饮食会导致抑郁。此外，反式脂肪还会诱发人的攻击性。一项研究发现，那些食用过多不良脂肪的人更容易与自己的伴侣争吵。因此，我认为所谓合理饮食就是避免食用加工食品（尤其是糖类），以及饱和脂肪或反式脂肪含量高的食品。

加强运动就是养成一种不久坐的生活习惯。研究结果发现，一天久坐的时间超过 6 小时会对人的健康十分不利，因为久坐会大大提高人的早死概率。多项研究结果显示，久坐与吸烟一样，都会增加人患心脏病的风险。同样，另一项研究也发现，世界范围内，运动量较少导致死亡的概率比吸烟导致死亡的概率还要高。而且，还有一项研究发现，即使人们锻炼时间较久，比如一天高强度锻炼 1 小时，或者每周锻炼 7 小时，还是不足以抵消久坐带来的副作用。一项针对锻炼时间较久人群的研究发现，即使锻炼时间较久，那些大多数时间都在静坐的人的死亡风险还是比其他人要高出 50%。这说明，人不能久坐一天，然后指望自己运动 1 小时就安然无恙了，需要在一天中更加规律地运动才可以。

良好的睡眠是指每晚保证至少 7 个小时的高质量睡眠。如果你觉得每晚睡 7 个小时太多了，超出了你的需要，那应该看看下面这项研究。在该项研究中，参与者被关在一个房间里，没有钟表，不见阳光，没有人打扰，也没有其他影响睡眠时间的外在因素。这么做的目的在于，观察人们在没有外在因素压迫时需要多长时间的睡眠。研究发现，95% 的人每晚需要 7~9 小时的睡眠才能保证精力充沛，只有 2.5% 的参与者，在睡眠时间不足 7 小时的情况下，依然精力充沛。因此，如果你感觉自己在每晚睡眠时间不到 6 小时的情况下也能应对自如，那是因为你不知道，如果睡眠时间更长些的话，自己的状态会更好。

多项研究也证实，人们在睡眠不足时做出的决定更差。举个例子，如果在必要睡眠时间的基础上减少 1.5 小时，那白天的反应速度就会慢 1/3。同时，如果睡眠不足的话，就可能会吃一些不健康的食物。我敢肯定你已经意识到了，睡眠不足会影响人的心情。其中一个原因是，充足的睡眠可以减弱糟糕回忆的负面影响。因此，如果睡眠时间不足，人们就很容易变得焦虑、易怒。

## 第四大幸福练习：健康计划合作项目

大多数人都意识到了健康生活的重要意义，但很难将这种认知转化为行动。这就是我们的第四大提高幸福感的练习——我将它称为“健康计划合作项目”——发挥作用的时候了。该练习主要由四个步骤组成。第一步就是，与同样有兴趣想要健康生活的本书读者取得联系，然后双方约定一段时间（比方说 1 个月），在此期间，每天留出固定的时间聊聊天，互相激励。例如，你们彼此约定在下午 6 点钟通过聊天软件聊天。练习第一步的依据是一项十分有趣的研究结果。该项研究发现，与自己单打独斗相比，和其他人一起追求目标会更有可能实现目标。

练习的第二步是为健康生活制订一个计划，包括合理饮食（例如，一日三餐吃健康的食物，随身携带有益健康的零食）、加强运动（例如，在设备上设置自动提醒让自己每隔 20 分钟站起来活动一下，晨练）和改善睡眠（例如，令卧室的温度降低 2~4℃，不要在卧室里放置会发出蓝光的物品）的实用技巧。在做该练习的第二步时，你的任务就是在练习期间严格遵守以上至少三条建议。

第三步就是把你的计划以邮件的形式发送给合作伙伴，这样你的合作伙伴可以更好地了解整个计划，可以跟上你的步伐。

第四步，也是最后一步，就是执行计划，并激励你的合作伙伴也执行下去。

希望你能够利用这个机会好好计划这个合作项目，这样一来，你就可以和我的许多学生一样发现，健康的生活方式会让人更容易获得内在控制力，从而减轻自己控制欲过强的倾向。同时，我还希望你能发现，通过培养内在控制力来提升幸福水平的方式，不仅仅能帮助你掌管幸福的钥匙，减轻外在控制欲，而且还能给你一种进步感，让你感觉在朝着自我超越（控制自己的思维）的方向前进。

IF YOU'RE SO

SMART,

WHY AREN'T

YOU HAPPY?

# 第九章　毁掉幸福感的第五个杀手：不信任他人

是什么让某些国家的人幸福快乐，又是什么让某些国家的人痛苦不堪？举个例子，为什么居住在冰岛和瑞士的人幸福指数高，而居住在摩尔多瓦和卡塔尔的人幸福指数低呢？你可能会想，这肯定和经济繁荣程度、政局稳定程度有关联。可以肯定的是，这些因素的确很重要。总体而言，一个国家经济越繁荣，这个国家的公民也会越幸福。同样，那些居住在社会稳定的国家的人比居住在动荡不安的国家的人要更加幸福。然而，还有一些比经济繁荣更加重要的因素在起作用，比如信任。

多年来，英属哥伦比亚大学的经济学家约翰·海利威尔一直在探究信任与幸福之间的关系。他的研究表明，信任可能是决定各国幸福程度的重要因素之一。例如，其中一项研究对受访者提出以下问题："通常来说，你觉得大多数人值得信任吗？或者在与人打交道时，你是否需要十分小心？"最终发现，回答"大多数人都值得信任"的人越多，这个国家的公民就越幸福。在丹麦和挪威——均在世界上最幸福的国家之列，接近 65% 的公民认为自己国家的大多数人都是值得信任的，而在希腊和俄罗斯——幸福指数较低的两个国家，这个比例却不到 10%。在几个以英语为官方语言的国家里，这个比例分别是美国

41.2%，印度 34.6%，英国 36.9%，澳大利亚 44.6%。

在另一项探究信任对幸福影响的研究中，研究人员在世界各地的16 个城市里“不小心”丢了 12 个钱包，每个钱包里放有大约 50 美元和“失主”的地址。在世界各地丢完钱包后，研究人员就静静地坐着，开始统计到底有多少个钱包被归还给了“失主”。研究人员用归还钱包的比例来代表各国的信任指数。结果又一次证明了，信任是幸福的一个决定性因素：归还钱包的比例越高，这个国家的幸福指数也越高。

我们很容易就能看到，为什么信任对幸福来说如此重要。如果不信任自己的同胞，尤其是日常交往的人，那你的生活就会寸步难行。假设你不相信朋友会平均分摊吃饭的账单，或者不信任同事能保守秘密……当你无法信任他人时，就没法放松，当你没法放松时，就没法幸福。不过，我们同时可以看到，不信任他人是十分精明的。提防别人可以帮助我们将被骗的可能性降到最低，同时，提防别人还可以帮助我们想出策略，对付不择手段的竞争对手。因此问题在于：怎样才能提高获得可信赖关系的概率，从而将幸福最大化，将被骗的概率降到最低？

## 信任他人方能赢得信任

假设你报名参加一项研究，在这项研究里每两个人组成一个小组。你和你的队友分别在不同的房间里，而且你被告知，你们永远都无法相见。实验人员给了你们每人 10 美元，并告诉你，你可以首先采取行动，同时必须决定是否把自己的钱送给队友。如果你选择不送给队友，那游戏结束，你们就可以各得 10 美元。如果你选择把钱送给自己的队友，那你队友的10美元就会翻4倍，这样他手中就有50美元了（你的10美元，加上10美元翻4倍）。你的队友可以选择自己留下所有的钱，也可以选择把钱与你平分，也就是你们每人各得25美元。

想象一下，在让你做出决定前，研究人员就已经把以上所有信息告诉你了。你必须决定是否将自己的10美元送给队友。你会怎么做呢？

当然，你的决定肯定取决于你对队友有多信任。如果你把钱送给了他，他却不投桃报李，那你就要空手而归了。但是，如果你把钱给了他，你和你的队友就有机会每人多拿15美元了。

在这种情境下，人们很容易不相信他人——不应该把钱送出去。这种想法是这样的，一旦你的队友拿到你的钱，得到50美元后，他就没有什么理由要和你均摊了。但这个逻辑正确吗？那些收到队友10美元的人真的独吞了50美元吗？

事实证明，绝大多数（超过95%）的参与者都没有独吞。具体来说，正如进行该研究的瑞士研究人员所发现的，当你信任他人时，别人也会信任你。换句话说，那些被信任的人，通常都会投桃报李，回报别人的信任。其中一个原因可能是，当人们被信任时，身体会释放出一种叫作催产素（oxytocin）的激素，还有些人将它称为“信任分子”。这说明，如果我们能够主动信任他人（也就是在我们还未确定对方是否值得信任时就信任对方），就有可能建立起相互的信任。

童年时期的一段经历让我对此深有体会。那个时候我大约10岁，和同龄的印度小孩一样，我也是一位狂热的集邮爱好者，每周都会花上好几个小时翻阅收藏，梦想着拥有更多的邮票。当然，我十分爱惜自己的邮票，爱不释手，很少让它们离开我的视线，尤其是当其他集邮爱好者也在附近时。一天，一个刚搬到附近的小孩邀请我去他家欣赏他的邮票。他的收藏可比我的好太多了。他还有好几张异域风情的邮票，像是马耳他、坦桑尼亚的桑给巴尔，甚至有的邮票（像是不丹的邮票）还带有3D图案。别人的收藏比我好，这也没什么好奇怪的，但接下来发生的事情就有些非同寻常了：这个小孩提出可以让我从他的收藏中挑一张邮票拿走，而且是免费的。也就是说，他告诉我，我可以从他精美的收藏中随便挑一张，而且这是送给我的，不需要任何回报。猜猜接下来发生了什么？就像那项瑞士研究中的参与者一样，我对他投桃报李。我飞快地跑回家，把我的集邮收藏拿了过来，让他也从中挑选一张。

可以这么说，那次经历让我回味了好几天，我和那个小孩最后也成了最好的朋友。我们以自己充满童趣的方式发现，原来彼此信任是如此美好的事情。

彼此赢得信任的经历并不只是出现在个人层面上，组织层面上也是这样。因果厨房（Karma Kitchen）是一家创立于加州伯克利市的饭店，这家饭店的运营就是建立在信任基础上的。在每次就餐完毕后，顾客会发现他们竟然不用付一分钱。为什么？因为，饭店服务人员告诉他们，他们之前的一位顾客已经为他们买了单。因此，顾客完全可以不买单就大摇大摆地走出饭店。不过，大部分顾客并没有这么做，他们大受感动，然后选择为下面一位顾客提前买单。8年来，这场不间断的爱心接力已经延续了3万多餐。这种商业模式（有人可能会这么说）实在是太成功了，以至于因果厨房在世界各地已经开了多家分店，像是艾哈迈达巴德、芝加哥、华盛顿、东京等。

关于人们是如何对他人对自己的信任投桃报李的，孟加拉乡村银行（Grameen Bank）为我们提供了又一个生动的事例。你可能也知道，孟加拉乡村银行（是穆罕默德·尤努斯的智慧结晶，他曾获诺贝尔和平奖）基于信任向极度贫困的人提供微型贷款。大多数人都觉得，信任穷人会导致企业倒闭，而孟加拉乡村银行的偿还率高达98%，简直不可思议，比传统银行平均88%的偿还率还要高。另一个堪称典范的例子是美捷步（Zappos）。正如美捷步的首席执行官谢家华（Tony Hsieh）在他的《三双鞋》（*Delivering Happiness*）中所说："我们没有（客服）手册，因为我们相信员工能够运用自己的判断处理每一位客户的问题。"谢家华在书中写道，正是由于这种信任，上报给上级（顾客通常会希望能与美捷步职位更高的人对话）这种事，在我们公司是很少见的。同时，信任客户也是美捷步商业模式的要素之一。客户在门店下单之后，可以不花一分钱试穿并退货。并且，美捷步的退货期限是一整年（以后也将继续保持下去）。那美捷步信任员工、信任客户得到了什么回报呢？其一，财务上的成功。自2007年金融危机致使经济衰退之后，美捷步在经济不景气的情况下，仍是为数不多的商业之星。2009年，美捷步最终以12亿美元的高价被亚马逊收购。其二，时至今日，美捷步仍是最佳雇主公司之一，在2014年的《财富》世界500强公司中位列86名。我们可以从谢家华的描述中看出，美捷步能够取得如此巨大的成功，恰恰是因为对员工和顾客的信任。

## 本能地不信任

我相信，大多数人都能明白，信任他人的确可以建立人与人之间的互相信任。但我们还是不愿意迈出第一步，先去相信他人。开学的第一天，我对我的学生做了一项调查，并从中发现，只有不到25%的学生对他人足够信任，愿意向他人袒露自己的不安全感。在职场中，这种信任他人的意愿甚至会更低，这也就是为什么像因果厨房和美捷步这样的团体能够如此令人印象深刻，耳目一新。

我们之所以不愿意主动信任他人，与上一章曾讨论过的内容有关——我们天生关注负面的事情，因为这样有助于生存。也就是说，我们本能地不信任他人，因为从进化论上来说，那些不随便信任他人的人存活概率更大。所以，即使实际上，人们是很值得信任的，尤其是那些曾被信任过的人（从我们在瑞士研究者所做的研究中可以看出），许多人还是不愿意相信他人，这是我们本能的怀疑论在作祟。然而，如果每个人（至少那些具有批判性眼光的大众）都能克服这种倾向，我们就都可以从中受益。具体来说，通过积极信任他人，我们可以建立相互的信任，从而提升自己的幸福水平。

因此，这个价值百万的问题，也是每个人都应扪心自问的：我们怎样才能让人们积极相信他人？

这也是某年冬天我在果阿[①]度假时，躺在沙滩椅上思索的一个问题。那天的天气很温暖，前一天的晚上我睡了个好觉，感觉自己神清气爽，美中不足的是缺一瓶冰镇啤酒。当时我躺在沙滩上，懒洋洋的，实在不想走到小摊，但是又实在渴得难受，这时不知道从哪儿冒出来一个小贩，带着啤酒，说出了我那时认为最美妙的话语。

他说："先生，要不要来瓶啤酒？"

我欣喜若狂，差点儿从沙滩椅上滚下来，嘴里念念有词，"好，谢谢"，我实在是很感激。

"太好啦，先生，"小贩说道，"一瓶 120 卢比。"

我翻遍了自己的钱包，发现自己只有两张 100 卢比的纸币，没有零

① 果阿，Goa，印度面积最小的一个邦。——译者注

钱了。于是我把两张纸币递给他，等着他找给我 80 卢比的零钱。那个小贩却说：“对不起，先生，我没有零钱。您先把钱给我，我 10 分钟之后把零钱给您送过来。”

面对这种情况，你可能会跟我做一样的事情：把钱给小贩，然后承担着失去 80 卢比的风险。但你很快就能想到一些其他情境，在那些情境下，想要信任他人可就不那么容易了。比如，某个同事想要用一些你的演示文稿，要知道你可是费了好大的力气才做好的，或者，第一次见面，你就向约会对象吐露自己与生俱来的不安全感。在这些情况下，主动信任他人都是比较困难的。

《信任的假象》（*The Truth About Trust*）一书[①]的作者大卫·德斯迪诺曾指出，所有涉及信任的情境都有一个重要的共同特征，那就是它们本质上都是一场风险补偿交易。在啤酒的那个例子中，我把 200 卢比给小贩可以获得一项重要的回报：可以惬意地喝着啤酒。同时，还有可能获得另外一项回报，即自己的信任得到回馈。但反过来，信任小贩同时也要承担两项风险：一是他可能永远都不会给你找零钱，二是如果他骗了你的话，你会觉得自己像个白痴。显而易见，降低风险的一个有效方法就是不要信任小贩。但如果这样做的话，你也就得不到回报了。

那该如何处理这种风险补偿交易呢？

解决方法之一就是，想一想自己信任他人时，自己能够从中获得的所有回报，不仅仅是我刚刚提到的比较明显的回报。接下来，让我们重新看一下果阿啤酒小贩的例子。

---

① 此书书名直译为《信任的真相》，《信任的假象》是机械工业出版社 2014 年出版此书中文版时所用的书名。——编者注

## 主动信任的潜在回报

假设你决定信任啤酒小贩，而且让人欣慰的是，他最终也把零钱带了回来。如果这样的话，你不仅仅解了渴，而且还会收获一些更有价值的东西：发现了一个值得信任的啤酒小贩。显而易见，知道自己可以信任哪些人是一件十分有价值的事情。假设你住在一个大家彼此信任的小区里。举个例子，假设为你办事的每个人都是超级可信赖的人，从割草工、家政人员到干洗工、汽车修理师（好吧，可能听起来有点儿过分了）。能够居住在这样一个地方不是很棒的事吗？的确很棒，只要你能主动信任他人，就更有可能接近这种生活。或者，反过来说，如果你永远都不主动信任他人，就降低了自己生活在这样一个地方的可能性。我们大多数人通常都意识不到主动展现信任的好处，有可能是因为这种益处太不明显吧。

主动展现信任的另一个好处是，我们在建立信任文化的过程中扮演了一个关键性的角色。我们从先前的信任游戏研究中已经发现，当你主动信任他人时，他人也会主动回报你的信任。如此一来，这种基于信任的你来我往，很可能就会在社会中建立一种互相信任的局面。这样，通过主动信任他人，我们就为建立信任文化贡献了自己的一分力量，有些类似于通过纳税为社会做贡献。

当然，主动展现信任带来的这些潜在益处也被其连带的风险所制约。如果你信任了啤酒小贩，他却没有把零钱带回来，你不仅会损失 80 卢比，还会感觉自己像个白痴，最重要的是，你还会感觉很受伤。大量研究已经表明，被人欺骗是一件十分痛苦的事情。

以下这个事例可以很好地解释被人欺骗的痛苦。假设你正考虑要买辆车。在与经销商讨价还价之后，你最终买下了车，价格比上一位顾客购买时的价格还要低 500 美元。你是不是感觉很高兴？现在，让我们再假设另一个场景。在与经销商讨价还价之后，你买了车，并且，经销商向你再三保证这绝对是他卖过的所有车中最便宜的价格。你相信了他，后来却发现自己比之前的客户还多花了 500 美元。你是不是感觉很愤怒？对大多数人来说，而且以我的个人经验来说，我敢担保，被骗走一定数目的钱所带来的消极性，远超过省下同样数目的钱所带来的积极性。而且不仅仅在涉及金钱的情境中，我们会讨厌被人欺骗，在所有情境下，我们都不喜欢被人欺骗，这也是为什么信任对人际关系的健康发展必不可少。约翰·戈特曼是人际关系领域最为著名的一位研究人员，他发现，5 次值得信赖的行为给人带来的正面情绪，才能抵消掉 1 次不可靠行为给人带来的负面情绪。

这也就是为什么明智地选择信任他人的时机、对象和程度是一件至关重要的事情。一方面，我们并不想时时刻刻对所有人都抱着怀疑的态度。这样做会使我们失去很多重要的东西，其中就包括喜悦这种情绪。而另一方面，我们也不想时时刻刻都相信他人。因此我们就要找到极端信任和极端猜疑之间的一个最佳平衡点：在这个平衡点上，我们可以将幸福最大化。那这个最佳平衡点到底在哪里呢？

这是一个很难回答的问题。每个人的最佳平衡点都是不一样的，这取决于多大程度的伤害会让你感觉自己上当受骗了。同时，不同情境下的最佳平衡点也是不一样的。举个例子，在某些国家，相信出租车司机要比相信其他人更靠谱些。所以，想要确定信任的最佳平衡点是一件十分困难的事情。但这并不意味着它不值一试。要想找到信任的最佳平衡点，先评估自己的本能信任水平是十分必要的。如果你的信任水平低于一般水平，那很自然，你的最佳平衡点就要往更加信任他人的那个方向寻找。反之亦然。

在本章最后有一张人际信任量表，它可以帮助你评估自己的本能信任水平。当你填完这张量表后，很可能会发现一件事情，这也是我和我的学生韩银珠最近通过一系列研究得出的结论：通常，人们总是倾向于不信任他人。

## 社会性不信任

想象一下，你正驱车在高速公路上行驶，在另一车道上的一辆车突然驶入你的车道，迫使你刹车减速。在你看来，以下哪个原因最能解释这个司机的这种行为？

1. 这个司机为人很粗鲁。
2. 这个司机肯定没有注意到你。
3. 这个司机肯定有急事（例如，或许出了什么紧急状况，他正在往医院赶）。

现在，想象一下另一个场景：你正驱车在高速公路上行驶，想要变道，这时另一车道上的司机刹车减速让你进入他前面的车道。以下哪个原因最能解释这个司机的这种行为？

1. 这个司机是个好人。
2. 这个司机让你进入他的车道，这样他就可以驶进你的车道了。
3. 这个司机肯定注意到你有急事。

在一系列的研究中，我和银珠让参与者想象自己处在以上情境，以及其他类似的情境中。所有的这些情境都有一个消极版本和一个积极版本。在消极版本中，参与者会看到一个人消极的行为，而在积极版本中，参与者会看到一个人相对应的积极行为。例如，在一个场景中，参与者会看到如下描述：某公司的一位职员刚从另一个城市出差回来。然后，我们将参与者分为两组，分别处于不同的情境下。那些被分到消极情境组的参与者看到的是，这位职员在报销时，多报了 60 美元。而那些被分到积极情境组的参与者看到的是，这位职员在报销时，少报了 60 美元。然后，我们要求参与者分别在以下选项中，选择一个最能够解释这位职员的行为的理由。

消极情境：

1. 这位职员肯定撒谎了。
2. 这位职员太粗心了，不小心弄错了。
3. 这位职员是想要弥补他上次出差时额外的相关费用。

积极情境：

1. 这位职员肯定很诚实。
2. 这位职员太粗心了，不小心弄错了。
3. 这位职员是想要把上次出差时多报销的钱还给公司。

有没有注意到以上解释的有趣之处？第一种解释“这位职员肯定撒谎了”和“这位职员肯定很实诚”都是把行为归结为内因。相比之下，第三种解释“职员是想要改正之前所犯的错误”则是把行为归结为外因。至于第二种解释，则既没有把行为归结为内因，也没有归结为外因。银珠和我之所以向参与者提供内因和外因两种解释，目的是想要评估人们不信任他人的程度有多深，或者反过来说，信任他人的程度有多深。

我们暂时先假设，绝大多数参与者都把职员的消极行为归结为内因（也就是他自己不诚实），把积极行为归结为外因。这样的结果就表明，人们更倾向于怀疑他人，而不是信任他人。因为这就说明，在人们的认知中，他人的消极行为都是因为内在因素，积极行为则是因为外在因素。而将他人的消极行为归结为外因，积极行为归结为内因，则说明人们更倾向于信任他人，而不是怀疑他人。

那我们到底发现什么了呢？在说出结果之前，我想我应该先指出，除去人们怀疑或信任他人的程度这一原因外，还有一个因素也会影响人们的判断，即这种行为的普遍程度。某种行为越是普遍，人们就越倾向于把这种行为归结为外因，而不是归结为内因。举个例子，司机加塞的行为越是普遍，人们就越会将这种行为归结为驾驶文化等因素，而不会觉得是因为司机粗鲁。同样的道理，某种行为越是少见，人们就越倾向于把这种行为归结为内因，而不是归结为外因。举个例子，职员少报销的行为越是少见，人们就越有可能将这种行为归结为诚实等内因，而不是公司文化这类外因。

当然，这种观点也还是有一定道理的。如果某种行为十分普遍的话，那肯定意味着大家是容忍这种行为的。与之对比，如果某种行为比较少见，那么做出这种行为的人就是在逆势而为，这肯定意味着他是受内在因素的驱使做出这种行为的。出于这种考虑，我们在分析时，有意识地控制了行为的普遍性。即便如此，我们还是发现，人们更倾向于怀疑他人，而不是信任他人。也就是说，在控制各种行为普遍程度的前提下，我们发现人们更倾向于把消极行为归结为内因，相对而言，把积极行为归结为外因。

这意味着当人们表现较差时，我们就会认为，这是因为他们本人卑鄙、粗鲁、不道德。而另一方面，当人们表现良好时，我们就会认为，这是因为他们身不由己，受制于势。换句话说，事情的关键在于：人们更容易本能地怀疑他人，而不是信任他人，这一发现与人们天生不信任他人的观点相契合。

那我们从中获得了什么启示呢？我们目前的所有讨论可以总结如下：

- 信任对获得幸福至关重要；当我们感觉自己可以信任他人时，我们会感觉更加幸福。
- 大多数人都能回报他人给予的信任。
- 人类本能的倾向是怀疑他人，而不是信任他人。

这说明，如果我们可以克服自己怀疑他人的倾向，那么不仅可以大大提升自己的幸福水平，还可以为他人的幸福添砖加瓦。因此，我们需要制定一个策略，在保证自己不上当受骗的前提下，更加积极主动地信任他人。

在下一章，我将具体讲述这一策略。

# 人际信任量表

## 介绍

人际信任量表由以下 5 个条目组成，这 5 个条目主要涉及你对他人的信任程度。在每个条目后标记你赞同或反对的程度：

1= 强烈反对

2= 一定程度上反对

3= 既反对也同意

4= 一定程度上赞同

5= 强烈赞同

根据量表的评分方案计算得分，并将最终得分相加。得分解析见后文。

1. 在跟陌生人打交道的时候，在对方提供可信证据之前，最好要保持警惕。

2. 无论别人如何花言巧语，与人相处比较稳妥的一点是，要牢记大多数人都只关注自己的利益。

3. 与人竞争的时候，要时刻警惕，否则别人很可能会利用你。

4. 大多数人都不可靠，都没法做到言出必行。

5. 大多数理想主义者都不真诚，通常都没法做到身体力行。

## 评分方案

只需要把以上 5 项的得分相加即可。

## 人际信任量表得分解析

如果你的得分大于等于 15 分，那你更倾向于怀疑他人，而不是信任他人。如果你的得分小于 15 分，那你更倾向于信任他人，而不是怀疑他人。

史蒂芬·M.R. 柯维、格莱格·林克和丽贝卡·R. 梅丽尔在他们 2012 年出版的著作《信任的速度（实践版）》（*Smart Trust*）中提供了另一张人际信任量表，不过该量表并未经过验证。以下是信任范围的两个极端——盲目信任和不信任的有关条目。如欲查看自己的本能信任程度，请认真阅读下面的描述，根据自己对相应描述的观点和态度进行自我评估。

**本能信任水平自我评估**

| 盲目信任 | 不信任 |
|---|---|
| 我太容易信任他人，别人说什么我信什么。因此我经常吃亏。 | 我天生对人不信任，无论别人说什么，我都会表示怀疑。 |
| 我从不调查他人，也不会核实别人对我说的话。我总是相信美好的一面。 | 我感觉自己总是控制不住地想要调查他人的可信度，核实他人说的话。 |
| 我能坦诚、自由地与人分享所有的事。 | 我认为信息就是力量。我喜欢凡事都保守秘密，即使与人分享也要有所保留。 |
| 我觉得每个人都值得信赖，认为能跟大家坦诚合作很自在。 | 别人要先赢得我的信任，这样我才愿意与他们共事。 |
| 我相信别人能够做到言出必行，感觉没有理由怀疑他们。 | 我严格审视着直接提交给我的报告（我的孩子或者其他人提交给我的），而且还会经常性地检查他们的任务完成度。 |

IF YOU'RE SO

SMART,

WHY AREN'T

YOU HAPPY?

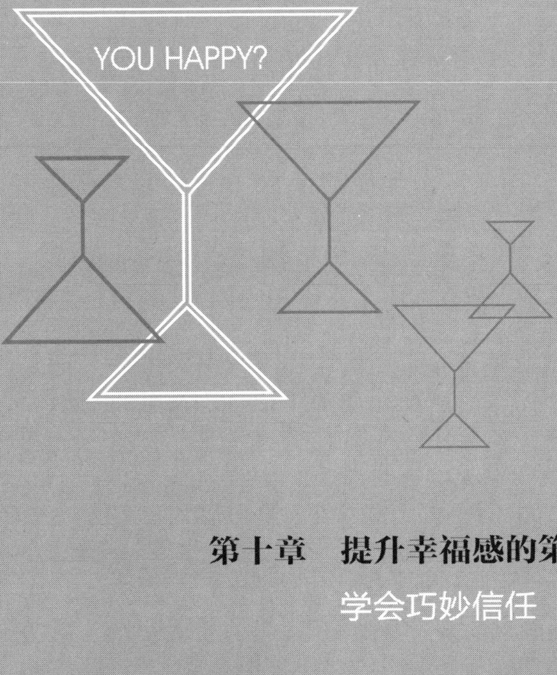

# 第十章 提升幸福感的第五个习惯：学会巧妙信任

我最近去了一趟加纳的阿克拉市，在酒店叫了辆出租车，让司机把我送到邀请我接受采访的广播电台。在坐出租车之前，我先问了酒店前台人员这一趟要花多少钱。我以为前台人员说的是 15 塞地（塞地是加纳货币），而实际上他说的是 50 塞地，是我听错了。的确，出租车走了很长一段路，好像 15 塞地（大约 4 美元）的确少了点儿，但我当时没想那么多，只是觉得在发展中国家坐出租车本来就是很便宜的。下车时，司机向我要了 40 塞地。我把司机说了一通，最后才把钱给他。我多次提到有关信任的研究，说到研究表明信任他人对获得幸福具有十分重要的意义，还有就是，不值得信赖的行为是如何毁掉大家的幸福的。我的冷嘲热讽并没有对他造成什么影响，他还是一直面带微笑，我把这看作是他为人傲慢的证据。

等我回到酒店，把事情告诉酒店前台人员后，才意识到自己搞错了。那位司机不仅没有占我的便宜，还很大方。我感觉很后悔，但同时又很高兴，因为它让我重拾了对人性的信心。事后，我一直在寻找那位司机，想要向他道歉，却怎么也找不到。第二天一早我就要离开了，临走之前我交给酒店前台人员一张致歉的便条，让他帮我转交给那位司机，我希望那位司机最终收到了那张便条。

这次经历让我想起了约翰·海利威尔眼中最重要的一个研究主题——我在前面也进行过论述：人们要比我们想象中更加值得信赖。或者，换个说法，一般人都有些超出常理地不信任他人。当然，我们之所以如此严重地不信任他人，主要是我们与生俱来怀疑他人的本性。此外我们总是被消极信息所围绕，这就进一步加深了怀疑倾向。

受遗传因素和社会因素的影响，人类天生具有不信任他人的倾向，但即便如此，我还是感觉很不可思议：这么长时间以来，人类竟然都没有学着去多信任他人一点。作为能够理性思考和决断的人类，我们为什么就没有认识到信任他人对自己有利呢？毕竟，信任他人不仅会让我们更适应社会，而且还会提升自己以及周围人的幸福水平。

## 我们为什么不愿意主动信任他人

坐飞机回家的途中，我一直在思考这个问题，最终意识到，自己的信任水平之所以这么多年来都没有提高，主要有两个原因。一是，直到近期，我才刚刚开始熟悉有关信任的研究。例如，以前我并不知道，原来人们比我们想象中更值得信赖。为了准备 Coursera 的课程，我曾采访过海利威尔教授。在教授告诉我之前，我从来没有听说过《多伦多星报》（*Toronto Star*）曾开展过的有关掉钱包的研究。《多伦多星报》的这项研究其实是在效仿杂志《读者文摘》（*Reader's Digest*），该报的工作人员在多伦多市的多个地点丢下 20 个钱包，每个钱包里装有 200 美元，然后记者随机采访市民，让他们猜想有多少个钱包会被归还。平均来看，人们猜测的归还个数是 2~3 个（或者大约 10% 吧），而实际上，16 个钱包（80%）被还回来了。因此，在这种情况下，人们实际中的可信赖度与认知中的可信赖度之间存在着70%的巨大差距。

在得知以上这项研究及其他类似研究成果（包括前面提到的信任游戏研究）后，我开始自己开展一系列的小型研究，以评估实际可信赖度与认知可信赖度之间的差距。其中一项研究中，我在自己的幸福课程上，将之前的信任游戏场景向学生做了描述，让他们预测会有多少参与者在得到另一方的10美元后，选择把钱与对方平分。平均下来，学生预测只有63%的人会把自己的钱与对方平分，而实际上（也许你还记得），这个比例高达95%。我和银珠所做的一系列研究也是受到以下这个问题的启发：人们是不是比想象中还要不相信他人？你可能还记得，我们的确发现，人们更倾向于怀疑他人，而不是信任。

除去不熟悉有关信任的研究之外，这么多年我都没能提高信任水平还有一个原因。和大多数人一样，我似乎对被骗的经历印象更深刻，而容易忘却信任得到回馈的经历。举个例子，多年前被汽车经销商骗走500美元的事，到现在还让我痛苦不已，但却几乎忘了在泰国曾有位好心人把我的背包还了回来，里面不仅装着护照，而且还有2000美元现金。我意识到，正是由于这种选择性记忆，我已经把自己训练得只相信人们偷奸耍滑，而不相信也有诚实守信的一面。

因此，我意识到，要想让自己变得更能信任他人，需要做以下几件事情。首先，我需要明确地提醒自己，通常人们——像是阿克拉市的那位司机——是比我们想象中还要值得信赖的。其次，我需要提醒自己主动信任他人的种种好处，包括隐性的好处。其中一个方式就是提醒自己，主动信任他人并不只是存在风险，更是一项投资，可以让自己处于可信赖的人际关系中。再次，当我自己的确被骗的时候，我需要想办法把心理上的痛苦降到最低，同时把自己的信任得到回报时产生的积极性最大化。要知道，如果我不想回到之前那种不信任他人的状态，甚至比之前还要不信任他人，那这么做的确是很重要的。

最后，我还需要想办法引导他人做出令人信赖的行为。这最后一条结论是来源于社会心理学中一个十分著名的理念：人们的倾向（态度、行为等）并不是一成不变的，而是流动变化的。举个例子，没有一直是十足的恶人，也没有谁是天生的圣人，在不同的情境下，大多数人都可能展现圣人的一面和恶人的一面。而影响人们在不同时刻展示出不同倾向——善或恶——的最重要因素是所处的环境。如果处在一个需要展示自己高尚善良一面的场景中（比如教堂），而且周围的人都表现得十分高尚，那我们很可能也会“入乡随俗”。但如果处在一个不但纵容邪恶，而且积极鼓励邪恶的场景中（首先进入我脑海的就是拉斯维加斯的某些地方[①]），那很可能就走上不归路，变得穷凶极恶。换句话说，人们的可信赖水平并不是一成不变的。很少有人一直都值得信赖，或者不值得信赖。例如，研究表明，只有5%的人是彻底不值得信赖的（致力于该领域的研究人员保罗·扎克使用“混蛋”这个词来指代这种人），其余的人都是处在可信赖与不可信赖之间的连续体内，根据不同的环境展现出不同的倾向。

这就说明，如果我想要提高自己享受他人可信赖行为的可能性，首先需要想方设法引导人们做出可信赖的行为。

近几年来，我已经采取了一系列策略来做到巧妙信任[②]，主要包括以下四个部分。

- 提醒自己，人们比我想象中的更值得信赖。
- 提醒自己主动信任的种种好处，包括隐性福利。

① 拉斯维加斯被认为是世界四大赌城之一。——编者注

② 柯维等人在《信任的速度》中使用同样的术语来表达类似的概念。

• 把被欺骗的痛苦降到最低，同时将信任得到回报时产生的积极性放到最大。

• 引导人们做出更加值得信赖的行为。

我之所以将以上内容称为巧妙信任策略的组成部分，是因为它们在引导我更加信任他人的同时，还让我远离了之前的一味怀疑。换个说法，它们让我无限接近信任的最佳平衡点，我在前面曾有论述。

第一和第二个组成部分无需赘言，因为我们已经进行过详尽地讨论。需要补充的一点是，我个人认为十分有用的一个方法是，明确记录下（记在日记中是个不错的选择）信任得到回报以及没有得到回报的经历，进行对比。时至今日，我还是有点惊讶，我的信任得到回报的次数远超过信任被辜负的次数，大约是 10 : 1 的比例吧。下面举个例子。某天，我请一家搬运公司帮我把行李从印度的一个城市搬到另一个城市。搬运公司要求我提前付全款。由于他们不仅拿到了全部的搬运费，而且还拿着行李，我真的很担心，万一他们没送到，并且我短期内也不在印度，那我就有大麻烦了。不过，行李最终按时抵达了。如果在早些时候，我还没有开始探索巧妙信任之前，我应该不会把这视为人们值得信赖的一个证据，但今时不同往日，我觉得这是一个很重要的证据。正是这些证据让我越来越相信他人。

记录信任得到回报的次数还有另外一个好处：可以很好地将信任被回报的积极性放到最大，这就说到了第三个部分。第三个部分的另一点是将被欺骗的痛苦降到最低。我们已经看到，被人欺骗的确是很令人受伤的，也正因为如此，想办法将痛苦降到最低也就显得尤为重要。否则，我们就可能回到继续本能地不信任他人的状态。

## 把自己信任被辜负时的痛苦降到最低

或许，我们需要做的最重要的事情就是学会宽恕。在讨论宽恕是什么，以及如何做到宽恕前，请允许我分享另外两个比较简单的策略，它们对我来说还是比较有效的。第一个策略是换位思考。大多数时候，我们被欺骗的成本并不是很高。假设你比世界上大多数人在物质上都富足，那与大多数人相比，你上当受骗所带来的经济损失并不会造成很大的影响。就算加纳的出租车司机敲你竹杠，那又怎样？就算果阿的啤酒小贩没把80卢比找给你又怎样？被骗走200卢比或者50美元，并不会给你带来多大的经济损失。另一个看待这些的方式是：如果像你我这样，经济上比大多数人都要富足的人，都不能为提升社会信任水平贡献一分力量，那就真的不能指望那些经济比较困难的人了。（对于那些聪明成功的人来说，情况的确如此。正如德斯迪诺在其《信任的假象》中所讨论的，聪明成功的人更容易不信任他人。）换位思考的确有助于减轻自己被骗的痛苦。最近的一些研究发现，穷人比富人更值得信赖，好像有什么东西腐蚀了富人的诚实正直。

第二个策略是要下定决心，务必让辜负自己信任的人为他们的行为负责。下面是我的做法。在信任他人之前，我暗自下定决心，一定不能让欺骗我的人逍遥法外。我告诉自己要追究到底，并好好斥责他们一番。当然，追究到底的目的并不是报复，而是试图了解他们辜负自己信任的原因。我后来发现，不管是不是真的追究到底，这种决心本身就让我更信任他人了。因为我能明确地知道自己被骗后该做些什么。这种明确性不仅帮助我更加信任他人，还帮助我评估了信任的时机、对象和方式。例如，在我不能根据需要追究我的信任对象的责任时，就倾向于怀疑这个信任对象。同样，如果赌注太大，以至于自己一旦被骗就会控制不住地想要报复，这时我也更加倾向于不相信对方。

由于个人经历，宽恕对我有着特殊意义。1992 年，在获得 MBA 学位后，我以管培生的身份加入了印度一家著名的广告公司——灵狮广告公司（Lintas）。我在灵狮做的第一个项目就是为一家名叫施德林树巨头（Sterling Tree Magnum）的公司做一个短视频。该视频需要在两天内准备好，我立刻投入了工作，用一天半的时间拍摄视频，然后在一个私人工作室里编辑视频（灵狮将拍摄和编辑工作外包给了第三方）。如果你曾做过视频剪辑方面的工作，那肯定知道剪辑耗费的时间远超你的预期。一开始，我计划用 6 个小时完成剪辑，但最终却花了 3 倍的时间。最后，我在早上 8 点完成了剪辑，熬了整整一通宵，还有 2 个小时就要开会把视频上交了。但我还需要把视频从母带转移到 VHS（家用录像系统）的录像带上，赶回家快速地洗个澡，吃点东西，然后骑上自行车赶往公司，准时参加上午 10 点的会议。但就在我正要离开工作室时，工作室的老板告诉我，我得先支付灵狮拖欠的款项才能离开。

想象一下我当时的窘境吧。我饿得两眼发花，浑身汗臭，情绪暴躁。火上浇油的是，我当时还太年轻，不懂得什么拖欠款项，所以我感觉那跟我一点儿关系都没有。最主要的是，我已经熬了一整夜，筋疲力尽。我试着给灵狮公司打电话，但还没有人到办公室（在印度，晚上班已经成为一种习惯）。接下来，我做了一件十分愚蠢的事，我想带着录像带逃跑。或者，准确点说，我想要把录像带藏在腋下，然后装作若无其事的样子离开工作室。当然，我的计谋并没有得逞。老板派了几个打手跟着我，把录像带从我身上搜走了。我恼羞成怒，转过身来，对老板说了些不堪入耳的污言秽语。你可能也猜到了，老板并不是什么善茬，不过接下来他做的事还是把我吓了一跳：他把录像带狠狠地摔在地上，踩了个稀烂。尽管我是一个大男人，是不应该哭的，但泪水还是溢满了我的眼眶。一瞬之间，所有的努力付之东流，我惊骇不已。当时我身心俱疲，已经忘记了原始的母带还完好无损，很容易就能再复制一份。在骑自行车回公司的路上，我怒火中烧。当然，原定的计划也泡汤了，我本想先回趟家，冲个澡的。

还是长话短说吧，最终一切都进展顺利。灵狮公司的财务人员把拖欠的款项结清了，视频重新拷贝了一份，及时送到了办公室，用在了会议上。尽管会议进行得十分顺利（首席执行官还亲自手写了一张纸条，表扬我干得不错），却并不足以熄灭我愤怒的火焰，我仍对工作室的老板怀恨在心。整个会议过程中，我都在酝酿自己的复仇计划。

我想要报复也还是比较容易的。我只需要给工作室打个电话，假装自己是另一家广告代理公司，然后预订工作室一整天，让他们干等一天。（那个年代还没有来电显示，因此通过电话预订工作室是可以的。）或者，还有更好的方法，我打电话让他们派员工和摄像机到一个很远的地方去拍摄，让他们白跑一趟。这样那家工作室就会为此蒙受不少损失，而且还找不到人赔偿。不过，所幸我并没有实施这些复仇计划。之所以说“所幸”，是因为我遏制住了自己复仇的欲望，从而避免了恶性循环。当然，复仇会让人感觉良好，这也是为什么那么多的电影和小说都是围绕复仇这一主题展开的，但同样不可否认的是，寻求报复是这世界上大多数不幸的原因，甚至罪魁祸首。因此，至少从那件事来说，我还是很庆幸自己没有进一步引发不幸。

我之所以庆幸自己没有实施复仇计划，还有另外一个原因。因为我从中学到了一个十分重要的道理：宽恕其实更多是给自己的，而不是给别人的。要想理解我的这个想法，请先听我介绍一下我当初为什么决定不报复了。原因是一位老绅士与我进行的对话，这位老绅士也在灵狮公司工作。在听我情绪激动地讲述完在工作室的遭遇后，这位老绅士把我叫到了一边，告诉我他与工作室的老板认识，知道那位老板发生了些什么事。他的儿子刚刚在车祸中去世，才十几岁；而且，他最近制作的一部电影在放映时发生了爆炸。再加上，灵狮的确欠他的工作室很大一笔钱。“你正好赶上这风口浪尖，真是太不走运了，”老绅士继续说道，“我也觉得他的行为有些太幼稚了，不过我还是希望这点信息能够帮助你理解他的所作所为。”

那次谈话不仅浇灭了我心中的怒火，还让我意识到了那句俗语说得实在太对了：了解才能理解，理解才能原谅。在了解工作室老板经历的事情后，我发现我很容易就原谅了他。而且在原谅工作室老板之后，我意识到，我自己才是受益最多的那个人。之前那种几乎要吞噬我的愤怒和暴躁消失殆尽，我感觉十分轻松。

## 学会宽恕：第五大幸福练习

现在想出一个你比较讨厌的人（不是你恨之入骨的人，而且，也真心希望你没有什么恨之入骨的人，而是你不太喜欢的一个人），让我们暂且称之为X。现在，想象一下，你一出生就带有X的基因。也就是说，你有着和X一样的外表、体味、与生俱来的口味、智商、能力等。而且，让我们继续想象，你有着和X一样的家教和经验：你就是出生在X的家庭中的。想象一下，你有着和X一样的父母，在和X一样的城市和社区长大，去同一所学校，有着同样的朋友，等等。

你会不会觉得自己会有着有别于X的行为？

或许在稍做思考后，大多数人都会惊讶地发现，答案是否定的。

换句话说，这个X人想象实验帮助人们意识到自己只不过是在以他们所知的唯一方式在做事罢了。而一旦意识到这个问题，人们就更有可能克服以往的条件反射式倾向，不再单纯地评论他人行为的“好”或“坏”，而是更进一步，尝试理解人们行为背后的原因。例如，人们可能会好奇他人有着什么样的成长环境，受过何种类型的家教，或者面对过哪些应激源。而这种思想可以让人体会到索尼娅·柳博米尔斯基在《幸福有方法》（*The How of Happiness*）中所说的“思维转变”，从而用与人为善的想法替代自己与人为恶的想法。

你仔细思考一下就会发现，这种思维转变给自己带来的好处，远超过他人得到的益处。研究显示，报复思想对人的身体健康都有着重大的消极影响。当然，如果你最终真的付诸实践，那也会伤害到别人。但这种报复行为很可能会形成一种恶性循环，最终会伤害到自己。因此，不管从哪个角度看（无论是仅仅心存怨念，还是最终付诸实践），受害的最终都是自己。或者，反过来说，你只有放下怨恨的思想，才能让自己最终受益（包括精神上和身体上）。

多项研究也证实了这种观点。在其中一项研究中，研究对象是65岁以上的女性，她们都曾被过往的消极人际关系伤害过。按照要求，参与者被随机分配到宽恕组，或者控制组。两组中的参与者要连续8周见面，每周1天。那些被分配到宽恕组的女性获得了有关如何原谅他人的培训，而那些控制组的女性则没有获得相关培训。最终结果显示，宽恕组中的女性的焦虑水平有所下降，自尊水平显著提高。

在另一项研究中，研究对象是遭遇过恋人出轨的人，参与者也被分为两组，一组人接受了宽恕培训，而另一组人则没有。最终结果显示，与没有接受培训的人相比，接受宽恕培训的人思想负担要更少些。

如果你已经看到原谅他人对自己身心健康的益处，但同时又不愿意去宽恕，因为感觉这样好像有失公允，请允许我指出两件事情：

> 1. 你没必要一直都原谅所有人。你可以选择什么时候、针对谁、因为什么而原谅他人。有时，某些人做了错的事情，你不原谅他反而是对的，丹·艾瑞里在《怪诞行为学2：非理性的积极力量》（*The Upside of Irrationality*）中曾指出相同的观点。
>
> 2. 原谅并不等同于与辜负自己信任的人和解，更不是原谅对方的行为。所谓的原谅只是为了减轻自己仇恨的情绪，让自己不计前嫌，继续好好生活。正如那句常言所说："心怀仇恨就好比让别人不交房租就住在自己的头脑中。"怎能容忍这种事情发生呢？

希望在了解什么是宽恕，以及什么不是宽恕后，能够心无芥蒂地践行宽恕。本书附录中提供了相关的指导供参考。

## 引导他人变得可信赖

大量研究表明，学会宽恕是提高幸福水平的有效方式之一。但根据我对自己学生的观察，尽管这个方式十分有效，大多数学生却很难真正付诸实践。这主要是因为，原谅他人会让自己感觉别人做了错事，却还能逍遥自在、不受责罚，这十分不公。克服这种心理魔障的一个方法就是，时刻提醒自己原谅是为了自己所做的事情，而不是为了别人。另一个方法是，尽量减少别人欺骗你这种事情的发生。我发现，偶尔原谅他人是比较容易做到的，但总是原谅他人还是比较困难的。

这就不得不说第四个也是最后一个巧妙信任策略的组成部分：想方设法引导他人做出可信赖的行为。我之前说过，大多数人都能做出值得信赖和不可信赖的行为，具体做出哪种行为很大程度上取决于所处的环境。当处在一个被期待做出可信赖行为的环境时，大多数人会展现出值得信赖的一面，反之亦然。这就意味着，你信任他人的程度是由所处的环境所决定的。如此一来，你就需要注意自己所处的环境。如果你处在一个猜忌之风大行其道的环境，比如在伊斯坦布尔打出租车，或在我的家乡金奈乘坐嘟嘟车[①]，显然，你最好有所提防。

但即便如此，你还是可以做许多事情，引导他人尽可能地做出可信赖的行为。第一件，同时也可能是最重要的一件事，就是要让自己更受大家的喜爱。事实证明，人们越是喜欢你，就越不可能骗你。让你更受大家喜爱的一个方法是，强调你与他人之间的共同特征。还记得我和金姆·科夫曼共同开展的那项研究吗？就是让参与者观看视频，然后问他们是否喜欢所看的视频的那项。你可能还记得，我们最终发现，在参与者观看视频时，当他人与参与者观点相同时，参与者才更加享受观看的过程。其中的部分原因是参与者喜欢与和自己观点一致的人在一起。多项其他研究也发现了同样的事情：自己与他人认知上的相似性，是获得对方喜爱的一个重要决定性因素。这意味着，如果你在伊斯坦布尔打出租车，然后发现你和司机喜欢同一支足球队，我想你会想要强调一下这种共同性。因为这样一来，你不仅能够和司机展开一段有趣的对话，而且还能降低被出租车司机欺骗的概率。

除了强调与他人之间的共同性之外，还有许多方式可以增加自己被喜爱的可能性，包括展示热情和友好，而不是展示能力和专业。艾米·卡迪是一位致力于领导力研究的研究人员，她发现，大多数领导者都犯了一个错误，他们企图给人留下精明能干而不是为人热情的印象。

① 嘟嘟车是一种两轮或三轮的交通工具。——编者注

因为艾米发现，员工更容易畏惧有能力的领导，相比之下，热情的领导则更受员工的喜爱，因此也更受员工的信任。另一个获得他人喜爱的方法是，自己以令人信赖的方式做事。当然，第一次与他人互动时，你可能没有机会展示自己的可信赖度，但当你有机会的时候，一定要牢牢抓住这个机会。此外，你还可以通过讲一两个小故事（当然，需要注意的是，千万不要给人留下喜欢自夸或者太过呆板的印象）来证明自己是值得信赖的。还有一个让自己更受喜爱的方法是，在自己做错事的时候勇于承认错误。研究发现，当公司犯错时，那些道歉的公司更容易获得大家的喜爱。

除了让自己更受喜爱之外，还有一个方法可以引导他人做出可信赖的行为，那就是快速建立互相信任的历史。研究发现，双方互相信任的行为次数越多，任何一方叛变的可能性也就越小。建立互相信任的历史的方法就是，一开始冒几次小的风险，先主动信任他人。例如，先为刚来的新同事垫付饭钱，相信他下次会报答你的好意，或者首先吐露自己心中小小的不安全感，相信你的同事也会把自己的不安倾诉给你。在此情况下，我的一个原则就是我会首先主动信任他人三件小事。对于那些辜负我信任的人，我就不愿再增加自己的赌注了。

在我将以上巧妙信任策略的四大组成部分付诸实践后，无论是物质上还是精神上都收获颇丰。我也希望你能够拥有同样的收获。

IF YOU'RE SO

SMART,

WHY AREN'T

YOU HAPPY?

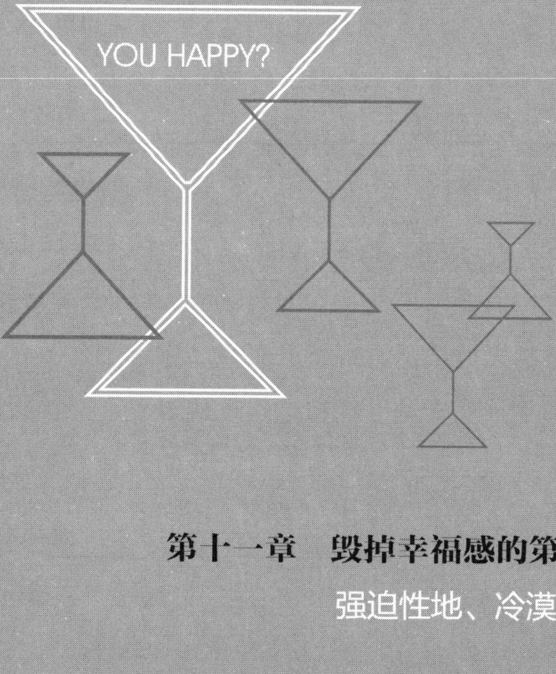

# 第十一章　毁掉幸福感的第六个杀手：强迫性地、冷漠地追求目标

尽管一开始在美国东南部的一所大型综合州立大学读博，但我最后却从东北部的一所大型私立学校毕业：纽约大学的斯特恩商学院（Stern School of Business）。之所以会这样，背后有一个小故事。

刚进那所东南部的州立大学不久，我所在的院系就解散了。好几个教授离开了，去了其他学校。留在学校的几个教授力劝我继续留在这里完成学业，但那些离开学校的教授却建议我转到其他学校。那个时候我真的感到无所适从，也不确定自己应该怎么做。一方面，我很想留在原来的学校，毕竟已经在这附近认识了许多新朋友，并和他们建立了深厚的友谊。而且，我也很喜欢我的导师，和他的关系也十分融洽。况且，如果转学，我还要多花一年的时间才能读完博士，所以从这一点上来说，转学对我并没有什么吸引力。和大多数学生一样，我想要尽快完成我的学业，这样就可以尽早挣钱了。另一方面，好几位教授离校这一事实，意味着我的学业将因此受阻。在我看来，多位教授的出走会对学校的声誉造成不良影响，进而影响我的求职。因此，我觉得转学也不失为一个好主意。

最终，一切都很顺利。我最后还是转学了，1995 年转到了斯特恩商学院。当然，我拿到博士学位就要多花些时间了，不过尽管如此，我觉得多花的那一年时间还是值得的。最终，论文的课题很合我的心意——有关情绪和情感对判断力和抉择的影响。如果我继续留在原来的学校的话，那么很可能就要做一个完全不同的课题了，它可能就不那么合乎我的心意。

因此，如果今天有人问我，当初学校院系解散是件好事还是坏事，我很可能说是件好事。换句话说，塞翁失马，焉知非福。

## 我朋友的故事

在原来的州立学校读书时（1994 年），我的一位好朋友也从印度来到了美国。他的家境比较贫寒，本人的资质也比较平庸。然而，凭借自己的努力，他最终克服了重重困难，成了一名十分优秀的计算机程序员。（他利用位于金奈市的英国驻印度大使馆的公共计算机，学会了编程。）实际上，他是一名十分优秀的程序员，某些猎头注意到了他，帮他在美国一家十分顶尖的公司找了份很好的工作。刚到美国不满一个月，我的朋友就让他的同事们大开眼界，并且准备在美国大干一场，赚大钱。1995 年夏天，那时我还没有进入斯特恩商学院，去拜访这位朋友时，他可谓平步青云。他新买了辆豪车，住在湾区奢华的公寓中。不过，不久之后，也就是 1996 年年初，他的生活发生了重大的转变，而且情况并不太妙。他经常给我打电话，大约一周三次，问我该怎么跟他“恶毒”的老板打交道。不久之后，他跟所有人之间都产生了问题：他的房东、他的女友、他的邻居。而为了解决这些问题，他开始用酒精来麻痹自己。

来美国三年之后，我的朋友被迫回到印度，具体来说，是我的朋友几乎每做一份工作都要被人炒鱿鱼。回到印度对他来说是一个相当大的打击，因为他还是很喜欢美国的职场文化的，而且也已经习惯了西方世界的物质享受。但由于他与所有的同事都相处得很不愉快，最后，他甚至连一个能给他写推荐信的人都找不到，更不要说有人重新雇用他了。

他因为不能回到美国而郁郁寡欢，而且日渐依赖酒精来麻痹自己，这一切开始慢慢令他深受其害。2007 年 7 月，我再次见到他的时候，他回到印度已经有 10 年了，整个人形容枯槁。

同年 10 月，我收到了一直以来都担心可能会收到的一个噩耗：我的朋友去世了。他在旅馆的同伴（那时他自己住在价格低廉的旅馆的房间里）注意到，他已经连续好几天不露面了。同伴敲他的门，也没人应答，他们透过通风口向里面看，发现他四仰八叉地躺在床上，没了生命迹象。

就在那之后不久，我与这位朋友的亲戚聊天，他的亲戚告诉我："大多数人都认为他很幸运，有机会去美国工作。但我却觉得，得到那份工作是他的不幸。他去美国的那阵子，情感上还不成熟，去之前完全依赖于他的母亲和朋友，而去美国则彻底切断了他和这张支持网的联系。当然，你已经尽力在帮他了，但他还是需要身边有个人照顾，需要一个可以天天见到的人，这你也没法做到。所以随着时间的推移，他变得越来越孤独。为了对抗这种孤独，他开始喝酒。也正是从那个时候起，一切开始走下坡路。"

我朋友的亲戚停顿了一下，继续说道："我经常会想，如果他当初没有去美国的话，事情将会是个什么样子。如果他在印度多待几年，我感觉情形将会完全不同。一方面，他可以有更多的时间学会人际交往的技能，这可是很重要的技能。其次，那时印度的 IT（信息技术）

行业已经开始起步了，他留下来还可以多学习一些项目管理的技巧。最终，他会跟IT行业里的大多数同龄人一样，去美国工作，只不过不一样的是，那样他会有更多的时间去成熟和长大。”

## 是好是坏，谁能知道

在我刚刚讲述的故事中，有两大重要主题。一是，事情的结果往往完全不受我们的控制。谁能想到我所在的那所州立学校，院系会解散，然后我又要因此转学？同样，谁能想到我的朋友——一个教育背景值得怀疑的没什么人脉的人——能在美国获得一份梦寐以求的工作呢？

当然，我并不是想说所有的结果都是不受控制的。许多“简单”的结果还是在我们的控制范围之内的，像是不久的将来就要发生的事情，以及有赖于我们的行动才能成功的事情。

举个例子，如果你想要现在挠挠自己的鼻子，或者想要止住自己的呵欠（现在就做，止住！），毫无疑问，你肯定能够做到。但如果事情的结果更加复杂一点的话，我们对事情的控制力则会大大减弱。你很难确保，自己在这周末聚会上想做的5道菜会真的完全合乎自己的心意，而且更难确保客人会如你所愿般喜欢这些菜肴。而当碰到更加复杂的事情时，例如找到人生伴侣，或者找到梦想中的工作，你的控制力就更弱了。

故事的第二个主题是（对我来说，我更受这一主题的吸引），人们对事情结果的“好”与“坏”持有倾向性很强的观点，其程度甚至超出他们自己的想象。当我原来的州立大学院系解散时，我深信这是一个坏的结果。同样，当我的朋友在美国找到梦想中的工作时，他也坚信，这是一个好的结果。但，天哪，最终我们俩都错了。

在某种程度上，我们都知道，或者应该知道，我们并不能考虑到一件事情的所有后果。当初我刚读博的时候，我肯定想不到，如果院系解散，我的生活会变成怎样。同样，我的朋友也想不到，如果他搬到美国去，以后生活会变成怎样。因为我们既不可能考虑到事情所有的后果，也不知道这些后果会对我们的生活造成怎样的影响。借用商务学中的话说，我们不知道该怎么计算事情的净现值（NPV）。许多现在看来很好的事情（例如，与自己的心上人喜结连理）可能到后来会变得很糟糕，要知道这可是常有的事情。以此类推，许多现在看来很糟糕的事情（像是离婚），可能到后来会变成天大的好事。这就是生活本来的样子，变幻莫测，不可预知。因此，我们不应对自己经历的事情形成一种带有太过强烈的好坏之分的认知。



以上思想在一个流传甚广的故事中可谓体现得淋漓尽致。故事是这样的[①]：



> 从前有一个农夫，他有一匹马，还有一个儿子。
>
> 一天，他的马跑掉了。邻居都跑来表示关心："哎呀，真是太不幸了。那你以后可怎么耕地啊？"农夫说："好事，还是坏事，谁说得准呢？"
>
> 过了几天，农夫的马跑回来了，而且还带了另一匹马回来。邻居们都很高兴，对农夫说："哎，可真走运啊！现在你就可以干两倍的农活了！"



---

① 为了准备我在 Cousera 上的幸福课程，我特邀斯瑞库马·拉奥教授（我在引言中曾介绍过这位教授）来讲述这个故事。你可以在以下网址观看拉奥教授讲述的版本（与文中的描述稍有不同）：https://www.coursera.org/learn/happiness/lecture/PMte2/week-5-video-7-the-6th-deadly-happiness-sin-distrusting-life。

农夫说："好事，还是坏事，谁说得准呢？"

转天，农夫的儿子从马上坠落，摔断了腿。邻居们又一次变得忧心忡忡："现在你儿子腿瘸了，不能帮你干农活了，你可真倒霉啊。"

农夫说："好事，还是坏事，谁说得准呢？"

不久以后，消息传来，战争爆发，所有的年轻人都要应征入伍。村民都很伤心，因为他们知道，许多年轻人都将有去无回。但农夫的儿子因为腿瘸了，没法应征。因此，他的邻居又开始忌妒起来："真是运气好啊！这样你儿子就不用去打仗了。"

农夫回答说："好事，还是坏事，谁说得准呢？"

与故事中的农夫不同，我们大多数人都很难保留自己对事情结果的判断。不过，还是假设一下，假设你能够像农夫一样，保留自己对事情结果的判断。也就是说，想象一下，当结果出来之后，你自己也会说（而且是真心实意地说）："好事，还是坏事，谁说得准呢？"那会是什么样子呢？

那样的生活方式对你有没有吸引力呢？

如果你和我班上的大多数学生一样，那应该也是不太确定的。尽管你也知道，不过早对事情下论断（尤其是对消极的事情）是一件好事，但对于那位农夫那样的心态，你大概还是心存顾虑。我们暂且把农夫的"好事，还是坏事，谁说得准呢？"简称为"好坏不确定"。

我的大多数学生主要有两大顾虑。一是他们害怕如果自己保持跟那位农夫一样的心态，自己就有可能永远都不会感觉开心了。正如我的一位学生所说："如果找到一份好工作，或者和自己的心上人结婚都不能让我开心的话，还有什么事是值得我开心的呢？"另一个顾虑是，他们担心自己会找不到任何值得追求的目标。想象一下，如果每次你思索自己目标的时候，比方说，读完这本书，你都会告诉自己："好事，还是坏事，谁说得准呢？"显然，这样一来，你就没什么动力把这本书读完了。

但这些顾虑真的成立吗？

第一个顾虑是指，如果你将自己的幸福与事情的结果分割开来，那就永远都感受不到快乐了。为了评估这一顾虑存在的真实性，请允许我让你先做一个思维实验。

## 保持忙碌的需求

假设你来到一个陌生的城市，要做一些工作。完成工作后，你坐到自己租来的车中，准备驾车回旅馆。你的 GPS（全球定位系统）十分准确，并告诉你有两条回旅馆的路线。有一条较短的路线，我们将其称为 A 路线，它可以让你 30 分钟就回到旅馆。不过，如果走这条路线，你有 10 分钟的时间要在途经的一个建筑工地停留，在这 10 分钟的时间里，你无所事事，只能干坐着。而那条更长的路线，我们称之为 B 路线，却一点都不无聊，只不过你开车的时间要长些，要 40 分钟才能到达旅馆。因此，你有两个选项：

A 路线：开车 30 分钟，其中有 10 分钟时间无所事事，比较无聊。

B 路线：开车 40 分钟，不会感到无聊。

你会选择哪一条路线呢？

单纯从经济的角度来说，也就是只谈论时间和精力的话，A 路线显然要优于 B 路线。然而，如果从心理的角度来说，哪条路线更好就不那么明显了。如果你讨厌无所事事，那 B 路线可能更吸引你，尽管时间比较长些。

近期，我把这个场景介绍给我班上的学生，最终发现，大多数人（78%）都喜欢 B 路线。对这些学生来说，10 分钟无所事事是难以接受的事情，因此他们宁愿选择路程更长、耗时更多的路线。

芝加哥大学的奚恺元教授与他的同事将人们对无所事事状态的厌恶感称之为“保持忙碌的需求”。在一项研究中，参与者被要求填写一份调查表。在填写完调查表后，参与者被告知，他们需要将调查表放在另一个地方。参与者有两个选项，或者把调查表放在附近的地点（往返 2~3 分钟），或者放在稍远一点的地方（往返 12~15 分钟）。同时，参与者还进一步得知，把调查表放下后，他们还需要返回实验地点，等待其他参与者回来。也就是说，参与者明白，如果他们选择附近的地点，那返回之后，就会有更多的时间无所事事。如果选择稍远点的地方，他们无所事事的时间就可以缩短，但需要花费更多的时间和精力。

同时，参与者还被告知，为感谢他们完成调查表，他们可以在递交调查表的地点拿到一块糖果，至于这种做法背后的原因，很快就会揭晓。其中一组参与者（相同糖果组的参与者）被告知，不管他们选择远的地方还是近的地方，得到的糖果都是一样的（黑巧克力或白巧克力）。与之对比，另一组的参与者（不同糖果组的参与者）则被告知，他们在附近地点可以获得一种类型的糖果（黑巧克力或白巧克力），而在稍远的地点能够获得另一种糖果（其他类型的巧克力）。如此一来，不同糖果组的参与者就有理由选择较远的地点了，因为走更远的路就可以有机会吃到不同种类的巧克力。

奚恺元教授和他的同事对参与者偏爱哪个地点十分感兴趣：参与者会选择近的地点还是远的地点呢？

结果显示，参与者的选择取决于他们是否有理由走到更远的地点。具体来说，相同糖果组的参与者中，仅有 32% 的人选择较远的地点。与之对比，那些不同糖果组的参与者中，则有 59% 的人选择了较远的地点。因此，那些有一定理由的参与者更喜欢保持忙碌，而不是无所事事，即使这个理由有些微不足道。



后续研究也得到了相似的结果。在该项研究中，参与者首先被要求完成一份调查表，然后按照要求，把调查表放在较远的或者较近的一个地点。递交完报名表后，参与者在实验室里等待其他参与者归来。与到较远地点放调查表的参与者相比，到附近地点的参与者，需要等待的时间会更长些。然后，等到等待时间结束后，参与者被要求回答以下问题："刚刚过去的 15 分钟你感觉很开心吗？"研究人员据此判断他们的幸福水平。最终发现，在同样被迫的情况下，那些被迫陷入忙碌状态的参与者——也就是按照要求把调查表放在较远地点的参与者——要比那些无所事事的参与者更加幸福。



## 忙碌何时让我们更加幸福



这些研究结果表明，比起清闲的时候，人们在忙碌的时候会感觉更加幸福。当然，人们并不总是偏爱忙碌。例如，那些工作过度劳累的人可能更喜欢什么都不做。（对现在的我来说，无所事事听起来也是十分具有吸引力的！）而且，如果人们只是为了忙碌而忙碌，那他们也不会感觉到幸福的。就像我们看到的，人们需要一个忙碌的理由。只要这些相对简单的条件得到满足，似乎相较无所事事，人们的确更加偏爱有事可做。

如果人们不仅有忙碌的理由，而且还发现自己正在做的事十分有意义，那他们就更有可能感到幸福。

我这种言论的基础来自丹·艾瑞里（我们在前面曾提到过，他是一位行为经济学家）及其同事进行的一系列巧妙的研究。在其中一项研究中，丹和他的同事要求参与者将乐高积木组装起来，最终组装成生化战士（Bionicle）[①]的形状。参与者每组装出一个生化战士，就可以得到一部分金钱奖励，但随着时间的推移，他们获得的奖励越来越少。他们组装出第1个生化战士时，获得2美元奖励，而当他们组装出第2个生化战士时，得到1.89美元，第3个生化战士时，得到1.78美元，以此类推。某些参与者被告知，他们组装好的生化战士会作为玩具分发给小朋友。因此，这些参与者会感觉，组装生化战士是一件很有意义的事情——会给一些孩子带去欢乐。与之相反，其他参与者则被告知，他们组装好的生化战士，不久后就会被拆掉，以供将来的参与者进行组装。这些参与者就会觉得，这个任务是比较没意思的。丹和他的同事十分好奇，有意义的忙碌是否真的会对人产生影响。事实证明，的确如此。平均来看，那些有意义组的参与者组装的生化战士的个数，要比无意义组组装的个数多出2.5个。

当然，我们大多数人都能很快理解，有意义的忙碌的确好过无意义的忙碌。这是因为我们从经验中知道，我们在做有意义的事情时，会感觉更加幸福。例如，有关心流的研究发现（我们在第四章中曾有

---

① 生化战士是乐高集团推出的组装玩具，主要针对5~16岁的孩子。

讨论）就与有意义的忙碌让人幸福这一概念不谋而合。

## 过程才是幸福之源

我们在忙碌以及在做有意义的事情时更加幸福，这两点给了我们一个十分重要的启示：我们并不需要依靠结果来获得幸福，而是可以在为结果而努力的过程中收获幸福。举个例子，我们可以在准备考试或者计划假期的过程中获得幸福。也就是说，即使我们最终没有通过考试，或者最终没能去度假，仍然可以在为结果而努力的过程中，获得极大的幸福。当然，如果我们切断幸福与结果之间的关联，所体会到的情感类型还是会有所不同。我们可能很少会感觉优越，或者自豪，因为这种情感都是基于结果的情绪，而不是基于过程的。不过，作为回报，我们也很少会感受到基于结果的消极情感，如被拒绝，或者羞耻感。而且，我们还会更加专注，更能与生活达成和解，因为，当我们关注从过程中获得幸福时（而不是从结果中），就更有可能感受到这些情感。

因此，总体来说，这还是比较划算的一次交换。

## 第二个顾虑

总结起来，把幸福与结果分离开来，并不会让人永远都感觉不到幸福。因为，结果只是获得幸福的一个来源，另一个获得幸福的来源是为结果而努力的过程。这就很好地解决了第一个有关割裂幸福与结果的顾虑，那第二个顾虑该如何解决呢？把幸福与结果割裂开来，真的会扼杀自己追求目标的动力吗？这个顾虑是基于这样的逻辑：如果所有的结果都一样，都具有同样的吸引力（好事，还是坏事，谁知道呢？），那我们就不知道，自己到底该追求哪个目标了。

以下这个假设生动地解释了这个顾虑。假设你是一个很帅气的男孩，请尽量假设，即便你可能既不帅气，也不是男孩，然后，有一位十分美丽的姑娘向你求婚。如果你真的把幸福与结果分割开来，那无论你和她结不结婚，对你来说是不是都毫无二致？毕竟，跟她结婚你也不会太高兴，不跟她结婚你也不会感觉伤心。按照这种逻辑，那你岂不是要对自己人生中的所有结果都这样漠然处之？如果是这样的话，那把幸福与结果分割开来，就会导致自己变得越来越被动，对生活越来越漠然，对吧？错，大错特错！

把幸福与结果分割开来，并不意味着你会对生活变得漠然（以及不知道该去追求哪个目标），原因是两者之间有着一个看似微小，实则十分重要的区别：所谓的将幸福与结果分割开来，指的仅仅是事情发生后对结果的判断，而不是在事情发生之前。也就是说，在结果出现之前，你可以表现出自己对某一结果的偏爱，一旦结果出现之后，你就不应该再去判断好或者坏了。换个说法就是，你可以有事前偏好，但不可以有事后论断。

如果这些术语听起来太过专业，不要担心，其本身的含义还是十分简单的。

在上述女孩主动向你求婚的例子中，所谓的把幸福与结果分割开来，就是说，对于是否想要娶她为妻，你可以有自己的偏好。在理想情况下，这种偏好是建立在你的价值观和目标的基础上的。你可能觉得跟女孩结婚后，有助于自己追求心流状态，或者有助于自己成为一个富有同情心的人。如果是基于这种想法，那你就会说：“好啊，当然好了，亲爱的！”但如果你觉得，跟她结婚后，自己或者对方很难过上有意义的生活，你就会说“不行”，或许还会补上一句：“这都是因为我个人的原因，与你无关！”但一旦事情有了结果，假设你们最终结婚了，你当然没法对事情的结果视而不见，也没法就此相信，从今以后自己的生活就能称心如意。你可能会发现，之前看似美好的结果，到最后却发展得不太如人意，于是你就会做以下两件事：一是你会尽自己最大的努力避免最不愿意看到的事情发生，二是你会把关注点放在从过程中获取幸福。例如，和自己的伴侣共同参与一项你们俩都认为很有意义的活动，而不是对对方不理不睬。通过依赖过程获得幸福，而不是依赖结果，你就避开了一个许多已婚人士都跌落过的陷阱：认为只要跟某个人结了婚，生活就会变成和童话故事一样，“从此过着幸福的生活”。

## 追求目标的三种方法

刚刚讨论的问题，总结起来就是，我们为实现目标采取的方法通常有三种。第一种方法，也是我们大多数人都使用的一个方法，叫作“强迫性地追求目标”。这一方法是指，无论是在结果出现之前，还是在结果出现之后，人们对事情的某个结果都有着强烈的偏爱。如果“好坏不确定”故事中的那位农夫也用同样的方法来追求目标的话，那当村民来到他身边对他说“哎呀，你真是太可怜了，你的儿子永远都结不了婚了”，或者说“哎呀，你真是太走运了，你的儿子不用上战场了”的时候，他肯定都会点头称是。

人们采取的第二种方法，我们可以称之为“冷漠地追求目标”。该方法是指，无论在结果出现前还是出现后，都保持十分冷漠的态度。这种状态会导致人们在追求目标时死气沉沉，毫无激情。这样的人既没有好奇心，也没有自己的兴趣和爱好，正如我们在第一章所说，好奇心和兴趣是获得幸福的重要方式。如果你误解了将幸福与结果分割开来的真正意义，那很可能就会采取这种方法，而且还会就此得出结论：所谓的分割幸福与结果，就是即使在结果出现之前也不能有所偏好。我发现很多人都掉入过这个陷阱，而且坦白地说，我二十多岁的时候也跌过这个跟头。当时，我拼尽全力地想要获得幸福（看来有些事情还是不会变的），并且认为，要想获得幸福就得接受自己生活中出现的任何结果。这种欢迎或者接受任何结果的心态还是具有重要意义的，对此我们将在后面的章节中进行深度讨论，但问题在于，这种开放的欢迎态度应该是在结果出现之后，而不是结果出现之前。

事情发生之前就接受和欢迎任何可能的结果，主要存在两大问题。首先，这种心态是不可能存在的。也就是说，不管你喜不喜欢，也不管你理不理解，人总归是有自己的欲望的，想要吃饭，想要挠痒，想要呼吸，等等。因此，认为自己能够平等看待吃饭和不吃饭、挠痒和不挠痒、呼吸和不呼吸等事，其实只是人自己的幻想罢了。从本能的角度来说，人总还是对事情的结果有所偏好的。当然，你可以死不承认，说自己没有什么偏好。但如果你真的一味否认，那就引出了我们的第二个问题：你的生活会了无生趣。你假装自己无欲无求，没有任何偏好，可能还会感觉自己从容不迫，能随遇而安。但实际上，研究已经发现，态度冷漠不仅会令他人生厌，而且还是无助和抑郁的标志。

由此说到了我们的第三大方法，而且从最大化幸福的观点来说，这也是我个人认为最理想的一个方法。这一方法就是我们的第六个幸福习惯，我将它称为“心平气和地追求目标”，即在结果出现之前，对事情的结果有一定程度的偏好，但在结果出现之后，则不去做评判。

看起来，心平气和地追求目标可能有些困难，事实也的确如此。那是因为，我们对事物的观点很容易保持前后一致。我们都有着保持一致的需求，这是我在得克萨斯大学奥斯汀分校的同事比尔·斯旺通过多项研究得出的结论。所以，事情发生之前持有一种观点，而在事情发生之后则持有另一种观点，这的确是有些困难的。但这也并非绝无可能，而且也非常值得一试，因为这种变化不仅能够提升人们的幸福水平，而且还能提高人们获得成功的概率，具体原因我们将在后面详细介绍。

IF YOU'RE SO SMART, WHY AREN'T YOU HAPPY?

# 第十二章　提升幸福感的第六个习惯：心平气和地追求目标

我想你肯定已经知道，我验证自己“幸福假设”的一个重要方法就是课堂实验，也就是把我的学生当小白鼠。当然，我做这些实验是为了实现一个崇高的目标，即使扪心自问，我仍觉如此。我想要帮助自己的学生，延伸开来，就是我想要帮助其他人过上幸福美满的生活。因此，我经常利用课堂实验来完善课程和本书中的最重要方面：幸福练习。正如我经常告诫学生的，尽管本书中的许多概念（像是心流、依恋理论或者最大化者思维模式等）都十分有趣，但对于提升幸福水平却不是那么有效，真正能够提升幸福水平的，是本书中的幸福练习。只要认真做幸福练习，其实即使不知道这些概念也是可以大大提升幸福水平的；不过反过来，只知道这些概念，却不去做练习，还是行不通的。

不过，尽管我的学生知道参与幸福练习的重要性，但他们对不同的练习还是有着自己的偏好，他们发现有些练习要比其他练习更具吸引力些。为什么会这样呢？因为一开始，某些像是“定义幸福”“创意利他主义”之类的练习会让他们自我感觉良好。而相比之下，其他的一些练习，像是写日记和坚持健康生活，一开始并不能对他们的情感健康产生太大影响。这些练习需要一定的时间才能起作用，因此也就不太具有吸引力了。其余的像是精神对话和表达感激，在刚刚开始之时，未见成效之前，会让学生感觉更加糟糕，从而使得这些练习十分缺乏吸引力，大多数学生都对这些练习避而远之，就像三岁小孩不喜欢吃西兰花一样，躲得远远的。

在这里我想要介绍一个叫作“三件（因祸得福的）好事”的练习，这个练习在一开始会引起人们的负面情绪。我知道，这就意味着我的学生都会对这个练习避而远之。为此，我设计了一个巧妙的方法来让他们完成这个练习：在课堂上，我毫无预兆地把这个练习布置给了他们。因为我事先已经锁好了门，所以他们肯定逃不掉的。

我之所以告诉你这些事情，是因为接下来，我将要让你做一个简短的练习，可能这个练习一开始会让你感觉有点糟糕。但我敢保证，长远来看，这个练习会提升你的幸福水平。

准备好了吗？接下来，想一件很久之前，比方说两年之前，甚至更久之前，对你造成很大负面影响的事情，比如和自己的灵魂伴侣分手，或者酒后驾驶被罚款。然后打开自己的笔记本电脑，写下发生的细节。或者，如果你比较传统的话，可以拿出笔记本，写下来。写完了吗？

现在，利用一个 7 分制的量表，分别对以下两个问题评分，其中 1 代表“一点都不”，7 代表“十分强烈”。

1. 事情发生时，你感觉负面影响大吗？
2. 现在，你感觉负面影响有多大？

完成对以上两个问题的评分后，请再回答另一个问题：现在，你觉得那件负面的事情对你有什么意义？也就是说，你是不是觉得从中学到了一些你不经历这件事情就没法得到的教训？换句话说，这件事情是不是有助于你的成长，让你朝着更有意义的方向发展？利用 7 分制量表，回答这个问题，其中 1 代表“一点意义都没有”，7 代表“十分有意义”。

## 回忆和反思练习

如果你和我的大多数学生一样，你会从这个练习中发现两件事情。第一件事情是，与事情发生时相比，此刻这件事对你的负面影响已经不那么强烈了。第二件事情是，尽管有一定的负面性，你现在仍觉得这件事很有意义。

为什么会这样呢？因为你从中学到了一些有用的东西——如果不经历这件事，你就无法懂得的道理。因此，你甚至还会发现（就像我的许多学生发现的那样），现在的你，不仅感觉事情的负面影响已经不那么强烈了，甚至感觉这件事还有着积极意义。

我在让学生在课堂上做练习时，也就是我所称的“回忆和反思练习”，我只让 1/4 的学生回忆很久之前的负面事件，而让另外 1/4 的学生回忆近期的负面事件——也就是近一个月内发生的负面事件。与此同时，我让其余的一半学生回想发生过的积极事件。而且在这群学生中，其中一半的学生（也就是全班人数的 1/4），我让他们回忆很久之前的积极事件，而另一半的学生（同样是全班人数的 1/4），我则让他们回忆最近发生的积极事件。

最后，我把学生分成了 4 组：回忆很久之前负面事件的小组（第 1 组），回忆近期负面事件的小组（第 2 组），回忆很久之前积极事件的小组（第 3 组），回忆近期积极事件的小组（第 4 组）。然后，我让这 4 组学生为事件评分，即评价事情发生时，他们感觉积极影响或者消极影响有多大，以及现在又是什么感受，并且利用评分机制，评价他们认为这件事对自己的意义有多大。

正如下表中数据所示，学生们对积极和消极事件的判断是随着时间变化的。具体来说，随着时间推移，无论是积极影响还是消极影响都逐渐减弱。当然，这并没有什么好大惊小怪的。我们从个人经验中也可以知道，通常，我们对消极事件和积极事件的感觉都会随着时间慢慢变淡。然而，有趣的是，这种变淡的程度在消极事件（而不是积极事件）上表现得尤其明显。这说明，消极事件带来的痛苦的消失速度，远远大于积极事件光环褪去的速度，这真是再好不过了。举个例子，我们很可能会久久回味初次接吻、初次假期带给我们的愉悦感受，即便事情已经过去很久，但我们不会对被人骗钱或者考试挂科这种事介怀太久。而且同样有趣的是，感情强烈程度的衰退，在很久之前（而不是近期）发生的事情上表现得最为明显。这表明，即使我们最终会改变自己对负面事件的感受，但这并不是短期发生的，而是需要时间的。

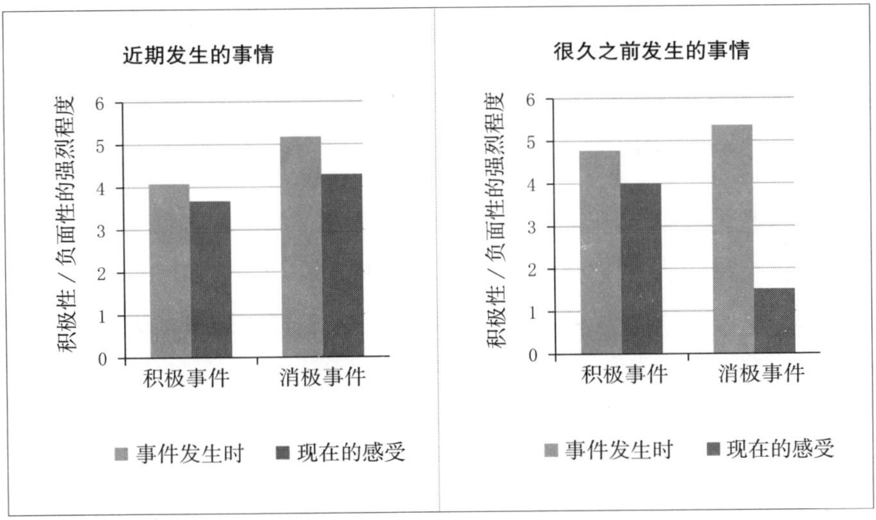


**我们对过往事件的感受会随着时间发生变化，对过去消极事件的感受发生的变化（而且是积极变化）最大，尤其是很久之前的事情（而不是最近的事情）**

不过，所有这些结果都不如我接下来要说的这个结果有趣。这个结果主要与人们认为过去的事情有多大意义有关。

事实证明，人们认为，过去的消极事件要比过去的积极事件更具有意义。之所以会这样认为，是因为比起积极事件，消极事件为人们提供了更多的学习机会和成长机会。当然，总要等到事情成为过眼云烟，我们才能发现其背后的道理。也就是说，在事情刚刚发生时，我们是不能看到消极事件中的积极意义的。然而，一旦时间足够长，消极事件（而不是积极事件）就会变得更有意义，这个结果还是蛮出人意料的。更出人意料的是（这也是我个人认为最有趣的一个发现），我们现在认为最有意义的事，其实正是当初认为给自己造成最大负面影响的事。

拿出一分钟的时间来，好好地想一想这意味着什么。这意味着，对于现在觉得最消极、最负面的事情，很可能日后你会倍加珍惜。因此，我们日后更加感激的可能是失业、与伴侣分开、重大疾病发作等事情，而不是挨老板臭骂、超速被开罚单，或者和朋友吵架这类事。这一观点与索尼娅·柳博米尔斯基在《幸福的神话》（*The Myths of Happiness*）中所指出的不谋而合：

> 我们可能觉得，自己知道在某个特定的转折点上该哭还是该笑，但事实却是，好事和坏事通常都是紧密相连的，这使得事情的结果超级复杂，有时各种结果还会以出人意料的方式串联起来，让我们难以预测。当我们回首过去几年发生过的最美好的事情，以及最糟糕的事情时，会意外地发现，原来最美好事情和最糟糕的事情通常是一件事情。

## “信任生活”的作用

人们对过往事件的感受是会不断变化的，而且通常这种变化都是翻天覆地的，这一事实与“情感预测偏差”研究领域中的研究结果十分一致。该领域的研究结果显示，对于当前发生的事情，我们总是会错误判断自己的情感，对其持续时间和强烈程度都会估计过高。例如，在预想中，分手带给我们的伤痛的持续时间会更久些，程度会更深些，而事实却并非如此。同样，在预想中，中彩票带给我们的幸福应该更持久、更强烈些，但事实也远非如此。

事实上，我们对过去消极事件的情感会随着时间而变化的原因在于，如果没有这些消极事件发生的话，我们就无法学习和成长。例如，如果我们经历了痛苦和煎熬，那我们就更有可能变得更富有同情心，更加友善，从而做到去爱和给予。同时，消极事件还会让我们更加明智，更能自如地应对生活向我们发出的挑战。随着时间的推移，我们之所以能够对过去消极事件采取一种更加开明的态度，另一个原因就在于消极事件本身赋予了我们“吹嘘的权利”。尽管攀登乞力马扎罗山让你筋疲力尽，你并不是很喜欢，或者当在陌生的地方进行“文化观光”时，你被迫吃下了自己不喜欢的食物（比方说炸虫子吧），但这些经历却能够让你在初次约会时，或者无聊的聚会中，尽显个人魅力。最后，消极事件还能让我们自我感觉更加良好。当我们回首往日的消极事件时，会感觉自己更加坚强，更加百折不挠，然后发现自己已经守得云开见月明。这也可能就是为什么相当多的人（70%~80%）在失去自己心爱的人后，从中发现了积极意义。同样，2/3 的癌症幸存者声称，在患有（然后治愈）癌症之后，他们的生活变得越来越好。

随着时间的流逝，我们对过往消极事件的态度会变得越来越积极，这向我们说明了一个建立第六个幸福习惯（心平气和地追求目标）的方法。你可能还记得，心平气和地追求目标意味着在结果出现之前展现出对某些结果的偏爱，但在结果出现之后则不做评判。第一部分——对事情的结果有所偏好——还是比较简单的。正如我在前面说过的，几乎所有人都会对某些结果有所偏爱。难的在于第二部分——在结果出现之后不做评判。要想做到这一点，我们需要有意识地提醒自己：如果我们对过往消极事件的感受早晚都会变积极，那为什么现在不去改变呢？反过来，这种意识可以帮助我们对自己目前正在经历的结果保持一种客观的态度。例如，想象一下，你生病了，不得已要错过年终的公司聚会。假设你对年终的公司聚会还是满心期待的，好吧，尽管这听起来有点不太现实。通过回忆自己之前生病的场景，然后分析为什么现在你觉得之前生病并不是什么坏事（或许你爱上了照顾你的护士，再或者生病让你能够躺在床上看最爱的电视剧），这样就可以更加积极地看待当前发生的消极事件。

那到底这个回忆和反思的练习有多大效果呢？能不能让你做到对事情的结果不做判断呢？仅仅是回忆过去的消极事件，真的能够帮助你培养事后不做评判的习惯吗？

简单来说，是的。我是从个人经验以及学生的经验中得出此结论的。不过这其中有一个问题，如果在练习的过程中没法做到完全信任生活，那这个练习还是无法奏效的。我所说的完全信任生活，是指相信生活中总有好的事情会发生在自己身上，相信生活的本质是美好的，而不是恶意的，或者中立的。之所以信任如此重要，是因为信任可以让你变得心态更加开放，同时更加关注消极事件背后的积极意义。你可能也想象得到，如果无法注意到消极事件背后的积极意义，那就很可能就会陷入消极负面的泥沼。举个例子，如果你无法做到寻找消极事件背后的积极意义，那在你要赶的航班取消之后，就不太可能注意到机场新开了一家按摩店。同时，你也不太可能在下一趟航班上，和坐在身边的人聊聊天，而这个人有可能日后会帮到你。换句话说，快速摆脱过去让人扫兴的事情，迎接新鲜刺激的生活，完全信任生活可谓功不可没。当然，问题在于，怎样才能做到完全信任生活呢？

在我论述这个问题之前，我需要先澄清一个很重要的顾虑，参加我课程的许多学生都担心，问题的讨论早晚会朝着“神乎其神”的方向发展，比如上帝或者灵性（spirituality）。如果你在一开始看这本书的时候，就怀有类似的担心，那接下来你肯定会很高兴（或者，是不是应该说不高兴？），这个时刻终于到来了。你很快就会看到，信任生活这一话题与灵性有着不可分割的联系。

## 安慰剂效应：主观观念影响客观事实

与认为生活充满恶意的人不同，那些认为生活很美好的人很自然地就会相信，总有好的事情会发生在自己身上。这个道理大家都懂。不过，许多人不太明白的是，要想对生活不持有任何观点几乎是不可能的，人们总归会对生活有自己的观点，或者认为美好，或者认为恶意，或者认为中立。即使有些人对生活的观点不明确（比如不确定生活是否值得信任，以及值得多大程度的信任等），我们也能从他们看待生活的态度中推断一二，比如，他们是否乐观，或者在遇到挫折后是否能迅速恢复。

对许多人来说，尤其是对聪明成功的人来说，更难理解的事情是，关于生活是否值得信任，人们并没有确凿严谨的结论。或者，换个说法，我们既不能证明“生活是中性的”或者“生活充满恶意，不可信任”这种观点的科学性，也无法证明“生活值得信任”“一切都会朝着好的方向发展”这种观点的科学性。

正是因为这个原因，我很少跟人辩论生活是美好的、恶意的，还是中立的。一般来说，这种争论都是毫无意义的。最好的情况是，大家各执己见，然后一走了之；最坏的情况是，大家争得头破血流。所以我是不会说服你接受“生活值得信任”“一切都会朝着好的方向发展”这种生活态度的。但鉴于大家都如此科学严谨，我想你们还是想知道为什么“生活值得信任”这种观点并非全无道理。

简而言之，这与安慰剂效应有着重要的关系。所谓安慰剂效应是指，在某些情况下，我们对事实的主观观念可以影响客观事实。让我们来看一下盖恩斯维尔市佛罗里达大学的研究人员唐·普莱斯及其同事所做的一项研究。在该项研究中，研究人员将肠易激综合征（一种令人痛苦的肠胃疾病）患者分为三组，对三组患者的直肠球囊充气，然后让他们自评自己的痛苦程度。在充气之前，研究人员给其中一组的患者使用了一种可以减轻痛苦的麻醉剂（利多卡因）。曲线图中的深色虚线代表该组患者的痛苦水平，实线代表不使用麻醉剂的小组，由图中可看出，使用麻醉剂患者的痛苦水平明显低于自然组（未使用麻醉剂患者）的痛苦水平。

不过真正有意思的是第三小组，也就是使用安慰剂的小组。研究人员告诉这些患者，他们使用的是具有“超强镇痛能力”的止痛药。曲线图中的浅色虚线代表该小组，从图中可以看出，这组患者感受到的痛苦水平最低，甚至比使用麻醉剂小组的痛苦水平还要低。

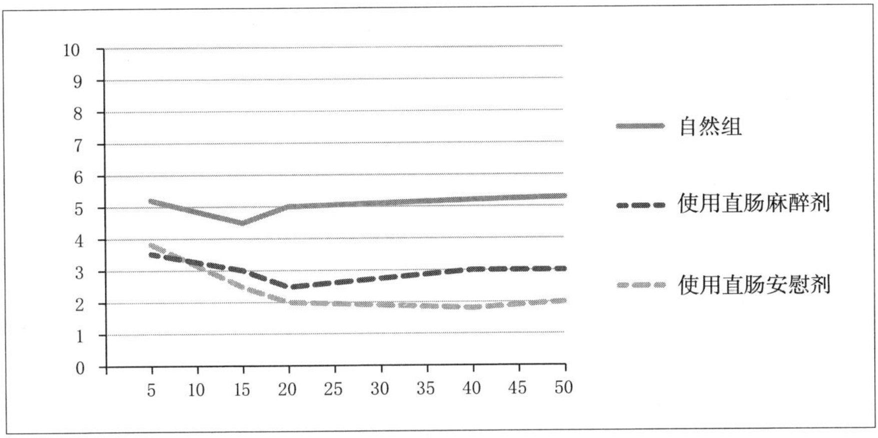


**那些使用安慰剂止痛的患者，其痛苦水平比真正使用止痛药患者的痛苦水平还要低**

对那些熟悉安慰剂效应的人来说，这个结果并没有什么值得大惊小怪的。在医学领域，安慰剂效应是十分普遍的，以至于几乎所有的新药效果测试都会设置一个安慰剂（比方说糖丸）对照组。我们从安慰剂效应中得出的结论是，我们的观念的确可以影响我们对现实世界的感受。你相信某种药可以医治某种疾病，很可能比你不相信它可以医治某种疾病更能让你觉得自己的病情得到了缓解。

而且，事实证明，安慰剂效应的影响并不仅限于医学领域，这才是真正有意思的地方——安慰剂效应在其他领域也同样发挥着作用。研究显示，在市场营销领域，如果你认为饮用某种饮料可以提高人的认知能力，那可能真的会有这样的体验。同时，在学习方面，卡罗尔·德韦克及其同事的研究发现，与那些认为人的智力水平从一出生就固定不变的人相比，那些认为智力水平可以改变的人更有可能随着时间的推移而变聪明。亨利·福特曾说过，“无论你认为自己行还是不行，你都是对的”，似乎他本人对安慰剂效应背后所蕴藏的力量有着敏锐的感知。

以上这些研究发现的一个共同点是，在许多情境下，我们的主观观念的确可以影响客观现实。当然，我并不是说所有的主观观念都能如此。举个例子，无论你多么坚信地球周围有两个月亮，也无法改变客观事实。然而，在某些情况下，同样不可否认的是，主观观念的确影响着我们的客观现实。

如果连这个都不承认的话，那科学严谨就无从谈起了。

我们刚刚介绍了安慰剂效应，在此背景下，请允许我再讲述一个与之相关的问题：关于生活是否值得信任，什么样的观点才是理性的？是认为生活充满恶意，还是认为生活充满善意，抑或认为生活是中性的？

事实上，以上三种答案都是。这是因为，人们关于生活的观念会受到安慰剂效应的影响。对一个认为“生活是美好的”“生活值得信任”的人来说，生活的确会变得很美好，值得信任。对一个持有相反观点的人来说，生活的各种经历恰恰提供了大量的证据，证明生活充满了恶意。同样，一个处在中间地带的人，最终也能用有说服力的证据来证明自己的观点：认为生活是中性的。

因此，没有什么严谨科学的方法可以证明以上三种假设——生活是美好的，生活是恶意的，或者生活是中性的——哪一种更准确。不过，可以证明的是，从实用主义的角度来说，也就是从幸福最大化的角度来说，认为生活是美好的这种观点，的确要比其他观点更好些。多项研究结果也为此观点提供了有力的证据。例如，宗教和灵性领域的研究显示，那些怀有信仰的人生活得更加幸福。[①] 同样，研究表明，乐观主义者以及对生活持有积极态度的人要比悲观主义者生活得更加幸福。

当然，能够认识到信任生活的重要性是一回事，能够真正做到

① 为准备我的 Coursera 课程，我有幸采访了博林格林州立大学的肯尼斯·帕格蒙教授，你可以在以下网址观看有关该采访的片段：https://www.coursera.org/learn/happiness/lecture/jisbD/week-5-video-11-going-spiritual。

又完全是另一回事。那人们应该怎样做才能建立起对生活的信心呢？一个十分有效的做法就是学会感恩。在第四章中，我曾提到过，索尼娅·柳博米尔斯基将感恩之心称为一项元策略，部分原因是感恩之心能够改变人们对人生的态度，从而无形中给人们灌输一种生活值得信任的观念。[①] 在第三章中，我曾探讨过，成功之后怀有感恩之心可以有效地减轻人们对优越感的追求。显然，当积极的事情发生时，心怀感恩是比较容易的。但正如天主教本笃会修道士大卫·斯坦尔德–拉斯特在其广受欢迎的TED[②]演讲中所说，即使发生了消极负面的事情，我们还是应该做到心怀感激，当然不是感激发生的坏事，而是感激这些事情背后的机遇。当你能够主动感激消极事件所带来的机遇时，你自然就能对结果的负面性少做评判，因为我们已经意识到，如果这些坏的事情不发生，那其背后所隐藏的机遇也就不会出现了。

由此就说到了我们的第六大幸福练习，该练习是由大家之前参与的回忆和反思练习改编而来的。我将它称为"三件（因祸得福的）好事"。简言之，这个练习需要大家坚持写日记，每天记录下三件一开始是"坏事"，后来又变成好事的事情。我之所以让大家这么做，是为了锻炼大家将生活中日常、微小的"消极"事件串联起来的能力，从而让大家养成不对负面结果妄下论断的习惯。

你可以在本书附录获取相关说明。之前我已经带领大家做了该练习的一个改编版，也就是回忆和反思练习，希望大家不要因为练习一开始带来的消极挫败感而放弃，坚持做完练习。

---

① 我在第四章中曾提到，我问过柳博米尔斯基教授，为什么她认为感恩之心是元策略，你可以在以下网址观看教授是如何回答该问题的：https://www.coursera.org/learn/happiness/lecture/Tx8Zm/week-2-video-13-summary-of-week-2。

② TED（technology,entertainment,design 的缩写，技术、娱乐、设计）是一家以组织 TED 大会著称的机构。——编者注

IF YOU'RE SO

SMART,

WHY AREN'T

YOU HAPPY?

# 第十三章　毁掉幸福感的第七个杀手：过度思考

单身女性们，有一个假想实验想请你们做一下。假设你报名参加一个闪电约会的活动。所谓闪电约会，就是指在很短的时间内连续跟好几个人“约会”。一般情况下，闪电约会大约会有 20 名男性和 20 名女性，两两分别见面大约 5 分钟。当所有男女都互相见过面之后，每个人都需要决定自己最终跟谁牵手进行“真正的”约会。如果最终配对成功，比方说，L 女士对 G 先生感兴趣，而 G 先生也正好对 L 女士感兴趣，那他们就可以一起约会了。如果 L 女士对 M 先生感兴趣，但不幸的是，M 先生对 L 女士并没有什么感觉，那 L 女士就与 M 先生无缘了。

假设在参加闪电约会之前，你把自己对理想伴侣的要求列了一份清单。你还是很聪明的，在你看来，理想伴侣最重要的特点是聪明，浪漫紧随其后，毕竟，谁不想要一个一见倾心的人呢？其他的特点，像是厨艺好、手劲大（要知道，要想做个好按摩，这一点可是很重要的）都被列在后面，但暂且让我们把这些都丢到一边。

假设在闪电约会中，你遇到了下面两位绅士。X 先生，是本市最聪明、最智慧的人。至于 Y 先生，我该怎么说才比较有礼貌呢？脑子不是很灵光。不过，Y 先生有他独特的魅力：他知道怎么营造浪漫。

而相比之下，在营造浪漫这门艺术方面，X 先生则稍显木讷，更像是堂吉诃德，而决非唐璜之辈。

**X 先生**
**聪明智慧，但是不浪漫**

**Y 先生**
**既不聪明也不智慧，但是很浪漫**

假设你没有太多时间，只能从上述两人中选择一位进行约会，要知道你可是聪明的成功人士，整天做着很酷的事情，忙得不可开交。

你会选择谁呢？X 先生还是 Y 先生？（现在还是诚实点比较好。）

这是我和斯坦福大学市场营销专业的教授黄思绮共同开展的一项实验。如果你和实验中的大多数女性一样的话，那你应该是选择了比较帅气的那个。为什么？因为虽然他不是最聪明的那个人，但你就是情不自禁被他帅气的外表所吸引。

接下来，我要说重点了，大家注意听。既然现在你选了 Y 先生，那你是不是想要把浪漫的重要性提高一下，同时把聪明的重要性调低一点？这样你就可以让自己的选择名正言顺了。

事实证明，大多数人在选择 Y 先生后，的确把浪漫和聪明的重要性进行了调整。这种调整具有十分重要的意义，但在我进行论述前，请允许我先指出一点，你们没必要为了让自己的选择名正言顺，而刻意调整各项品质重要性的排序。你们就直截了当地说他长得好看就可以了。举个例子，如果你的一位朋友问你：“选择 Y 先生是不是就意味着你现在觉得浪漫比聪明更重要些？”你可以这么回答：“不，我还是觉得聪明比浪漫更重要些，但我刚刚意识到，对我来说外表也同样重要。”如果你心情不错，想要和盘托出，那你还可以补充一下：“我现在慢慢觉得，可能外表对我来说其实才是最重要的一件事情！”

但很可能，你什么都不会说，因为连你自己都意识不到自己之所以比较偏爱 Y 先生，是因为受长相影响。而且，即使你意识到了，也不会承认自己的选择是因为他的长相，这会让你很难为情。反正无论如何，为了有理有据，你会控制不住地想要调整浪漫和聪明的重要性。

黄思绮教授和我记录下了不同的场景下，人们想要调整重要性评级的这种倾向，包括选择约会对象、选择工作候选人、选择电子阅读器、选择食品、选择大学课程等。

## 追求理性的欲望以及过度思考

我们的许多决定都是受情感影响的，毫无疑问，这已经不是什么新鲜事了。大多数人都意识到，情感在我们做出抉择的过程中发挥着巨大作用。不过大家不知道的是，我们总是控制不住地想要用理性来为情绪化的决定正名，这也正是“后设理性”一词的由来。还有一件大家不知道的事情，就是我们并不愿意承认自己的决定是受情绪驱使的。之所以不愿意承认，是因为我们总是认为：我们的情绪会阻碍而不是帮助自己做出正确的判断和决定。正是这种观点，让我们不愿意承认，自己的决定是受情绪，或者更加泛化一些，是受直觉的影响的。

芝加哥大学教授奚恺元与其同事使用“世俗理性主义”来指称我们这种想要表现出不受情绪影响的欲望。奚恺元教授与其同事共同开展了多项研究，记录了我们为了不被他人看作情绪化的人都做了哪些努力。其中一项研究中，研究人员让参与者从两种巧克力中进行选择，其中一块巧克力是另一块巧克力的 4 倍大。对大多数人来说，在此情境下，理性的选择应该是选择比较大的那块巧克力。然而，问题在于那块较大的巧克力看起来很恶心——像只虫子，而那块较小的巧克力则是一块正常巧克力的样子，相比之下，也就更吸引人。用这种方法，研究人员巧妙地把理智上具有吸引力的选项（较大的那块巧克力）与情感上具有吸引力的选项（看起来更漂亮的那块巧克力）对抗起来。

那参与者该如何选择呢？当然，并没有什么正确答案，但既然大家都觉得吃看起来像虫子一样的东西会恶心，那参与者理应选择那块比较小却很漂亮的巧克力。但既然大家都相信世俗理性主义（人们认为那些做决定时受微不足道的细节所影响的人是不理性的），那参与者应该会选择较大的那块巧克力。而事实也恰恰如此：68% 的实验参与者选择了那块看起来像虫子的巧克力。

我想不用我多说，你们也猜得到，他们并不怎么喜欢那块看起来像虫子的巧克力。

在做决定时，人们总是不看重情绪和直觉的重要性，而重视缜密思考，乍看之下，这好像是一件好事。毕竟，情绪和直觉总是会把我们往沟里带。谁敢说自己没被情绪和直觉欺骗过？“人不可貌相”“操之过急，后悔莫及”“三思而后行”这些俗语至今广为流传还是有原因的，尤利西斯和塞壬的故事[①]流传至今也是有道理的。

但是，就像太过依赖情感和直觉会酿成大错一样，低估情感和直觉的重要性也不可取。在这里，我使用“过度思考”一词来指称人们这种忽略或者低估情感和直觉重要性的倾向。过度思考源于两大互相关联的观念：其一，解决问题最可靠的方法是慎重思考；其二，情感和直觉会阻碍，而不是有助于我们做出正确的判断和抉择。过度思考就是我们——尤其是聪明成功的人——不快乐的一个重要原因，同时也是幸福杀手之一，至于原因，我们在下文很快就会讲到。

## 为什么过度思考会降低幸福水平

为什么过度思考会降低人的幸福水平？第一个也是最明显的一个原因是，过度思考会让人们贬低幸福。我们刚刚已经接触过一项相关的研究（就是巧克力的那项研究），它为此提供了有力的证据。尽管人们已经意识到，选择像虫子的巧克力并不是使幸福最大化的事，但最终还是没有选择另外一块巧克力，这种行为很明显就是在贬低幸福的重要性。其他几项研究也同样记录了，过度思考是如何导致人们形成贬低幸福倾向的。在其中一项研究中，研究人员让弗吉尼亚大学的大一新生从五幅海报中选择一幅，同时告诉他们可以把选择的海报带回家。在要求参与者说出自己的选择前，研究人员邀请其中一组参与者先思考一下，说出自己为什么选择这一幅，而另一组参与者则没有被

① 罗马神话中的尤利西斯即希腊神话中的奥德修斯，他因为知道海妖塞壬常常用美妙的歌声诱惑船员使船只触礁，所以命船员用蜡封住耳朵，并把他们绑在桅杆上，以此安全渡过塞壬所在的海峡。——编者注

要求思考自己选择的原因。然后，两组参与者进行选择。结果证明，思索选择的原因对参与者最终选择哪一幅还是有着显著影响的：第一组参与者选择的海报类型，完全不同于第二组。几周后，研究人员再次邀请两组参与者，并请他们说出自己对所选海报的满意程度。结果表明，第二组参与者，那些没有被要求认真思考自己选择原因的人，要明显比第一组的人更加满意自己的选择。在不同选择情境下，也得到了类似的研究结果，像是选择果酱、选择大学课程等。

那这些研究结果说明了什么呢？这说明，要想做出幸福最大化的选择，可能有时候，依赖我们的情感和直觉要比慎重思考更有效些。当然，这并不是说所有的情况下我们都要依靠自己的情感和直觉。有时，慎重思考才是更加值得信赖的一个方式，举个例子，像是决定买什么股票这种事情，还是要好好思考一下比较好。我将在后文探讨一下，什么时候依靠情感和直觉合适，什么时候依靠思考更好些。现在我还是先说一说为什么过度思考会让我们贬低幸福，因为在了解其中的原因之后，我们才能找到过度思考在哪些方面会阻碍我们获得幸福。

## 对情感和直觉的认知

过度思考会阻碍人们做出幸福最大化选择的一个原因是，它会阻碍我们对情感和直觉的认知。多项研究结果表明，我们的情感和直觉并非随机的，而是一个集合了过去众多有效信息的资源库。为证实这一假设，研究人员做了一项令人震惊的实验：他们邀请哈佛大学的学生快速观看了几个教授的短视频，每个视频大约只有不到 3 秒钟时间。所有的视频都静音，听不到教授们说话的声音，只能看到他们的样子。

每看完一个短视频，研究人员就邀请参与者对该教授的一系列性格特征进行打分，包括“热情”“激情”和“专业能力”。然后，研究人员开始评估是否能够通过这些片段评估——之所以这么说，是因为这些都是学生们在进行最低限度的了解的基础上做出的判断——预测这些教授们的期末教学评分。难以置信的是，真的能够预测。

我的许多学生都觉得这个结果不可思议，他们中的很多人甚至都不相信这个结果，但这个结果已经在多项研究中被反复验证。在其中一项研究中，丽贝卡·内勒——俄亥俄州立大学市场营销专业的教授——和我共同评估了根据汽车销售员的照片是否能够判断出他们的长期销售业绩。为此，我们邀请了当地一家汽车经销商参加研究，然后向该经销商索要了销售人员的照片和销售记录。之后，我们请大学生根据销售人员的照片，预测这些销售人员的销售表现。然后，你猜怎么着？学生们的预测与销售人员的销售记录呈现明显的正相关关系。

这些研究结果说明，我们的快速判断——在见面几秒钟之内做出的判断，或者仅仅根据照片做出的判断——还是比较准确的。另一项研究也同样显示，根据情感和直觉做出的判断，有时是十分准确的。研究人员对参与者在观看真人秀《美国偶像》（*American Idol*）时的神经活动进行了监测，参与者的神经活动很好地展现了他们对不同选手直觉性的喜爱。在该真人秀节目结束两年后，研究人员又对参与者对参赛选手直觉性的喜爱与参赛选手日后商业上的成功之间的相关性进行了研究，最终发现，两者之间存在着明显的正相关关系：直觉上，参与者越喜欢某个参赛选手，该参赛选手日后的商业成就就越大。

如果我们的情感和直觉，真的像这些研究结果所显示的那样精确，那为什么还要无视或者低估情感和直觉的重要性呢？

以我的推测，我们之所以低估情感和直觉的重要性，主要有以下几个原因。一个原因与我们的教育体制有关，我们的教育体制总是强调要把慎重思考作为分析和解决所有问题的途径。如果说真有什么主题始终贯穿我们的教育，那就是要更多地依赖思维，而不是我们的内心，来解决问题。事实上，我们形成了这样一种思维：在解决问题的时候，思考得越多，想出的解决方案就越趋近完美。正因为我们都是这种教育体制下的产物，所以就学会了以怀疑的态度看待自己的情感和直觉。

我们低估情感和直觉的另一个原因与我们追求的目标类型有关。我们追求的大多数目标，本质上来说都是量化型的目标，像是年末的时候减多少斤体重，退休的时候攒多少钱，等等。我们之所以会追求这种量化型的目标，是因为这样的目标看起来更具体，而我们在第一章中曾提到过，具体的目标会比抽象的目标更具吸引力。事实证明，在涉及实现定量型目标时，比起依靠情感和直觉，可能慎重思考后再做决定是一个更加明智的选择。举个例子，如果我们在选择食品时，是根据卡路里值而不是食品的外表来做选择，那就更有可能实现减肥的目标。同样，如果我们在选择投资产品时，是经过慎重思考而不是依靠直觉的，那就更有可能实现自己的退休储蓄目标。因此，我们过度依赖思维和慎重思考的一个重要原因可能是我们制定的大部分目标都是量化型的目标。或者，换句话说，如果我们追求的是另一种类型的目标——定性型的目标，像是将快乐最大化或者提高信任度等——那过度思考可能就不会这么普遍了。

不过，我们之所以低估情感和直觉，还有一个原因——可能与我们渴望与他人建立联结有关。我们已经知道，想要与他人建立和维持联结是人们最原始、最重要的需求，而事实证明喜欢慎重思考然后做出决定的人更能与他人建立良好的关系。这是因为，我们认为三思而后行做出的决定更加客观，而非完全以自我为中心。因此，与那些根据情感和直觉来做决定的人相比，我们会认为慎重思考后做出决定的人更加客观，少些偏袒，不会轻易一时兴起，也更少存有利己的偏见。按照这种思路，我们喜欢与三思而后行的人建立关系的另一个原因是，受我们教育体制的影响，我们觉得那些三思而后行的人更加理智和理性。

以上就是我们无视或者低估情感和直觉重要性的几大原因。正是由于以上几条原因，许多人逐渐形成了这样的观念：只有依靠慎重思考，而不是情感和直觉，我们才能得出最好的解决方案。但如果事实恰恰相反呢？如果那些最佳的解决方案是在情感和直觉驱使下得出的呢？

## 情感和直觉才是创造性和灵感的真正来源

你可能没听说过奥古斯特·凯库勒这个人，但他本人想出苯的分子结构式的过程，则生动阐释了情感和直觉——或者范围更广一些，我们的潜意识——是如何帮助人们产生灵感的。

如果你还记得高中所学的化学知识，那你应该还记得，分子是由两种或者两种以上的元素构成的。而且，你可能还记得，所有的元素都有其特定的化合价。对于化合价，一个比较通俗的解释是：如果化合价为 +1（氢）的元素与化合价为 –2（氧）的元素结合在一起，那需要两个化合价为 +1 的元素和一个化合价为 –2 的元素结合，这样才能形成一个分子。这也就是为什么水（$H_2O$）由 2 个氢元素和 1 个氧元素组成，图片表示如下：

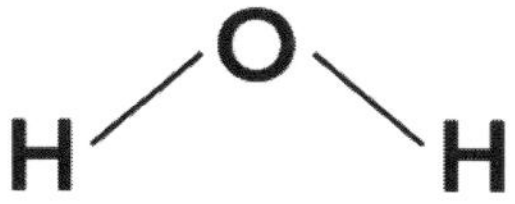

怎么样，还跟得上吧？那接下来让我们来看一下其他一些比较有意思的分子及其分子结构式。已知，碳的化合价是 –4。因此，如果碳元素和氢元素要结合在一起的话，产生的最天然的分子是甲烷（CH4）——一种有毒气体。甲烷的分子结构式是这样的：

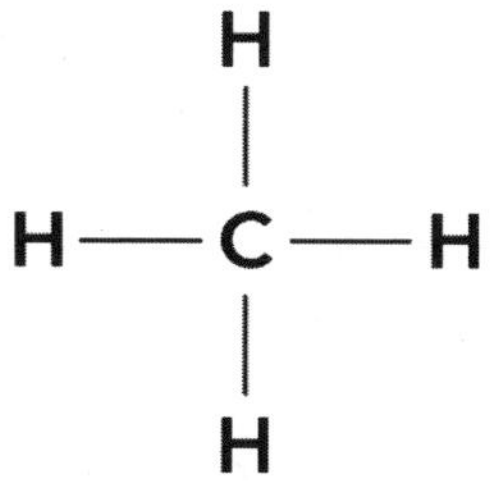

不过，这并不是碳元素和氢元素结合后生成的唯一分子。事实证明，苯（含有 6 个碳元素）也是由碳元素和氢元素组成的。如果已经知道苯由 6 个碳元素组成，那到底应该有多少个氢元素呢？如果你的猜想是 24 个氢元素，那还是有一定道理的，只不过，事实却并非如此，苯只含有 6 个氢元素。怎么会这样呢？ 19 世纪中期，这个问题也同样困扰着当时欧洲的许多化学家。

你觉得自己过得很糟心吗？好吧，想想当时的那些化学家吧，他们整天忙得团团转，仅仅是为了把苯的分子结构式给搞清楚。但无论他们怎么努力，就是找不到什么好办法。如果你时间比较充裕的话，可以想办法解决一下这个问题。我先帮你起个头，给你假设一个错误的分子式，这可以让你了解到，化学家们是怎样试图解决这个问题的。

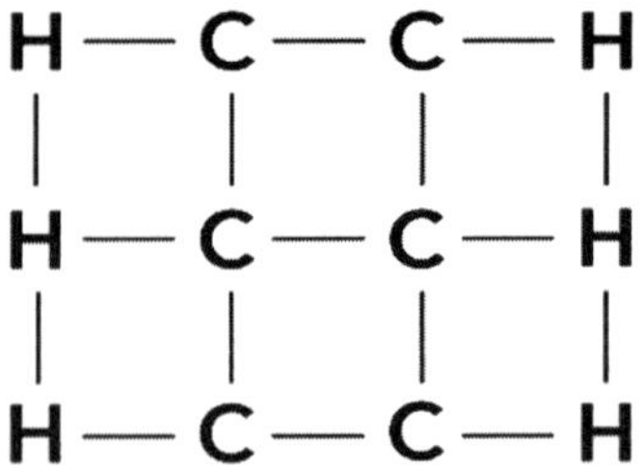

让我们来说说凯库勒吧。他为了想出苯的分子结构式已经殚精竭虑了好几年，但始终一无所获。然后，在一个天朗气清的好日子里（准确地说，应该是晚上），他做了一个梦。

这是他的梦境：

> 黑色的碳元素小球变成了黑色的小精灵，带有燕子一样的尾巴。它们在房间里互相追逐，跑来跑去，这样下去肯定要把实验室里的仪器弄乱的。于是，凯库勒准备把这些小淘气赶出实验室。突然之间，这群小精灵依次抓住了对方的尾巴，变得整整齐齐，向凯库勒挥了挥手，然后消失了。

凯库勒猛地惊醒，意识到梦中的小精灵组成的其实就是苯的分子式。他迅速拿出绘图笔，把这 6 个黑色的碳元素小球画到了纸上。

凯库勒是怎么知道苯的分子结构式的呢？他的想法主要来源于他的潜意识。凯库勒的经验绝非个例，几乎每个人创造性的想法都是来源于潜意识。举一个最近发生的比较轻松的例子，哈利 · 波特的故事其实是突然钻进 J.K. 罗琳的大脑里的。

当然，这并不是说慎重思考在创造性思维产生的过程中一无是处。实际上，慎重思考扮演着十分关键的角色。研究结果发现，只有那些对某个问题经过长时间认真思考的人，才有机会在潜意识中产生创造性的想法。就拿凯库勒来说，他已经在碳元素分子结构领域深耕了十几年。同样，罗琳从很小的时候就开始写小说了。不过，在产生创造性思维，尤其是产生灵感这一方面，慎重思考的作用也就仅限于此了。我们最具创造性的灵感往往都是源于潜意识。这是因为，归根到底，我们的一切想法——不仅仅是创造性思维和灵感——都源于潜意识。因此，过度思考有时不但不会帮助我们产生想法，还会分散注意力，让我们无法利用自己的潜意识，从而阻碍创造性思维的形成。这也解释了为什么当我们没有积极思考要解决的问题，而正在思考其他事情时，最佳的解决方案反而会主动找上门来。

爱迪生也意识到了潜意识的重要性，他曾经说过："灵感来自外太空"（意思是说，我们很难明确指出灵感的来源）。为此，他还想出了一个巧妙的方法来避免过度思考，从而发掘潜意识的情感和直觉中蕴藏的潜在创造力。爱迪生注意到，他最好的灵感都是当他没有积极思考问题解决方案时自动找上门的，或者具体来说，灵感一般都是在他处于半睡半醒的蒙眬时分产生的。于是，他经常在最爱的扶手椅上小憩一会儿，两只手各握一只钢球。同时，在扶手椅的两边，分别放着一只金属平底锅，正对着他的两只手，这样在他快要睡着的时候，两只小钢球就会从手中脱落，掉到金属平底锅里。钢球掉落的咣当声会把他惊醒，这样他就可以把半睡半醒时产生的想法记录下来。

与爱迪生不同，我们大多数人，尤其是那些聪明成功的人，却认识不到情感和直觉在产生灵感方面的重要性。因此，也就无法利用这个最宝贵的灵感源泉。

## 过度思考和自欺欺人、缺乏自我意识

截至目前，我已经探讨了过度思考引发的两大问题：贬低幸福和无法充分发掘我们的创造力。这两大问题的产生，都源于我们没有认识到情感和直觉的重要性。而另一系列与过度思考相关的问题，则源于另一个现象：缺乏自我意识。

我们在前文已经知道，一定程度上，过度思考是源于我们追求理性的欲望。正如我和黄思绮教授研究发现的那样，正是在这种追求理性欲望的驱使下，我们假装自己的判断和决定是不受情感和直觉影响的，而事实却恰恰相反。尽管这种自欺欺人会让我们在短时间内自我感觉良好，让我们以为自己做事很理性，但这样却加剧了另一个问题，在许多研究正念这一主题的研究人员看来，这一问题是人们感觉不幸福的一个重要诱因，这个问题就是缺乏自我意识。

为了准备我在 Coursera 上的幸福课程，我采访了多位学者，其中包括威斯康星大学麦迪逊分校的理查·戴维森教授[①]。戴维森教授是使用神经影像技术从大脑着手研究正念的作用的先驱，他本人也因此为人所知。举个例子，戴维森教授最先证明，专业冥想者（那些练习正念超过 1 万小时的人）的左前额叶（大脑的这一部分与感知快乐有关）比冥想新手要更厚些。戴维森教授认为，缺乏自我意识是人类最大的幸福杀手。何出此言呢？其中一个原因是，如果缺乏一定水平的自我意识，人们就很难认识到哪些方式正在破坏着自己的幸福。

---

① 在此次采访中，戴维森教授谈论了关于正念的一个普遍误解，同时还就如何克服正念练习的障碍提出了几点建议，你可以在以下网址查看该采访的节选：https://www.coursera.org/learn/happiness/lecture/ADpWa/week-6-video-9-some-other-obstacles-to-mindfulness-including-logistical-ones。

下面举个简单的例子解释一下这种观点。这只是为了好玩，不要太当真。假设你是一个很看重优越感的人，但又不想让别人感觉到。也就是说，假设你其实是一个地位意识很强的人，但又想假装压根儿不在乎。同时，让我们再次假设，尽管你在人际关系中很没有安全感，很需要关爱，但还是觉得自己就是典型的安全依恋型人格。你的自我意识越差，就越容易产生这种错觉。也就是说，自我意识越差，越容易自我欺骗，你虽然能说服自己，认为自己不在乎地位、很有安全感，但事实并非如此。乍看之下，这种自我欺骗好像还是一件好事，因为这可以帮你建立一种积极的，虽然并不准确的，自我形象。然而，长远来看，这种自我欺骗注定是要阻碍你获得幸福的，如果你想要追求优越感，或者不顾一切地想要被爱，那你的幸福水平是很难维持的，至于原因，我们之前已经论述过。无论你多么巧妙地掩盖这些，早晚还是会被揭穿。因此，从幸福最大化的角度来说，最理智的做法就是不再自我欺骗，诚实一些，这样就可以彻底了解到底是什么正在破坏着自己的幸福。

除了自我坦诚的重要性外，自我意识对幸福如此重要还有另外一个原因：在面对生活中的挑战时，展示必要程度的灵活度是至关重要的。为了帮助大家理解我的意思，请大家想想我刚刚说的事情：自我坦诚对获得幸福生活具有关键性的作用。尽管这话的确不假，但同样千真万确的是，自我坦诚并不总是一件好事。我敢说，大家肯定知道，有时对自己的缺点和弱点过分坦诚，反而会适得其反。就好比我们在与他人相处时，要分清什么时候、什么场合做到诚实，跟自己坦诚也是同样的道理，也要分时间和场合。具体来说，只有当人的自尊水平足够高时，或者换句话说，自我同情能力足够强时，自我坦诚才是有效的。如果自尊水平较低或者自我同情能力较弱，那最好还是不要对自己过分诚实，因为这样会给你造成巨大的打击，可能从此一蹶不振。

佛教中的一个故事把这种思想表现得淋漓尽致。在故事中，释迦牟尼正与他的弟子朝着森林的方向散步。弟子们都很害怕走进森林，因为谁知道森林里藏着什么吓人的东西呢？而释迦牟尼本人已经无数次穿过这片森林了，因此，他对带领弟子们安全穿过森林很有信心。那释迦牟尼是怎么做的呢？虽然他是正念（对于正念，我们将在后文认真探讨，它主要与自我坦诚有关）的坚定拥护者，但他并没有迫使他的弟子们直面恐惧。相反，释迦牟尼对此轻描淡写，让他们自我感觉良好。释迦牟尼之所以这么做，是因为在他看来，弟子们目前还没有做好直面恐惧的准备，他们的恐惧太过强烈。所以，信心的建立是需要一定时间的，自我坦诚不可操之过急。



这个故事的核心思想在于其所强调的灵活性。具体来说，这个故事想要表达的是：尽管通常来说，更好的选择应该是直面自己的内心，但在某些情况下，比如自尊心已经遭受了一连串的打击时，可能自我欺骗是个更稳妥的做法。当然，在许多其他情境下，我们也需要这种灵活性，比如承认自己被哪些幸福杀手困扰过。尽管一般来说，需要尽量避免这些问题，但在某些情况下，见机行事才是更加明智的选择。举个例子，危急关头，可能追求优越感就比追求心流更合适。同样，在长期缺乏爱和关怀的情况下，在愿意关爱自己的人面前展现自己对爱的渴望可能是一个更好的选择，诸如此类。如果在面对生活挑战时，这种灵活性如此重要，那么我们培养自我意识需求就更迫切了，因为自我意识越强的人，灵活程度也越高。人只有在有自我意识的时候，才能判断出自我坦诚是在釜底抽薪，还是在火上浇油。





同时，在处理问题和挑战时，自我意识带来的灵活性可以帮助我们确定什么时候该去相信直觉和情感，什么时候相信缜密思考。归根到底，这可能更像是一门艺术，而不是一门科学。不过，我们还是可以对其进行一定程度的归纳的。在面对我们的祖先十分熟悉的刺激物时，似乎直觉会更加有用些，而在面对我们的祖先从未见过的刺激物时，可能就更需要慎重思考。多项著名的研究结果表明，对于祖先已经遇到过的危险刺激物，人类婴儿，甚至老鼠和猴子，都很容易产生恐惧情绪，而对于祖先不熟悉的刺激物（像是几何图形、电源插座），人的学习过程则会比较缓慢。举个例子，一群从小在笼子里长大的老鼠，从来没有见过猫，但当看到猫身上的皮毛时，仍会展现出本能的恐惧。

我们之所以能够如此精确地对他人做出判断，原因之一就是，作为群居动物，我们的祖先早就在与人打交道方面积累了丰富的经验。此外，在涉及个人经验比较丰富的领域时，直觉可能更加有效。例如，当判断一件艺术品的真假时，一位经验丰富的博物馆馆长，凭借直觉做出的判断可能就要比慎重思考后做出的判断更准确；在诊断病人的疾病时，一位经验丰富的医生，凭借直觉做出的诊断可能要比慎重思考后做出的诊断更准确。反过来说，当我们在某领域并没有太多的个人经验时，直觉就不那么有用了。例如，一位新手在判断一件艺术品的真假时，或者诊断病人所患的疾病时，他们的直觉可能就不是那么准确了。因此，在经验比较匮乏的领域，比起相信直觉，三思而后行可能是一个更好的选择。

另一个比较适合根据直觉做出判断的情境是，当我们追求的结果属于情感或者享乐方面的时候。在前面说到的海报实验中，我们已经找到了相关证据：那些根据自己直觉做出选择的参与者，要比那些仔细思考后选择海报的人要幸福许多。还有一种比较适合相信直觉的情境，就是当时间有限，而我们又想做出满意的选择时（不一定是最佳的选择）。研究显示，在这种情况下，我们对根据直觉做出的选择的长期满意度要更高些。

如果我们追求的结果是功能性的，那可能慎重思考后做出选择会更好些。比方说，在购买公寓、置办田产进行投资时，或者在玩二十一点游戏拿牌时，慎重思考可能就要比相信直觉更加靠谱些。另一种更加适合慎重思考后做出决定的情境是，当我们代表一个群体，尤其是如果你追求的是功能性的结果（例如，为你所在的组织招募人员）而不是享乐型的结果（例如，为年终聚会选择场所）时。我在上文已经提过，这是因为人们比较喜欢那些慎重思考后做出决定的人，而不太喜欢根据直觉和情感做出决定的人。

总之，有一系列的变量条件影响着我们是根据情感和直觉做决定，还是慎重思考后做决定。一个自我意识较强的人——也就是能够意识到自己追求的是享乐型目标还是功能型目标的人——更有可能意识到相关的变量条件，因此，更能够做出正确的决策。换句话说，自我意识可以帮助人们展现必要的灵活性，能够随机应变，根据所处的情境选择听从自己的情感和直觉，还是进行慎重的思考。

鉴于自我意识对人们获得幸福具有如此重要的作用，我在本章最后附上了一张自我意识量表，方便大家评估自己的自我意识水平。

## 重要的自我意识

我们已经知道，要想在不同的情境下，做出明智的、能够提升幸福水平的决定，自我意识是至关重要的。自我意识如此重要的最后一个原因是，它可以帮助人们认识到，思维会以哪些方式阻碍人们获得幸福。尤其是，自我意识可以帮助人们认识到，当自己尝试观察发生的事情（包括内在和外在），并对发生的一切不做评判、不指手画脚、不肆意归类、不反复琢磨时，就会发生一件十分神奇的事情：压力减小，感觉更加幸福。也就是说，自我意识帮助人们意识到内心其实就是幸福的源泉，而且我们随时都能从中汲取幸福的活水，只要知道汲取的方法即可。

在第十四章中，我将对此进行详细的解释。

# 自我意识量表

该量表分为两部分。第一部分是一个包括 10 个条目的量表，第二部分则需要你找一个合作伙伴共同完成。

## 第一部分说明

如果你想了解自己的自我意识水平，请在每个条目的陈述后回答“是”或者“否”。请务必不要思考太长时间，也不要太过认真思考，同时，尽量不要去思考每一个描述中存在的特殊情况及细微差别。要想得出最准确的答案，就要做到快速判断。

1. 通常，有人问我为什么我这么生气或者伤心时，我的回答（或者我心里觉得）都是“我才没有！”

2. 当我最亲近的人问我，为什么要对某个人这么无礼或者苛刻时，我通常都不同意他的说法，认为自己并没有无礼或苛刻。

3. 我经常发现，一个月里有好几次，我的心跳或者脉搏加速，而且我也不知道为什么。

4. 当我察觉到别人很痛苦时，无论是身体上还是情感上，我自己也都会感觉很痛苦。

5. 通常情况下，我都很确定，自己能够把我的感受准确地用语言表达出来。

6. 有时，我会发现自己身体酸疼，却不知道为什么会这样。

7. 我喜欢拿出时间来静一静，好好放松一下，感受一下自己内心的变化。

8. 我认为自己能很好地控制自己的身体，而且感觉身体很放松，很自在。

9. 我对外界环境十分敏感，但很少能注意到自己身体内部发生的变化。

10. 当我锻炼的时候，我能敏感地感知到自己身体内部的变化。

## 第一部分评分方案以及得分解析

第4、5、7、8、10个条目，如果你的答案是“是”，请各加1分；第1、2、3、6、9个条目，如果你的答案是“否”，请各加1分。第4、5、7、8、10个条目，如果你的答案是“否”，则不加分。第1、2、3、6、9个条目，如果答案是“是”，则不加分。

如果你的最终得分大于等于8分，则意味着你的自我意识较强，如果你的得分是3分甚至更低，则说明你“自我意识模糊”。

## 第二部分说明

在该部分，你需要找一位合作伙伴，记录下你30秒内的脉搏，在这期间，你要把注意力集中到自己身上，试着感受自己的心跳。把你的意识集中到内在感官上，然后尽最大努力（不要触摸自己的手腕或者其他地方去感受脉搏）感知自己的心跳，并数一下心跳次数。然后再重复3次，也就是说，一共要做4个30秒。把自己数到的次数与合作伙伴数到的次数做比较。两者之间数字越接近，说明你的自我意识越强。

IF YOU'RE SO SMART, WHY AREN'T YOU HAPPY?

# 第十四章 提升幸福感的第七个习惯：培养正念

假设你在任何情况下都能变成一只小飞虫，你会选择在什么场合下变呢？是肯尼迪和玛丽莲·梦露幽会的时候？还是印度脱离英国殖民统治，圣雄甘地和蒙巴顿勋爵会面的当晚？

不管你选的是哪种场合，这里我们所说的变成小飞虫，意思是要让你做一个公正无私的观察者。需要注意的是，这里说的是公正无私，而不是不感兴趣。所谓不感兴趣，就是感觉很无聊，提不起兴致。公正无私是说不带偏见，态度中立。所以，人们是可以同时做到既对某件事感兴趣，又公正无私的，如果你在某个重要的场合中变成了一只小飞虫，也应该做到这一点。也就是说，你要做到只是观察发生的一切，而不去阻挠或者制造任何事件。而且，你也不能把注意力放到自己的身上，更不能改变正在发生的事情。实际上，即使你想要改变正在发生的事情——打个比方，你不想让实际发生的事情发生（具体发生了什么，我也不知道），想让肯尼迪给玛丽莲·梦露唱生日快乐歌，或者想让蒙巴顿勋爵穿得像圣雄甘地一样——但作为一只小飞虫，你应该明白，你是没有能力改变任何事情的。不管发生什么，你只能接受，而且还要感激，自己能够有机会见证这一历史性事件。

现在，假设你还是趴在墙上的一只小飞虫，只不过这次你不是见证外在世界的重大事件了，而是趴在脑海中的一面墙上，见证的是内心世界的重大事件。你可能会问："内心世界的哪些重要事件呢？"当然是现在真的正在发生的重大事件了。

和趴在外面的墙上一样，即使现在趴在脑海中的墙上，你还是不能将注意力集中到自己的身上，更不能改变正在发生的任何事情。不同之处在于，如果你想的话，还是可以改变你头脑中的事情的。例如，如果你脑海中有这样的想法："我真是一个饭桶啊，10 分钟的时间里竟然吃了一大桶冰淇淋，我真鄙视自己！"那你可以把自己的想法变成："还能怎么样呢？我这段时间过得实在太不顺了，任何一个跟我处境一样的人都会这么做的！"不过，还是请你暂时假设一下自己能够控制住改变事情的冲动，这样才能够更好地观察正在发生的一切。

简单来说，这就是正念的精髓所在——做自己大脑中的一只小飞虫。也就是说，所谓正念就是，带着极大的兴趣和好奇心，观察自己脑海中正在发生的一切，而不妄图进行控制。当然，你也可以观察发生在你头脑之外的事情，比如欣赏日落，或者观看电影。但一般来说，正念是指观察人的内心世界的某个方面，如思想或者呼吸。

## 走出思维之网的大门

为了让你对正念有一个更加具体的概念，请允许我先向你介绍一个我经常使用的隐喻——我将它称为"大门模式"。假设在你读我的这本书时，一个想法突然浮现在你的脑海："天啊，竟然下午 6 点了，我得赶紧去托儿所接我儿子，要迟到了！"一般来说，当我们产生这样一个想法时，通常还会有另一个想法（"我怎么总是马马虎虎的，从来没按时完成过什么事！我以后做事得多长点儿心。”）这种想法可能引发一种情绪（例如羞耻感），进而引发一种行为（例如猛地把书合上，冲到车里）或者树立一种目标（接儿子接晚了，给儿子买点儿零食，安抚一下）。

在这个事例中，最初的想法（“我迟到了”）引发了一系列后果，包括各种思想、情绪、行为和目标。如果你中断这种思路，那肯定会意识到，并不单单只是这一个想法会触发其他的思想、情绪、行为和目标，几乎你所有的想法都会触发一系列的思想、情绪、行为和目标。要想描述我们的日常生活都有哪些特征，其中一个方法就是沉浸在目标、行动（或者行动倾向）、思想、情感共同交织的网中。或者，换言之，我们的生活就像陷在一张由各种人生经历交织而成的网中，不断与头脑中的目标、思想和情绪进行互动。举个例子，如果我们刚被老板臭骂了一顿，可能会很生气，因而产生报复情绪，引发一定的行动，继而引发其他情绪的产生，其他情绪又会让我们产生一系列新的思想或者目标，继而引发新的行动，循环往复，永不停歇。

当然，某种程度上来说，人生大部分时候就是如此运转的，所以也算正常。如果我们陷落的那种网，恰好是一张有益的网，那结果就不会太坏。比方说，当老板对我们大吼大叫时，我们以一种健康的方式进行反应。但如果我们总是倾向于编织一张不健康的网，该怎么办呢？举个例子，在面对他人的批评时，我们通常的反应要么是自我否定，要么是实施报复，而不是试着以一种客观的方式，评估他人评论的可信度。不幸的是，有关过度思考和反思的研究结果显示，许多人都会陷入这种不健康的网中。当遇到负面刺激时，这种现象会变得尤其明显。要想打破这张不健康的网，其中一个方法就是用提高幸福感的习惯代替幸福杀手。这样一来，当某一事件发生时，人们就更有可能以积极的网代替消极的网。

不过，还有另外一个可以打破消极的网的方法。那就是，走出你头脑中的这张网（目标、行动、思想和情绪），仅仅只是观察发生了什么，做一只头脑中的小飞虫。

## 第一大正念悖论：与观察对象既保持距离又维持亲密

“做一只头脑中的小飞虫”或者“走出自己思维之网的大门”这些概念会让人感觉，似乎正念就是要让自己与观察目标保持距离。尽管正念的确需要人们以事不关己的态度观察发生的一切，但这种努力带来的结果却是十分矛盾的：你会由此与观察对象进行更加亲密的接触。

为了解其中的缘由，明确研究者口中的“全然专注”与“思维专注”之间的区别，还是十分有必要的。所谓思维专注，是指通过评论、判断、分类、反思等思维筛选方式，理解自己的观察对象。第七大幸福杀手过度思考——也就是过度依赖慎重思考的倾向，是思维意识的产物。与之相比，全然专注仅仅是观察正在发生的一切，而不做任何评论、判断、分类或反思。对我们大多数人来说，要想做到长时间全然专注是比较困难的，尤其是在练习正念的早期。但至少从概念上来说，掌握全然专注还是相对比较简单的：仅仅观察，而不进行任何思想活动。例如，如果在观察自己的思想（“我接儿子要迟到了”）的过程中，你产生了其他想法（“我真是太马虎了”）或情绪（羞耻感），那你同样也要观察这些思想，同时不做任何评判。

全然专注进行观察的一个重要作用就是，将我们从一种思维（比方说一个想法）转换到另一种思维（一种情绪）的速度大大降低。因此，我们的思维之网会趋于平静，在此过程中，会与自己的观察对象建立更加亲密的关系。或者，换个说法，一旦那些分散注意力的心理活动减少，我们就会愈加亲近自己的观察对象。听音乐时，我们更能够察觉到那些微妙的声音；观察与情感状态相关的身体变化时，我们更能注意到与这种状态相关的微妙感受。

因此，尽管全然专注是指以旁观者的角度观察发生的一切，但如果能够真正做到置身事外，那就能够与自己的观察对象建立更加亲密的关系。事实上，如果一个人真能如此，那就能够切身体会到英国神秘主义者道格拉斯·哈丁所说的“无头绪状态（headless-ness）”——感觉自己内心的观察者和观察对象融为一体。

## 第二大正念悖论：与负面情绪亲密接触，能够缓解负面情绪

如果说正念就是与自己的观察对象进行亲密接触，那么关注负面情绪看起来可能会火上浇油。但事实上，正念能够缓解我们的负面情绪，这是与正念有关的又一大悖论。理解这种悖论的一个方法就是，把我们的负面情绪想象成云朵。从远处看，这些云朵看起来是不透明的。然而，当你真正进入云内时，你会意识到，原来云朵是这么透明，这么虚无缥缈。同样的道理，从远处看，也就是从思维的角度来看，我们的情绪是坚固的（因此，如果这些情绪是负面情绪的话，那就有点吓人了）。但如果你能够控制住自己想要改变或者逃避情绪的冲动，只是观察与情绪相关的身体感受，那这些情绪就会变得虚无起来。

产生这种现象的原因是，在全然专注的帮助下，人的负面情绪就变成了一系列的感觉。举个例子，我们大脑所标注的“焦虑”情绪，就

变成了掌心出汗、心跳加快、心情忐忑（感觉七上八下的），换句话说，都是出于本能的恐惧或反感做出的反应。如果对这些感觉进行判断、分类、反思或者评论，就会使得这些感觉持续存在，因为此时，人的心理活动会让思维之网始终保持活跃。但如果仅仅观察负面情绪，则能够让思维之网速度放缓，趋于平静，从而让负面情绪迅速消失殆尽。

## 第三大正念悖论：减轻负面情绪，强化正面情绪

关注负面情绪，或者准确地说，密切观察与负面情绪相关的身体感受，可以缓解这些负面情绪，由此我们似乎可以进行推断，关注积极情绪也会弱化我们的积极情绪。但事实却恰恰相反，这就是有关正念的另一个悖论——专注能够强化人的积极情绪，同时缓解人的负面情绪，尽管这看起来有些不可思议。

一项涉及 16 000 人的大型研究记录了这个十分有趣的现象。该项研究的研究人员马特·科林斯沃斯和丹·吉尔伯特对人们走神儿与专注状态下表现出的不同幸福水平十分感兴趣。我们可以粗略地把走神儿看作是专注的对立面。人在走神儿的时候，思维完全不受控制，四面发散，无法集中到任何一件事上。据我所知，在刻画“走神儿”这个概念方面，没有比《纽约客》（*The New Yorker*）杂志的那幅漫画更入木三分的了：漫画分为三栏，在三栏漫画中主角是同一人。第一栏中，一个男人在工作，脑子里想的却是打高尔夫球；第二栏中，这个男人正在打高尔夫球，脑子里想的却全都是少儿不宜的事；第三栏中，他正在做爱，脑子里想的却全是工作。

为了弄清走神儿对幸福水平的影响，科林斯沃斯和吉尔伯特邀请

参与者下载一个手机应用到自己的智能手机上。研究期间，该款应用被设定为会每天随机选择时间联系参与者。一旦被联系，参与者就要按照要求回答以下三个问题。第一个问题是，被联系时正在做什么，可以从 22 种不同的活动中选择其一，像是吃饭、工作、锻炼、堵车、做爱等等。从事不同的活动时，人们的身心愉悦程度也是有所差别的。另一个问题是，他们是否在走神儿，也就是说，他们的精力是集中在正在做的事情上，还是像卡通漫画中的那个男人一样三心二意。最后一个问题，他们当时的幸福程度。

研究结果表明：无论从事的活动是否令人身心愉悦，当参与者走神儿时，都不太开心。或者，换个说法，即使参与者在做着最不愉快的事情，但只要他们精力集中，就会开心些。这说明，在提高幸福水平上，人们在精力集中时的感受会更好些。

## 幸福是人类的天然状态

正念既能提高积极情绪，又能缓解消极情绪，这是怎么回事呢？

原因之一与我所说的“行为影响态度”现象有关。众所周知，我们的态度会影响我们的行为。例如，我们都知道，如果一个人相信生活就像一场零和博弈，有人赢就一定有人输，那他就很有可能比相信生活是一个不断成长的过程的人更看重优越感。同样，那些天性信任他人的人，要比那些天性怀疑他人的人，更乐意与他人合作。不过，许多人没有认识到的是，我们的行为也会影响我们的态度。举个例子，那些常怀感激之心行事的人就不太可能追求优越感。同样，常怀友善和同情之心行事也会缓解我们的对爱的过分渴望和逃避。行为能够影响态度，原因之一就是我们口中所说的自我认知（self-perception）：当我们察觉到自己表现出某种特定的行为（例如富有同情心的行为）时，就会寻找理由来解释这种行为，由此得出结论，之所以这么表现是因为我们的态度就是这样的。换句话说，即使我们自己并非真的那么富有同情心，但只要表现出富有同情心的行为，就会自认为很有同情心。（我们的幸福练习其实就是基于"行为影响态度"这一原则的，当然，这也是即使你不相信这些练习会有效果，但它们仍值得一试的原因。）

"行为影响态度"解释了正念会让我们感到幸福的原因：当我们精力集中时，就会做出我们感到幸福时所表现的行为。要想理解我所说的话，你可以想一下幸福的人都会做出什么样的行为。正如有关心流的研究结果所显示的，幸福的人都活在当下。具体来说，心流的一个显著特征就是活在当下，正如我们在第四章中所说的，心流会提高人的幸福水平。接下来，让我们考虑一下，正念的显著特征也是活在当下。因此，从"行为影响态度"上来看，我们可以得出结论，正念会让人幸福。[①]

正念能够提高幸福水平的另一个原因是，它可以改变人的大脑结构，从而让人拥有一个更加幸福的大脑。具体来说，正如我在前文简单提到的，正念练习可以使大脑的左前额叶增厚，而大脑的这一部分与较高水平的幸福感有关。同时，人在专注时可以降低与忧虑和压力

---

① 实际上，有人甚至认为，正念是比心流还要强大的影响幸福的因素，因为正念与心流不同，心流主要依赖于自身与外在环境（具体来说，心流需要已有能力与所需能力相匹配）的契合，而正念则较少依赖外在环境。即使你的已有能力大大超过所需能力，还是可以将正念运用于这项活动（例如呼吸）。从心流的角度来说，这种状态会引发无聊，而且通常情况下也的确如此。然而，如果你能够对自己的思维进行训练，让自己观察微妙细小的特征，那就有可能进入到与高度心流类似的全神贯注状态。这意味着，正念是一项可以在多种情境下运用的技能，因此，正念比心流更强大有效。

相关的杏仁核活性。换句话说，正念可以增厚与积极情绪相关的大脑分区，同时降低与压力、忧虑相关的大脑分区的活性，从而提高人的幸福水平。

当然，至于为什么大脑会对正念状态有着如此显著的反应，我们并不是特别清楚。毕竟，所谓正念，也只不过是观察正在发生的一切，而不妄下论断而已。从本质上来说，练习正念就是要学会顺其自然，不加干涉，也不加控制。为什么这样做就能提升人的积极情绪呢？那先让我们来想想，如果做相反的事情会发生什么样的后果。如果我们不怎么在不加控制、不加干涉的前提下进行观察，反而会让大脑中与幸福相关的区域变薄，激活大脑中与忧虑和抑郁相关的区域。实际上，当我们尝试与现实建立关联（顺其自然）时，不但不会损害大脑，反而会对我们有益，由此也引出了正念能够提升幸福水平的第三大原因：幸福是我们的天然状态。

在印度教和佛教这类世界上最古老的宗教中，有这样一个十分普遍的观念：从本质上来说，人类的天性就是快乐和幸福的。这并不是什么新鲜的观点。不过，值得一提的是，神经学方面的研究为此提供了确凿的证据。因此，至少在某些科学家看来，那些古老的智慧还是不无道理的。例如，世界著名正念领域专家艾伦·华莱士，著有《密切关注》（*Minding Closely*）、《思维平衡》（*Balancing the Mind*）等多本著作，他认为人类在精神上生来就处于幸福状态。圣塔克拉拉大学教授，正念领域研究家肖娜·夏皮罗在某次与我交谈时称，“人类天生具有佛性”，意思是说，人类天生就是积极的。[①]

正念能够帮助我们找到通往内在幸福源泉的渠道，这可能是其能

① 你可以在我的Coursera课程上观看相关采访的片段，网址如下：https://www.coursera.org/learn/happiness/lecture/tVwu3/week-6-video-6-the-benefits-of-mindfulness-ii。

够让我们感到幸福的最大原因了，但不是唯一的原因。截至目前，我已经论述了正念提升积极情绪的多种方式，其中包括正念能够让我们更加关注当下，从而体验一种类似心流的状态。所以，即使是最无聊的事情，也能够散发出独特的光芒，甚至可以说是非同凡响。举个例子，那些已经练习正念一段时间的人可以做证，如果能够做到连续好几个小时集中精力，即使像观察自己呼吸这样枯燥的事情，也能够充满乐趣。以下是世界著名的无神论者、神经学家、哲学家萨姆·哈里斯在他的著作《醒醒》（*Waking Up*）中所表达的思想：

> 在练习冥想时，我们学到的第一件事情就是，根本上来说，没有什么事情是无聊的，事实上，感到无聊只是因为没有集中精力罢了。只要投入足够的关注，即使是呼吸这样简单的事情也值得你花几个月，甚至几年的时间去观察，而且这还会稳步提高你的警觉性。

## 正念、自我意识，以及减轻过度思考倾向

除了这些相对比较直接的方式外，正念还能够以间接的方式提升人的积极情绪。其中之一就与自我意识有关，我们在前面已经讨论过，自我意识对获得幸福起着至关重要的作用。为理解专注是如何提升人的自我意识的，我们可以做一个假设。

假设你现在正在参与一项研究，研究人员在电脑屏幕上快速展示了一连串数字或字母。让我们继续假设，这串字符包括了许多字母（比如 A、D、Z、X 等），但偶尔，字母中间会蹦出一个数字（比如 3）。

你的任务就是，只要出现一个数字，就按一下键盘上的某个键（比如空格键）。

接下来的研究显示，当人们在寻找某样东西时，一旦找到，就会变得十分兴奋。这种兴奋程度可能并不十分强烈，只存在于潜意识中，你可能注意不到，但研究显示，这种兴奋程度却足以干扰注意力，让你无法及时注意到第二个目标的出现。举个例子，你正在一长串数字和字母中寻找数字，在刚刚发现了一个数字后，如果第二个数字紧随其后，那你发现第二个数字的可能性就将大大降低。你看到第一个数字时越兴奋，那发现第二个数字的可能性就越低，我想这不用我说，大家也都明白。这就是所谓的注意瞬脱缺陷，因为你的注意力瞬间脱离了（因此也就错过了）第二个刺激物的出现。

有趣的是，事实证明，如果第二个数字与第一个数字的间隔时间不到 0.5 秒，那么大多数人都无法及时发现第二个数字。因此，可以说，0.5 秒就是注意瞬脱的持续时间。不过，更有趣的是，通过正念练习，注意瞬脱的持续时间是可以缩短的。在一项研究中，研究人员先对 17 名参与者进行了严格的正念训练，再让他们从一长串字母和数字中选择数字，测试他们连续发现数字的能力。与此同时，研究人员对另外 23 名参与者进行了比较宽松的正念训练，让他们也参加了相同的测试，最终对两组参与者的测试结果进行比较。最后发现，第一组中，所有的参与者发现第二个数字的能力都有了提高，但在第二组（23 个人）中，只有 16 个人的能力有所提高。（23 个人中有 16 个人的能力有所提高，可能看起来人数已经不少了，但是别忘了，第二组的参与者同样也做过正念练习。）以上结果说明，通过正念练习，是有可能减少注意瞬脱的持续时间的。

那为什么正念有助于缓解注意瞬脱呢？因为，正念可以帮助我们提高自我意识——帮助我们注意到兴奋时刻的来临，从而控制兴奋情绪。要知道，这种兴奋情绪会蒙蔽我们的双眼，从而忽视刺激物的出现。或者，换个说法，练习正念可以让我们更能注意到身体上十分细微却又影响深远的感官变化，其中就包括与情绪和直觉相关的感官变化。这种自我意识，不但能够帮助人们做到更高程度的自我坦诚，还能帮助人们在面对不同情境时更好地随机应变，而且我在前面已经提到过，自我坦诚和随机应变，对获得幸福起着至关重要的作用，能够帮助人们克服过度思考的倾向。

## 正念的生理功效及提高成功的机会

正念提升幸福感的另一个间接方式是提高人的身体健康水平。之前已经提过，正念可以增厚人的左前额叶，因此我们会感觉更加幸福。左前额叶皮质增厚还有另外一个重要的积极影响：可以减慢脑衰老的速度，从而提升人的精神敏锐度。正念带来的另一个积极的生理变化是，可以抑制引发身体炎症的基因表达。这样一来，我们就可以更加有效地面对压力。一项研究结果显示，当被要求在一群人面前做演讲或心算时，那些练习正念的人往往不会感到太大压力。

练习正念对身体还有一个益处，就是可以使心脏更加健康。研究显示，在练习正念的人群中，迷走紧张会有所改善。血压、心律失常（心跳不规律）以及其他心脏不良的症状都是受到迷走紧张的影响的。所以说，正念直接影响着心脏健康。同时，迷走紧张的改善还能提高人的心理健康程度，使人更富有同情心。

正念给人体健康带来的最后一个益处是，可以防止染色体端粒缩短，从而保护染色体末端，预防癌症等疾病的发生，同时还能延缓衰老。

既能正念能够给人体健康带来这么多的好处，那么再说正念能帮助治愈皮肤病等身体疾病，你应该也不会太吃惊。一项针对牛皮癣患者的研究揭示，与没有接受正念练习的对比组患者相比，接受正念练习的患者的牛皮癣治愈速度会更快些。

正念除了能够以间接、直接的方式提高幸福水平外，还能提高人在职场上获得成功的机会，这主要是因为正念可以提高人的反应灵活性，即三思而后行的能力。也就是说，正念可以培养人以一种更加有意识的方式对待发生的一切，从而提高在事业上取得成功的概率。因此，练习正念的人不会以本能的、既定的方式对待发生的事情，而是以一种更加审慎的方式做出反应。假设你刚刚收到了客户发来的一封言辞激烈的邮件，或者，假设你刚刚被邻居冤枉，说你虐待他的宠物，在这类情况下，人的本能反应可能是以牙还牙，从而形成恶性循环，最后双方剑拔弩张。然而在经过正念练习后，人们就可以学会退后一步，审时度势，再选择适合自己的反应方式。我想你也应该能够想得到，反应灵活性在处理人际关系方面会有很大的作用，尤其是在涉及比较棘手的问题的时候。

## 开始正念练习的阻碍

我们刚刚已经看到，无论是生理上，还是心理上，练习正念都会为我们带来一系列好处。但对此，我们大多数人，尤其是聪明成功的人，却并不擅长。为什么会这样呢？

原因之一就是，正如丹·哈里斯在他的《一个冥想者的觉知书》

（*10% Happier*）中所说，很多人都固执地认为，正念是一件神神道道的事情，或者觉得正念缺乏科学依据。不过，我们已经探讨过，正念只不过是试着感知现实世界罢了，并不做任何的判断、评论，也不会执着于一点不放。如果说具体些的话，就像我之前所说的，正念就是以一种既感兴趣又客观公正的态度，试着观察现实世界。

认为正念不科学的人，就是那些自认为已经对现实世界有了准确的认识，看到了事物本质的人。显然，这样的人缺乏足够的人生体验，还不知道我们的大脑是具有欺骗性的。说到思维的欺骗性，最显著的一个例子要数盲点了。我们不能亲眼看到盲点（视野范围内神经与视网膜相连接的一个点）之内的东西，如果没有一定的经验，我们甚至连盲点的存在都无从知晓。当然了，盲点只是我们大脑具有欺骗性的一个实例，而且还没有造成什么不好的影响，但有关判断和决策的文献中，却充斥着大脑欺骗性所带来的种种不利影响。举个例子，即使在事物没有任何规律的情况下，我们也总是试图寻找规律，这样的结果就是，我们总是在一些完全随机的事件中推断言外之意，弦外之音。再举一个比较离奇的例子，“9 · 11”事件中恐怖分子袭击世贸中心大楼时，有人声称在烟雾中看到了魔鬼的影子。同样，许多人坚信，篮球运动员（以及其他运动员）会有所谓的热手期和冷手期，但实际上，运动员的表现都是随机的，没有规律可言。康奈尔大学心理学家托马斯 · 吉洛维奇曾写了一本书《理性犯的错》（*How We Know What Isn't So*）专门解释这种现象。不管大脑告诉我们什么，我们都觉得千真万确，这说明，我们没有意识到大脑除了会让我们思路清晰，还会让我们产生错觉。因此，练习正念能让我们更加熟悉自己的思维、情感和直觉，帮助我们更好地区分什么时候大脑在令我们误入歧途，什么时候在引导我们走向正途。

人们反对正念的另一个理由是，正念会让人变得软弱。在对正念练习进行思考后，人们的内心对话通常都是这样的：“一秒钟前，我还是精明务实的领导，一秒钟后，我就化身为奥普拉和乔普拉[①]，口若悬河地谈论着什么要爱不要战争。”我们之前也知道，正念的确会激发人的同情心。不过，这并不意味着正念会让人软弱，除非我们把有同情心和软弱看作同一件事情，不过不幸的是，许多人的确是这样觉得的。这也就是为什么许多消费者认为，环保产品（举个例子，像是由生物降解材料制成的轮胎）不耐用，这与我和合作伙伴们在一系列研究中所记录的现象如出一辙。不过，坚强和有同情心并不矛盾。实际上，很多在全世界备受尊重的领导者都是力量和同情心的化身，像是圣雄甘地、曼德拉、特蕾莎修女和马丁·路德·金。当然，有人可能很快就会列举出那些以冷酷著称的领导者（像是史蒂夫·乔布斯或者杰克·韦尔奇）。不过，我们在第六章中已经知道，大量数据显示，那些为人友善、富有同情心的领导者（具体来说，那些“付出者”）更有可能上升到组织上层。

如果说到这里，还是没办法让你信服的话，那我要亮出我的王牌了，还记得诺瓦克·德约科维奇吧？在我写作这本书期间，这位男单网球世界冠军正是利用正念练习克服了心理上的负面情绪，要知道，彼时，他的两位劲敌罗杰·费德勒和拉斐尔·纳达尔在人气上明显高于他。无独有偶，美国海军陆战队也正让自己的士兵练习正念，如果正念真的让人变得软弱，海军陆战队是绝不会冒这个险的。

许多人之所以不愿意练习正念，除了认为正念可能让自己变得软弱之外，还有至少两大障碍。第一，许多人觉得自己做不到正念。这是因为他们对正念有一个十分普遍的误解，认为正念就是不去思考。

---

① 奥普拉是美国著名脱口秀节目主持人，乔普拉是印度宝莱坞女星。——译者注

《纽约客》中有一幅十分搞笑的漫画，把这种观点表达得十分到位，漫画中有两位僧人正在打坐，其中一个僧人对另一个僧人说："你是不是没有想我不在想的事情？"

实际上，正念并不是不让人思考。相反，正如理查·戴维森在某次谈话中与我说到的，正念正是要"改变自己与思想的关系"。[①]具体细节，我们在之前已经讨论过，正念就是仅仅去观察自己的思想，而不去判断、评论，或者参与其中。

关于正念，许多人还有一个相关的顾忌，就是担心需要练习很长一段时间才能有效果。不得不承认，之前我自己也有这种想法，这也是为什么我决定要进行一场为期 10 天的正念禅修，这着实有些折磨人。我认为，只有采取这种激进的方式，才能切实体会到正念禅修的益处。我并不后悔进行那次禅修，事实上，我觉得那是我人生中最难忘的经历之一。不过，我现在知道，为了从正念中收获效果，让自己经历这么累的过程实在是有些没必要。研究发现，即使每天只进行 12 分钟的正念练习，也能最终创造奇迹。实际上，只要你能够连续坚持 5 周，哪怕每天只有 5 分钟的练习时间，也足以促进左侧额叶皮层（我们之前探讨过该大脑区域，与人的积极情绪有关）的基线活动。

## 坚持正念练习的阻碍

有多少激励我们开始正念练习的因素，就有多少阻碍我们坚持正

① 你可以在以下网址观看我采访戴维森教授的片段：https://www.coursera.org/learn/happiness/lecture/ADpWa/week-6-video-9-some-other-obstacles-to-mindfulness-including-logistical-ones。

念练习的障碍。其中一个阻碍我们坚持下去的障碍就是成本：我们需要留出时间、空间和精力来定期练习正念。当今社会，许多人的生活节奏都特别快，以至于没有足够的时间轻松地吃个午餐，或者跟孩子玩耍一下。因此，每天花 20 分钟，即使只有 10 分钟，练习正念也是困难重重。

当我和戴维森交流时，我问他，该如何克服成本这方面的困难。他的建议是，开始的时候可以先练习比较短的时间，像是一天练习一两分钟就可以了。戴维森的意思是，至少大家还是能够挤出一两分钟的时间的，对吧？而且，不仅仅是大家都能拿出一两分钟时间这么简单，这种做法的另一个考虑是，这样大家受挫的情绪会弱一些，因此也就不那么容易放弃了。相反，如果你一开始就练习 20 分钟，到练习的后半段就有可能会坐立难安，这样很可能会感觉受挫，进而放弃练习。相比之下，如果你只花 2 分钟的时间，那么受挫的可能性就会大大降低。

说到受挫，坚持正念练习的最大阻碍就是，期望太高，又不能实现，最终由此感到失望。从某种意义上来说，提前了解正念的所有益处可能也不是什么好事，因为这样一来，就会对正念练习抱有太高的期望，对比之下，实际上的效果就相形见绌了。在第二章中我们已经知道，把现在的幸福水平与理想中的幸福水平做比较，会产生不利影响，同样的道理，当把实际的正念练习效果，与理想中的正念效果作比较时，人们也会感觉很沮丧。

提前了解正念的效果是有好处的，它可以激励我们开始练习。不过，这也会让我们抱有不切实际的期望，可能会影响到正念练习。在开始正念练习前，我已经制定了三大策略，来克服期望过高这一困难。首先，每次练习之前我都很明确地提醒自己，每一次的练习都是不一样的，不要随便比较。我告诉自己，我唯一的目标就是想知道这次练习的情况怎么样，可能练习 10 分钟，也可能练习 15 分钟，或者更长的时间。我还告诉自己，不管练习的结果怎么样，我都完全无条件地接受，即使最终的结果是我永远都走不出自己的思维之网，我也接受。其次，我将尽量让自己做一只墙上的小飞虫。我告诉自己，整个练习的唯一目的就是要做一只墙上的小飞虫，不会让任何其他目标（像是进入心流状态，或者释放自己的同情心）干扰我做墙上的小飞虫这件事。最后，我告诉自己，一旦发现自己偏离了原来的做一只墙上的小飞虫的目标（要知道每次练习这种情况要发生好几次），我将会利用自我同情，以及心平气和地追求目标的方法，让自己的注意力重新回到原来的目标上。

你可能还记得，自我同情主要是对自己展现友好和同情。在正念练习这个场景下，自我同情意味着，不要因为自己没能完成做一只墙上的小飞虫这个目标，就对自己过分苛责。心平气和地追求目标，就是尽自己最大的努力追求结果，同时无论出现什么样的结果，都能不带偏见地完全接受。无论发生什么事情，也就是说，不管我最终有没有完成做一只墙上的小飞虫这个目标，此时此刻，我关注的都只有这件事本身。

归结起来，每次正念练习之前、期间我都告诉自己以下三件事：

- 每一次练习都是新的，不要抱有任何期望。
- 唯一的目标就是做一只墙上的小飞虫，其他的都不重要。
- 当我偏离目标时，利用自我同情和心平气和地追求目标的方法修正路线。

我发现，这三件事最终帮助我在正念练习之前和期间，保持了正确的态度。每次正念练习一结束，我就告诉自己另外一件事，激励自己进行下一次练习。我告诉自己：“没有所谓的失败的正念练习。”我这么说，可不只是我的一厢情愿。多项研究结果已经显示，正念练习最重要的是要定期练习。只要你真诚地尝试做一只墙上的小飞虫，你就总会慢慢朝着自己希望的方向前进。

## 活在当下练习

在前面几个部分，我们已经探讨了都有哪些障碍会阻止我们开始以及坚持正念练习。我们已经说明了有关正念的误解，同时还阐明了什么是正念，什么不是正念，希望这些能够帮助你以更加开放的心态尝试正念练习。此外，我还希望，我们之前探讨的正念的成本问题，以及如何克服这个问题，能够让你了解到该如何坚持正念练习。现在我们就来说说我们的第七个，也是最后一个幸福练习：“活在当下练习”，这是正念练习的类型之一。

早先，我使用“墙上的小飞虫”这一比喻来解释正念。具体来说，我把正念等同于做大脑墙上的一只小飞虫，观察自己的思维之网（思想、情感等），同时不做任何评论或判断。不过，事实证明，对大多数人来说，观察自己大脑中正在发生的一切还是十分困难的。大多数人发现，观察自己身体感官上的变化比较容易，但观察头脑内的变化却比较困难。观察自己的呼吸似乎是练习正念最简单的方式了。

观察自己的呼吸是一件很好的事情，原因有以下几点。呼吸是不断变化的，你时时刻刻都在吸气，呼气，或者屏住呼吸，所以跟观察自己的手相比，观察呼吸还是比较有趣的。同时，和人的想法不同，呼吸也很少会在短时间内快速变化。而且，呼吸是一件比较明显的事情，比较容易观察，不像心跳那样微妙难以觉察。不过，需要指出的是，有时呼吸也会变得十分微妙。最后，呼吸正好处在有意识、可控制与无意识、不可控制两者之间的分界线上，这就让我们有机会在不改变事情的前提下，做一个单纯的观察者。

如果你选择观察呼吸作为自己的正念练习内容，那么在呼吸时，你肯定能够意识到身体的某个部位发生的感官变化。例如，在呼吸的过程中，你可以把精力集中在自己鼻腔内壁的感官变化上。当你这么做时，可能就会注意到吸气和呼气都会对鼻腔内壁形成压力。或者，你可能会注意到，吸进来的气要比呼出去的气凉一些。或者你会注意到，一段时间内，呼吸只通过一个鼻孔（左边或者右边）进行，然后过一段时间，又换另一个鼻孔。如果你持续关注呼吸对鼻孔内部以及鼻孔周围带来的感官变化，可能会注意到更加微妙的事情——比如你的鼻毛会随着呼吸进行摆动，或者吸气时你的上颚会感觉很凉爽。在意识到这些变化的过程中，你的呼吸可能会变得更加平稳、安静，甚至还有一个比较难察觉的变化——你的呼吸变得越来越缓慢。

当然，所有这一切都有一个前提，就是不被自己的思想所干扰。这也正是发挥你能力的地方——只去观察自己的思想，顺其自然，假设自己是墙上的一只小飞虫。既然你都已经是一只墙上的小飞虫了，那最好就不要用消极的想法来评判自己了，不要想“天啊，我连在5 秒内观察自己的呼吸都办不到”。忘记过去发生的一切，回到现在，把精力集中在观察呼吸所引起的感官变化上。

如果你的正念练习是观察自己的呼吸，那接下来要说的，就是你在练习中要做的事情。我之前曾提起过，尽管观察自己的呼吸，要比观察自己的大脑简单许多，但对大多数人来说，还是有难度的。这就要说到我们的“活在当下练习”了。这个练习是我的好朋友维贾伊·巴特专门为忙碌的人（那些没时间做正念练习的人）发明的。话说回来，可能你已经开始定期进行正念练习了，而且对练习效果还比较满意。即便如此，你也可以抱着好奇的心态，参与这个活在当下的练习，我敢保证，你肯定会喜欢的。如果你还没有开始正念练习，而且发现“活在当下练习”可以让你多少体会到正念的益处，那你就可以放心练习了，想练多长时间就练多长时间。

IF YOU'RE SO

SMART,

WHY AREN'T

YOU HAPPY?

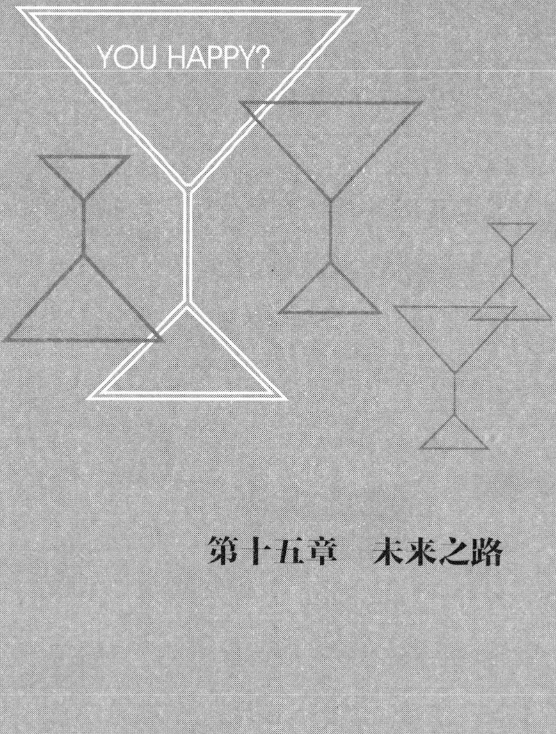

# 第十五章　未来之路

哲学的意义在于，从一个极不起眼的，貌似不值一提的理论出发，最终得出怪诞得没人相信的理论。

——伯特兰·罗素

到这里，本书也差不多要结束了，如果现在再有人向你提出精灵之问，你会不会把幸福写在自己的愿望清单上呢？

我衷心希望你会写上。我们已经知道，人们不希望得到幸福的大多数理由都是没有合理依据的。举个例子，正如我们在第二章中所讨论的，人们认为幸福太过抽象，这一观念就是毫无依据的，实际上，幸福是可以用具体的名称来定义的，比如自豪感、爱、富足感或和谐等。同样，认为幸福会让人懒惰或者自私，以及认为幸福转瞬即逝的观点也都是没有实际依据的。或许，你不把幸福写在精灵给你的愿望清单上，还有其他方面的顾忌。你可能觉得，幸福应该是自己争取来的，而不应是别人免费赠送的。又或许，你害怕，自己一旦把幸福写在愿望清单上，就等同于把生活的钥匙交给精灵掌管，谁知道你得付出什么代价才能换取幸福呢？

无论幸福一词有没有出现在你的愿望清单上，这个精灵之问都只是一个假设罢了，因为众所周知，精灵并不存在。但有一点却是千真万确的：你可以成为自己的精灵。成为自己的精灵意味着两件事：第一，你要弄清楚哪些内容应该写在自己的愿望清单上；希望本书能够说服你优先选择（而不是刻意追求）幸福美满的生活；第二，这意味着你要知道如何实现愿望清单上的愿望。因此，如果幸福就列在你的愿望清单上，成为自己的精灵就意味着，要知道以下这个问题的答案：什么才是幸福美满人生的决定性因素？

## 幸福是什么

纵观本书内容，你会发现本书旨在传达以下思想：一旦基本需求得到满足，我们需要做到三件事才能感到幸福。第一件事，我们需要了解自己擅长某件事情，可以是跳舞、画画、教书等，我们暂且把这个需求称为对精通的需求。之前已经在多种情境下讨论过该需求，比如追求优越感的原因之一就是对精通的渴望，我们据此评价自己是否朝着精通的目标前进。此外，我们在心流情境下也讨论过该需求，心流可以让人朝着精通的目标前进，从而提高幸福水平。另外，还有一个有关精通的情境是为自己的幸福负责。为自己的幸福负责，或者通过内在控制提升幸福水平，是因为这能培养我们掌控自己的能力，从而轻松驾驭自己的思想和情感。

第二件事，我们需要与至少一个人建立亲密关系或联结。我们暂且称这种需求为对归属感的需求。同样，我们也在多种情境下探讨过这种需求，其中包括需要被爱的需求以及爱与给予的需求。正是因为对归属感的需求，那些没有获得足够的爱，或者没有获得正确的爱和关怀的人中，有一部分会变得极度缺爱，而另一部分则会成为回避依恋型人格。某种程度上来说，正是因为这种对归属感的需求，我们在展现友善和慷慨时，才会感觉幸福，当信任得到别人的回应时，才会感到欢喜。

第三件事，我们需要有自由感，也就是需要感觉到，是我们自己，而不是他人，决定着自己的判断和抉择。我们暂且将这种需求称为对自主权的需求。我们也已经在很多情境下讨论过该需求了，包括地位越高，自主权越大；当人们感觉自己被他人控制时，会产生逆反心理。此外，有关对自主权的需求，我们在探讨内在控制时也提起过，具体来说，人在获得内在控制后，就可以控制自己的思想和情感，从而提高幸福水平。另外，我们在正念情境下也阐释过该需求。

简单来说，为获得幸福，我们需要满足三个需求（前提是我们的基本需求已经得到满足）：精通（Mastery）、归属感（Belong）和自主权（Autonomy），可以缩写为“MBA”。要想获得幸福就需要满足“MBA”，我会把这个想法力荐给麦库姆斯商学院或印度商学院。

## 获得“MBA”的两大方法

说正经的，如果告诉那些熟悉自我决定理论的人，精通、归属感和自主权是获得幸福的关键，他们肯定不会感觉惊讶。多项研究的结果都已证实，这三项需求具有十分重要的意义。

不过，值得一提的是，尽管获得精通、归属感和自主权是十分必要的，但仅仅获得这些还是不够的，更重要的是要用正确的方法或途径实现这三大需求。我个人认为，这一发现也是本书的一大重要贡献。

要想实现精通有两种途径：追求优越感和追求心流。同样，获得归属感也有两种途径：拼命追求被爱和去爱他人、去给予。至于获得自主权，两种途径分别是：外在控制和内在控制。从下图中可以看到，我把第一种途径称为匮乏途径，第二种途径称为充裕途径。

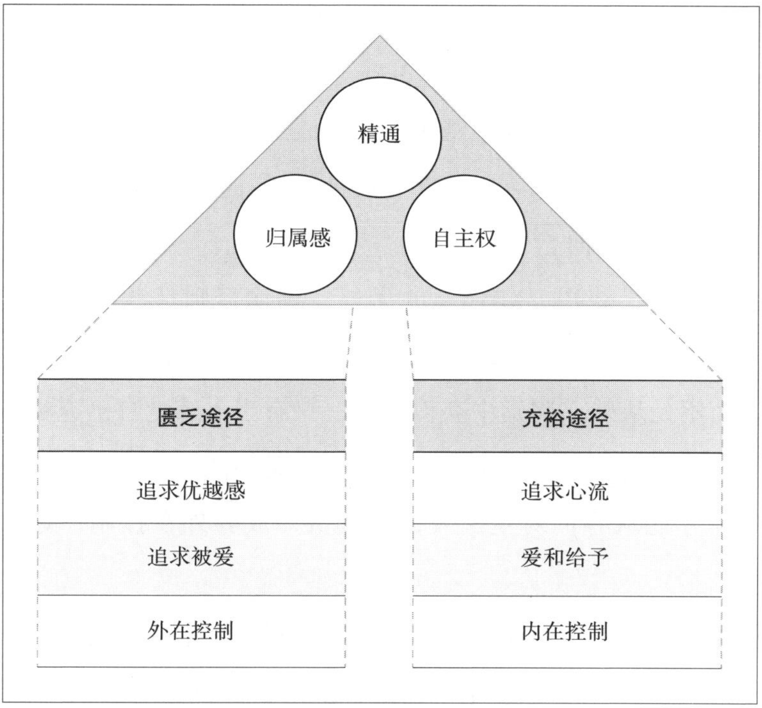


**获得精通、归属感和自主权的两种途径**

“匮乏”一词很好地抓住了第一种途径中的共同点。追求优越感的人往往认为，人生就是一场零和博弈。在这种人看来，获得幸福所需的东西（财富、权力等）都是匮乏的，这就是为什么他们会想要优于他人。如果他们认为获得幸福所需的东西并不匮乏，而是很充足的，那就不会追求优越感了。同样，拼命想要获得爱的人，会认为自己获得的爱总是不够多，这就是为什么他们总是感觉自己不完整，需要别人来让自己变得完整。此外，缺爱的人还会感觉自己没什么有价值的东西给别人，由此引发过度缺爱或者回避依恋。“我不值得”“我不完整”的自我认知，都与匮乏有着强烈的关联。同时，过分控制他人及过分控制结果都源于匮乏这种倾向。具体来说，控制欲过强是源于这样一种看法：认为自己没有得到应有的尊重、爱或者信任，或者认为结果不尽如人意。也就是说，控制欲过强这种倾向源于以下这种观点：除非对他人或者结果进行控制，否则自己想要的结果是不可能出现的。这种观点其实是认为，理想结果是比较匮乏的。因此，我们所说的幸福杀手（包括追求优越感、缺乏爱或逃避爱、控制欲过强等）其实都是源于匮乏这种倾向。

相比之下，获得“MBA”的另外一种途径则是源于充裕这种倾向。只有当人感觉自己被细心地呵护时，才更有可能去从心流中获得快乐，而不是从外在奖励中获得快乐；只有当人感觉自己充裕富足得像个国王或者女王时，才会感觉自己有慷慨的能力；只有当人感觉很自信时，才能从容面对生活发出的挑战，放弃外在控制，寻求内在控制。

正如我在第二章中简单提到的，归根到底，幸福美满生活的秘诀就在于让自己远离匮乏倾向，接近充裕倾向。可能你也注意到了，这也是为什么在某种程度上，我们所有的幸福练习都是在减轻匮乏的倾向，培养充裕的倾向。

## 三赢局面

获得“MBA”的两种途径强调了幸福秘诀的三赢局面，我在引言中曾简略地提及。具体来说，该途径框架说明，充裕倾向是养成提升幸福感的习惯的基础，它不仅能够让人变得更加无私，而且还能培养人的创造性和成熟度，从而提高获得成功的概率。当然，这并不是说，我们所说的提升幸福感的习惯一定会提高人获得成功的可能性，甚至都无法保证这些习惯就一定能够提升人的幸福水平。正如我们在第六章中所提到的，尽管为人友善、富有同情心是一件好事，但过分慷慨可能并不会提升人的幸福水平或者成功概率。同样，正如我们在第九章中所说的，关于信任有一个最佳平衡点，一旦超过这个点，太过积极地信任他人，不但不会对你有所助益，反而会不利于你获得成功和幸福。更概括地说，当我们的生命处于危险中时（比如在战争地带或者极度贫困的情况下），那些幸福习惯不但不会提高幸福水平、增加成功概率，反而可能会适得其反。因此，本书所提出的幸福习惯并不是放诸四海皆准的，并不能在所有情况下，适合所有人。这些习惯更加适合那些聪明成功的人。具体来说，这些习惯是专门为那些已经满足基本需求的人，以及从事创造性劳动或脑力劳动的人制定的。

大多数人都相信，本书所说的幸福习惯能够帮助他们实现三赢的局面。但与此同时，还有相当一部分人怀着深深的顾虑，担心如果大家都采取了这些策略，全体人类都要为此吃苦头。具体来讲，他们担心，如果普罗大众都养成了这些幸福习惯，社会生产效率会由此一落千丈。这种担忧的根源在于，他们认为要想让那些从事着卑微却又很重要的工作（像是烤汉堡、打扫卫生间）的人继续工作，就得向他们灌输资源匮乏这种观念。

那这种观点到底合理吗？如果普罗大众都养成了幸福习惯，社会生产效率真的会为此一落千丈吗？

解决这种顾虑的一个方法就是假设。假设某天全世界所有人都决定只从事能够带来心流的工作，那些更有意义、更吸引人的工作。举个例子，假设从今天开始，没有人愿意烤汉堡了，也没有人愿意打扫卫生间了。当然，这种事情是不可能发生的，因为世界上大部分人还在为满足温饱而苦苦挣扎，因此甭管什么工作，只要能赚钱很多人都是愿意干的。但暂且先让我们忽略这个事情。如果只有很少的人愿意从事卑微却很重要的工作，我们只需要进行简单的供需推理，就可以知道，最有可能的结果就是：那些愿意从事卑微却很重要的工作的人可以拿到更高的薪水。这么一说，这个结果也并不算什么坏事，原因至少有二：一是，薪资水平提高可以改善处在金字塔底层人的命运；二是，在自由市场力量的支配下，那些机会型创业家会想出替代方法，来满足人们对卑微却很重要的工作的需求。具体地说，或许在经过短暂的混乱期后，机械和机器人可能会取代人力。如果事态朝着这个方向发展，那也还是不错的，因为这样不仅可以提高员工的平均满意度，还能帮助我们的经济体朝着更加新型、更加有趣的方向发展。

但如果人们都想要去从事有意义、有趣的工作，反而会让整体的劳动力变得懒惰、效率低下，该怎么办呢？

这个问题背后隐含着这样一种假设，认为人们天性就是懒惰的，唯一激励人们好好工作的方法，就是给予他们金钱这样的外在奖励，只有这样才能激发人们的工作热情。我觉得，之所以会认同这种看法，是因为我们认为自己现在的工作没有意思，或者没有意义。因为我们自己就处在不多给钱，绝不多工作一秒钟的状态，所以觉得其他人肯定也是这种状态。不过，多项有关内在动机的研究已经一再揭示，如果人们喜欢自己所从事的工作，他们不仅会更加努力，而且还会更加用心，效果比外在物质奖励还要好。这说明，认为在工作中追求意义和有趣会导致懒惰和效率低下的观点是不恰当的。

当然这并不是说，那些在工作中追求意义和有趣的人做任何工作都会十分认真。如果他们发现从事的工作没有意义，是不会投入太多精力的。因此，那些喜欢在工作中追求意义和有趣的人，如果觉得这份工作对这个世界有害无益，他们是不太愿意从事的，比方说在烟草公司工作，或者在快餐连锁店工作。同时，他们可能也不愿意在污染河流、威胁动物生存的单位工作。不过，这并不是什么坏事。正如大批社会科学家观察到的，当前人类的这种生产效率已经超出了正常界限，对人类发展十分不利，如果继续维持现状，那人类共同面对的最大的威胁（包括气候变化、物种灭绝、财富分配不均、水资源匮乏等）是不可能得到解决的。如果人类能够少做些对地球有害的事情，就可以更加有效地防止，甚至彻底解决这些威胁。

因此，换句话说，如果普罗大众都采用了本书提供的幸福秘诀，整个社会可能就会朝着另一个更好的方向发展，我们制造出来的产品可能会更少些。比如，快餐连锁店开分店的速度可能会慢一些，下一款 iPad（苹果公司出品的平板电脑）可能需要更长的时间才能上市。不过，我们制造的产品将会更有意义，而且也会采取更加可持续的生产工序。因此，我们的经济活动不仅会让少数的利益相关者（像是制造商、零售商、顾客等）受益，还能给置身市场之外的群体带来益处，比如动物、穷人以及我们的下一代。

## 四赢局面

总而言之，获得幸福美满人生的秘诀，不仅仅可以带来三赢局面，还能带来四赢局面。具体来说，这些秘诀除了能在个人层次上提升人的幸福水平，增加成功概率，让人学会无私奉献，还可以在社会层次上提高有意义的生产率。

那些认为生活就是一场零和博弈的人，以及认为人类天性懒惰的人，可能很难同意上述观点，他们肯定还是觉得，本书的幸福习惯肯定有什么陷阱。他们可能还会问："如果幸福习惯真的可以营造四赢局面，那为什么没人知道有这回事呢？为什么幸福习惯没有流行起来？为什么人们还是继续疯狂追求物质财富、权力和名气呢？为什么还是没有多少人无私奉献、慷慨无私呢？"

这些都是很好的问题，为此，我苦苦思索了许多年，最终发现了原因所在。原因主要有三点。第一，尽管自人类诞生以来，如何过得幸福美满这个问题就已经存在了，但直到近年来，我们才开始做出共同努力，用系统科学的方法回答这个问题。因此，在此之前，我们并没有太多的科学依据可以证明，这些幸福习惯可以为我们带来四赢局面。或者，换个说法，在现在这个时候，即使某人从个人经验出发发现，那些让自己感觉幸福的事情竟然还能提高成功的概率，让自己变得更加无私，产出也更有意义，这个人也是很难找到足够的证据来说服他人相信自己的。但所幸有了新的科学证据的佐证，我们可以更加轻松地看到，幸福的决定性因素是如何以及为什么能够带来其他积极影响的。换句话说，在此之前，人们培养幸福习惯的速度还是比较慢的，因为没有太多的科学证据可以证明，这些习惯会带来四赢局面。不过，好在随着新型"幸福科学"（即积极心理学）的出现，这一切都要发生改变了。

第二，这与意义重大的大趋势有关。或许受多种因素（包括前所未有的世界和平，不可思议的科技进步，越来越多的信息获取渠道，等等）的共同影响，发达国家公民的平均生活水平甚至比古代国王和女王的生活水平还要高。正如索尼娅·柳博米尔斯基在她的《幸福有方法》一书中所指出的："一件有意思的事情是，你现在享受的物质资源，相当于 50 年前，全球财富前 5% 的人才能享受到的资源。"因此，从个人经验而不是用抽象的概念来说，每一年，世界上都会有越来越多的人开始知道，财富的积累并不能自动转化为幸福水平的提升。这种趋势带来的影响就是，越来越多的人开始对幸福美满人生的决定性因素感兴趣。因此，我认为，下一代人的想法肯定更倾向于充裕型思维，拥有匮乏型思维的人的数量将大大减少。

第三，同样要说到大趋势，不过这里说的大趋势并不是指个人层面的，而是指企业层面的。正如约翰·麦基和拉杰·西索迪亚在他们的畅销书《自觉资本主义》（*Conscious Capitalism*）中所说的，这个大趋势与"自觉"商业实践的演进有关。仅仅是几十年前，典型企业机构的运营还不是建立在"人人都有发展空间"这种观点之上，而是建立在"生活是一场零和博弈"之上。因此，企业表现出的也都是与匮乏倾向相关的行为，像是过度竞争、缺乏诚信、倚仗权术等。尽管在旧经济体时期，那些表现出匮乏倾向的企业存活下来的概率会更大些，但在当今这种新经济体时期，那些具有充裕倾向行为的企业似乎更有可能发展壮大。举个例子，西索迪亚和他的同事发现，在 1992 年至 2012 年期间，那些具有自觉商业实践企业的盈利，要比没有进行自觉商业实践的企业高出 110%。所谓自觉商业实践，包括采取"多元利害关系人"的观点，旨在提高所有人的幸福安康，而不仅仅是为了企业盈利。

为什么企业变得越来越自觉了呢？原因有很多个，包括人们对有意义工作的需求越来越大，企业也愈加认识到，不自觉的商业实践无异于自我毁灭，还有就是，沃顿商学院管理学教授杰瑞米·里夫金所称的"生物圈意识"的出现。这种意识起源于人们认识到，在深层次上，我们都是相互关联，相互依赖的。无论原因是什么，十分明确的一点是，企业文化在朝着更自觉的方向转变，而这种转变会让越来越多的人能够接受本书中所提出的观点。

本书幸福习惯的一个重要特征就是，在本质上，它们可以为我们营造三赢局面。越早认识到这个本质，生活就会越美好。或者，反过来，执迷不悟的时间越长，越是不相信幸福密码能够帮助我们获得成功、变得无私、从事有意义的生产，最终养成良好的习惯的时间也就越长。聪明成功人士接受幸福习惯所花的时间越长，那剩余群体最终接受幸福习惯所花的时间也会越长。换个说法，如果我们这些还算幸运的人都不能做到优先选择幸福美满的生活，那些不如我们幸运的人就更不可能做到了。从这种意义上来说，我认为聪明成功人士有义务优先选择幸福和美满的生活，这样其他的人才能依样效仿。

但即使人们受到鼓励，要想给予幸福美满生活更高的优先级还是十分不易的。这是因为，幸福习惯理论上简单，实践起来难。至于为什么幸福习惯理论上比较简单，一个直接的原因就是：这些幸福习惯听起来比较熟悉，所以自然比较吸引人。而它们之所以听起来熟悉，是因为大多数文化和传统所推崇的价值观都与之不谋而合。例如，从小到大，我们的长辈都教育我们，要慷慨，要友善，要追求梦想。

尽管幸福习惯让人感觉熟悉，天然具有吸引力，但要想真正地付诸实践还是比较困难的，因为我们周围的人的行事风格往往与幸福习惯恰恰相反。尤其是在私企，我们经常会看到与充裕倾向相悖的行为，利己主义和贪婪的行为屡见不鲜。此外，我们经常看到他人执迷不悟地追求目标，却很少见到有人能够心平气和地追求梦想。而且，在企业文化中，怀疑要比信任更普遍些。因此，即使我们在某种程度上，认识到了幸福习惯的种种好处，但我们周围的人，无论是思想还是行事都与幸福习惯的要求背道而驰，这常常会动摇我们的信心，我们会怀疑："这些幸福习惯真的切实可行吗？"

为什么人们，尤其是那些从商的人，总是倾向于贪婪和愤世嫉俗？或者范围更广一点，为什么人们总是害人害己，做出一些不但破坏他人幸福，而且也让自己陷入不幸的行为？

原因有几点。但或许，最重要的一个原因就是，作为一个物种，人类更关心的可能是生存问题，而不是繁衍和壮大。因为只有当我们遵循匮乏原则时，我们的生存概率才会更大，所以当处在引发匮乏倾向的场景下，我们更倾向于展现自己的贪婪和愤世嫉俗。也就是说，在企业中，我们更可能展现出自己的贪婪和怀疑，因为很大程度上，大多数企业都是遵循匮乏原则运营的。换句话说，人们的思考方式和行事方式与幸福美满的生活形成对抗的一个重要的原因就是文化惰性。

尽管某些行为会降低自己的幸福水平，但人们仍然照做不误的另一个原因是，目标的可评估性。也就是说，人们总是更加重视可以轻松评估的目标，即使这些目标并不是很重要。因为这些比较容易评估的目标（比如赚更多的钱），恰好会引发人们的攀比，所以我们会看到越来越多的贪婪和愤世嫉俗。这说明，我们量化和衡量事物（像是员工幸福度、可持续性等，已经有相关法案就要执行了）的能力越强，按照充裕原则思考、行事的人就会越多。

最后一个人们以自毁幸福的方式行事的原因是，我们总是倾向于关注他人的消极行为，忽略他人的积极行为，这个话题我们在第十章中已经探讨过。因为我们总是选择性地关注他人的消极行为，所以就认为其他人都在以一种匮乏倾向做事，从而促使我们自己也按照匮乏倾向做事，而事实上他人可能并非如此。

尽管用幸福习惯击败幸福杀手有些难度，但它们还是值得一试的，因为这是提高幸福水平最可靠的方式了。

## 维持高度幸福水平的三大策略

我马上就要请大家填写我们已经很熟悉的生活满意度量表了，这也是大家最后一次填写了。我十分期待大家的幸福水平都有了显著提高，因为，如果你已经看到这里，这就说明你的心态还是比较开放的，而且你也应该比较勤奋。不过，即使你的幸福水平提高了，这也并不代表你能一直维持这个幸福水平，要想维持水平还是比较困难的，需要自觉地付出努力和智慧。至于原因，正如乔纳森·海特在《象与骑象人：幸福的假设》以及奇普·希思和丹·希思在《瞬变》（*Switch*）中所指出的，旧习难改，积重难返。旧习正是我们幸福水平较低的根源，即使没有几十年，这些习惯也有年头了。例如，在工作中，你周围的环境可能都在帮你强化追求优越感这种需求，或者更加广泛些，强化你的匮乏倾向。同样，电视和媒体每天用各种负面新闻对我们进行狂轰滥炸，向我们灌输他人不可信、生活不可信的思想。可能在阅读本书的过程中，你还能勉强控制这些负面报道的消极影响，但现在你快要读完了，那些旧习可能就又要卷土重来了。

那你做些什么才能打破旧习，或者至少减轻它的影响，巩固最新培养的有效习惯呢？

我向多位思想领袖提出过这个问题，包括马歇尔·戈德史密斯，著有《习惯力》（*What Got You Here Won't Get You There*）等多本畅销书；雅特·马克曼，得克萨斯大学奥斯汀分校社会心理学教授，同时著有《学会思考》（*Smart Thinking*）、《聪明的变革》（*Smart Change*）等多本畅销书。在结合我学生的经验，总结这些思想领袖的回答后，我制定了三条可以有效地维持高度幸福水平的策略。

第一条策略的依据来源于戈德史密斯的研究发现。他对上百家组织中的几千名员工进行采访后，最终发现我们之所以认为维持高度幸福水平很难，是因为没有养成幸福习惯，没有继续做幸福练习。我们总是告诉自己，过几周就开始（或者重新开始）做幸福练习，等当前这种“疯狂忙碌的时期”结束了就开始。这是一个很危险的“梦”（马歇尔就是这么说的），因为这听起来还挺合理的，告诉自己再过几周或者再过几个月就开始做某件事。但不知不觉间，几周、几个月就会变成几年、几十年，就像平克·弗洛伊德唱的那样，很快你就发现自己“呼吸急促，命不久矣”。

因此，至关重要的是下定决心，持之以恒，从今天就开始做能够抵御幸福杀手的事情。由此就说到了维持幸福水平的第一个策略，即回答戈德史密斯所说的“同侪教练”提出的“日常问题”。所谓同侪教练，就是每天固定问你一系列问题的人，他用这种方式确保你处在抵御幸福杀手的正轨上。

第二条策略是基于马克曼的理论，马克曼解释了为什么我们很难用新的、更加有效的习惯代替之前旧的、低效的习惯。其中一个原因就是，我们低估了情境的力量，所谓情境就是指我们周围的人，以及我们自己所处的环境。举个例子，我们大多数人都没有意识到匮乏型思维的人和环境对我们的行为和思想会产生巨大的危害，也都没有意识到接触大自然对我们的身心健康有着多大的裨益。因此，提高幸福水平的第二大策略就涉及慎重选择自己所处的环境。例如，要想饮食合理，就让自己多食用健康（而不是不健康的）的零食。同样，如果你觉得某个人会让你产生匮乏型思维，那就远离他，或者至少等到你能对他的消极情绪产生免疫力后再说。如果你发现拥抱大自然可以让你强化你的充裕倾向，那就尽量定期去徒步旅行或露营。

毋庸置疑，说到我们所处的环境，周围的人才是其中最关键的因素。至于其中的原因，正如我们在第五、六章中谈到的，因为我们是极端社会性的动物，甚至已经极端到了令人难以忍受的地步。周围人的言行举止对我们有着重要意义，正如马克曼所说：“毫不夸张地说，我们周围人追求的目标是具有传染性的。”马克曼的意思是说，如果你发现自己周围的人在追求某些目标，就会随之认为这些目标很有吸引力。这说明，如果你的目标是过上幸福美满的生活，那么和追求幸福美满生活的人携手合作，你肯定会进步神速。

不过，实际上，要想找到志同道合的人，找到同样追求幸福美满生活的人，实在是太难了。正如我在引言中提到的，我在 Coursera 上的在线幸福课程，吸引了来自世界各地几乎每一个国家的人来学习，截至目前，已经超过 100 000 人。自从课程上线以来，已经发生了许多不可思议的事情，其中一件事是，学习该课程的学生在脸书上自发建立了两大群组，最新数据显示，群组成员已经超过 2 000 人。其中几位成员会定期发布自己的心得体会、相关的新闻条目，帮助强化自己的幸福习惯。我十分鼓励大家加入这个群组。或者，你也可以选择关注我脸书主页（在脸书上搜索“happy smarts”）。此外，你还可以在 www.dailygood.org 网站注册，这样就可以每天收到免费邮件了。该网站由因果厨房创始人尼普 · 梅塔和他的朋友共同创建，创建的动机是因为他们发现很少有媒体会传播正面新闻，传播人们友善、宽容、值得信赖的一面。[①] 我个人发现，阅读这些免费邮件，有效强化了我的充裕倾向。

当然，除了参与这些虚拟社区外，与志同道合的人面对面交流也

---

① 你可以在以下网址观看我采访尼普的视频片段。另外，我发现尼普本人总是能给人许多启发和灵感：https://www.coursera.org/learn/happiness/lecture/pDBVu/week-3-video-12-interview-with-nipun-mehta-optional。

是十分重要的，至少一周一次吧。或许，你也可以在自己居住的城市创建这样一个小组。在组织面对面交流的同时，你也可以把自己看作他人的导师，帮助他们理清思路，明白到底怎样才能过上更加幸福美满的生活。马克曼发现，给他人提供指导，可以帮助自己在瓶颈期仍保持动力。所谓瓶颈期是指，培养一种新习惯的兴奋之情慢慢褪去，但离目标的实现仍相去甚远的时期。关于为人师表这件事，还是要提醒一下：大多数人都不喜欢让别人对自己的幸福指手画脚。这可能是因为，关于幸福大家都有自己的一套理论，不喜欢别人说三道四。所以，选择学生的时候一定要谨慎，好朋友和家人都是可以的，不过如果是邻居和同事的话，你还是要三思后行。

第三条，即最后一条策略是，告诉自己做一个心态开放的人，不封闭自己，接受新的成长方式，即便这种新的尝试会挑战自己根深蒂固的世界观。正如我在引言中提到的，心态开放对获得幸福是十分重要的。我们很容易就陷入这种思维，“我天生内向，所以没法做‘表达感激之情’的练习”，或者“我是一个追求心流的人，所以不能跟那些追求地位的人同流合污”。尽管某些类型的人（追求心流的人）的确要比其他人（追求地位的人）更好些，但归根到底，各种类型的人都有其局限性。因此，要相信自己的身份不是一成不变的，只要能够生活幸福，变成谁都可以，要给自己自由发展的空间，培养新的幸福习惯。

我发现，要想变得心态开放，最好的一个方法就是练习正念。至于原因，我们在第十四章中指出过，正念就是以开放的心态接受发生的一切。因此，练习正念自然就能够培养我们的开放心态。当然，问题在于，我们很难持续进行正念练习，除非已经形成一种习惯。出于这方面的考虑，我特地为想要培养开放心态的人设立了一个为期 6 周（42 天）的正念训练营。

希望在实施维持幸福的三大策略后，你能更加轻松地拥有幸福美满的人生。当然，实践这三大策略也是一个明智之举，毕竟，如果你连幸福都做不到，还算什么聪明人呢?

话说到这里，请允许我暂且跟你说声再见。本书开篇的时候我就说过，随着社交媒体时代的到来，想要跟老朋友再续前缘已经容易许多。同样，跟新朋友保持联系也不再是难事。

## 生活满意度量表

该量表共有5个条目，每个条目后面有相应的评分标准，其中1代表“强烈反对”，7代表“强烈同意”。在对5个条目评分完毕后，将每个条目的评分相加，就可得出你的生活整体满意度得分。评分所对应的解释同引言后的生活满意度量表。

| | 强烈反对 | | | | | | 强烈同意 |
|---|---|---|---|---|---|---|---|
| 大多数情况下，我的生活还是接近理想状态的 | 1 | 2 | 3 | 4 | 5 | 6 | 7 |
| 我对自己的生活感到满意 | 1 | 2 | 3 | 4 | 5 | 6 | 7 |
| 我目前的生活状态很棒 | 1 | 2 | 3 | 4 | 5 | 6 | 7 |
| 目前为止，生活中我看重的东西自己都有 | 1 | 2 | 3 | 4 | 5 | 6 | 7 |
| 如果可以重新来过，我不想对自己的生活做任何改变 | 1 | 2 | 3 | 4 | 5 | 6 | 7 |

# 致　谢

当人们得知我作为商学院的老师，竟然教授幸福课程时，他们都惊讶不已。毕竟，商学院大部分课程关注的都是如何赚钱，而一味赚钱恰恰又被看作是幸福的对立面。不过，尽管如此，我最终还是教授幸福课程了，不是吗？我不仅连续 5 年在“课堂”上教授幸福课程，甚至还专门开了一门网络课程（见 www.coursera.org/course/happiness）。而现在，我又写了一本关于幸福的书。

一路走来，我还是乐在其中的，至于个中因由，我稍后解释。但如果我说这一路走来轻轻松松，那我肯定是在撒谎。2010 年夏天，我开始着手写作这本书，当时我以为用 1 年的时间，最多 2 年，就可以完成了。天啊，我真是大错大错！等到这本书上市时，6 年的时间已经过去了。在这漫长的 6 年中，我花在思考和写作这本书上的时间，远远超过我用于发展学术事业的时间。

但最终正如那句老话说：“功夫不负有心人。”在此我要感谢时任我所在的部门组长的伊莱·考克斯和时任麦库姆斯商学院主任的汤姆·吉利根，感谢他们批准了我的幸福课程，让我有充分的自由做自己认为正确的事情。同时，我还要感谢麦库姆斯商学院市场营销系的同事们，乃至整个市场营销学术圈，感谢这个圈子一直以来注重培养开放心态的学术文化，让研究者可以自由追求自己的梦想。

接下来，我还要感谢我的朋友们，尤其是安德鲁·格肖夫、阿沙史·慕克吉、弗伦克尔·特尔·霍夫斯泰德、普雷姆·卡特里、罗希特·德奥和尼莱什·马里克，他们在情感和知识上给我提供了巨大的帮助。同时，我还要感谢在各个项目中与我合作的同事，他们帮助我形成了“七个幸福杀手和七个幸福习惯”的框架，为本书奠定了基础，他们分别是：亚伦·罗奇伦、阿洛克·库马尔、阿沙史·慕克吉、顾彬、奇普·希思、克里斯多夫·布拉西纳、韩银珠、张贤圭、在弘、杰夫·洛温斯坦、朱莉·欧文、卡维亚·贝克特、金姆·科夫曼、马克·艾伯特、迈克尔·卢克斯、米歇尔·彭、米歇尔·陈、普拉部地伐·科纳纳、拉维·基图瑞、丽贝卡·雷切克、斯里达尔·巴拉苏布拉马尼安、苏奈纳·楚甘尼、苏雷什·雷曼纳森、维贾伊·马哈詹、韦恩·霍耶、雅科夫·特罗普。

此外，还要特别感谢各个学科领域的社会科学家们，本书很大程度上倚仗着他们独到的见识和研究发现，这些学科包括行为经济学、神经科学、组织行为学、消费者行为学，当然还有积极心理学。我尤其感谢以下这些人，他们在与我聊天的过程中分享了自己的观点和想法，让我受益匪浅，他们分别是：雅特·马克曼、芭芭拉·弗雷德里克森、丹·艾瑞里、埃德·迪纳、杰米·佩尼贝克、杰瑞·伯格、肯·帕格蒙、克莉丝汀·内夫、克里斯蒂娜·杜兰特、马歇尔·戈德史密斯、梅勒妮·拉德、迈克·诺顿、米哈里·契克森米哈赖、尼普·梅塔、菲利普·谢弗、雷布·雷贝利、理查·戴维森、索尼娅·柳博米尔斯基、肖娜·夏皮罗、斯瑞库马·拉奥、史蒂文·汤姆林森、苏奈纳·楚甘尼、斯瓦蒂·德赛、汤姆·季洛维奇、维贾伊·巴特。

同时，我还要感谢我在麦库姆斯商学院和印度商学院的那 1 000 多个学生，谢谢你们拥有开放的心态，能够有勇气参加我的课程，正是因为你们的存在，我才有动力更加深入地思考幸福的课题，也感谢你们对本书提出的所有反馈。没有你们的亲身经历做支撑，这本书就是纸上谈兵。此外，我还要感谢 Coursera 上的 100 000 多名学生，无论是之前学习过，还是现在正在学习这门课程的学生，我都向你们致以我深深的谢意。尤其是要感谢读过本书样稿的 654 名学生，你们给我的宝贵反馈让我得以进一步完善本书。还有多位学者，也为本书提供了很好的反馈和意见，他们分别是：安德鲁·格肖夫、路易斯·马丁斯、普拉部地伐·科纳纳、史蒂文·菲尔林、琳达·戈尔登及其班上的学生、苏珊·布朗诺斯基（及其实验室中的参与者，尤其是尼蒂卡·巴尔加瓦），还有我的人生导师米歇尔·彭。我还要特别感谢以下人：卡罗尔·阿特伍德、德拉戈·莫多凡、范贺、瑞提什·普拉萨德、罗伯特·莱勒、罗施尼·坎春、桑卡尔·维阿卡拉纳姆。我还要感谢我亲爱的妻子，感谢她孜孜不倦、不厌其烦地寻找书中的输入错误。

2012 年春天，埃里克·尼尔森［他现今在 Portfolio（一家经管类出版社）任职］与我取得联系，问我是否有兴趣写本有关幸福的书，但那个时候我还没有经纪人。2015 年 1 月，埃里克已经成了我的经纪人，同时还兼任我的编辑。他对我如此信任，我感激不尽。后来，埃里克又向我介绍了苏珊·拉比纳，苏珊在 2015 年后成为我的经纪人。苏珊，你真是太了不起了，在出版流程上给了我很大的帮助。同时，我还要感谢 Portfolio 出版社的考希克·维斯瓦纳坦和薇薇安·罗伯逊，你们二位在最后的出版过程中给了我重要的指导。

在与多位作者交流之后，我发现，写书这事还真是比想象中困难多了。我十分感谢我的父母、我的岳父岳母、我的孩子们，尤其是我体贴的妻子，你们始终坚定地支持着我。既然这本书已经写完了，我保证，以后会早点回家，你们说什么我就做什么，包括跟你们玩桌游。

最后，我还要感谢两大趋势为我追求自己的梦想创造了有利的环境。第一个大趋势是积极心理学的诞生，在我看来，正是因为积极心理学的出现，我们在对幸福的理解方面，过去 20 年的进步比之前所有时间的进步还要快。第二个大趋势是，幸福已经不再是一个抽象的概念，越来越多的聪明的成功人士开始切身体会到，幸福生活并不是财富、权力、名气、控制力和美貌的简单相加。而且我认为，最终正是这些聪明的成功人士引领社会风气，引导社会摆脱匮乏，走向充裕，并在此过程中创建一个人人皆可获得幸福的美好世界。



拉杰 · 洛格纳汗

2016 年 1 月 1 日

得克萨斯州奥斯汀市

# 附　录

本书中的幸福练习改编自在线版幸福练习，在线版可在以下网址获取：www.happysmarts.com/book/exercises/。如果可能的话，我还是建议大家在线完成幸福练习，因为在线版的幸福练习能够提供更加丰富的体验，更能让人沉浸其中，这也就意味着练习效果会更好些，更有助于你获得幸福。不过，如果你实在没办法在线完成练习，也没关系，你按照下面的指示做就可以了。

## 第一大幸福练习：定义幸福并列出幸福清单[①]

### 背景

为了让幸福优先（但不刻意追求），显然，首先明确幸福对你的意义是至关重要的。同样十分重要的是，弄清楚什么事情（刺激、活动）能够以你想要的方式给你带来幸福。

---

① 该练习改编自“积极力量组合”练习，芭芭拉·弗雷德里克森教授在其《积极情绪的力量》一书中曾对该练习进行探讨。

## 目标

本练习将帮助你更加明确幸福对你而言意味着什么，确认什么事情（刺激、活动）能够让你体验到幸福。

## 步骤

该练习分为两个步骤：

第一步，定义幸福，即弄清楚哪些情感体验可以给你带来幸福的感觉。

正如前文所述，幸福可以被定义为：

- 爱、与他人之间的联系
- 快乐
- 自豪感
- 自尊心得到满足
- 和谐感
- 富足感

同时，幸福还可以被定义为①：

- 感激之情：当我们从某人或某事中获得一定好处时产生的情感。
- 内心平静：当情况进展顺利时所产生的情感。
- 精神振奋：当经历某件令人感动或振奋的事情时所产生的情感。

① 这七种情感，再加上爱、自豪、喜悦，就构成了芭芭拉·弗雷德里克森教授所说的“十大积极情绪”。

• 敬畏感：对极其强大、令人崇拜的事物所表现出的惊讶或崇敬之情。

• 希望：相信一切都会朝好的方向发展的情感。

• 逗趣、好笑：当经历某些有趣、滑稽或好玩的事情时所产生的情感。

• 兴趣：当你对某件事情感到好奇或着迷时所产生的情感。

仔细思考上述定义，然后扪心自问，哪一个或者哪一些定义是最吸引你的。然后，用笔写下（或者用键盘敲下）属于你自己的幸福定义。切记你的幸福定义可以是两种或者多种情感体验的综合，甚至可以是一种与上述这些全然不同的情感。

注意：在接下来的几个月里，你可能会修改、重写自己的幸福定义，要知道这种可能性是很大的。一开始的时候，我对幸福的定义就是“感觉轻松，精力充沛”；后来，我又换成了“热爱自己当下正在做的事情”；又过了几年，我对幸福的定义又成了“除了拥有同情和理性，还要开开心心”；现在，我对幸福的定义是“即使心中厌恶，也能以同情之心（同情自己，也同情他人）和清醒的自我意识，接受正在发生的一切”。[①]

第二步，想出三四件过往生活中让你感到幸福的事情。

让我拥有同情之心（同情自己，也同情他人）和清醒的自我意识的四件事情分别是：

• 时刻提醒自己，大家都有自己的问题，而且大多数时候，大家还都是一心向善的。

① 参见本书第十四章中关于自我意识的讨论。

• 观看鼓舞人心的电影，像是《人生不再重来》[也可以播放8~10 秒的《我的小姐》(Señorita) 这首歌的片段] 或《爱在黎明破晓时》。

• 出去跑个步（或者以其他方式锻炼一下）。

• 和自己的家人待在一起。

尽可能想出三四件能够切实给你带来幸福体验的事情，然后把这些事情写在一张纸上。如果你决心坚持做这些事，那么可以把这张纸条固定在你能经常看到的地方——像是贴在卫生间的镜子上或者壁橱的门上。

## 第二大幸福练习：表达感激之情

### 背景

我之前讨论过，感激之情能够提升幸福感的原因有很多，这也是索尼娅·柳博米尔斯基教授将感激之情称为“元策略”的原因。本次练习的主要内容是向给你的生活带来积极影响的人表达感激。

### 目标

帮助你评估表达感激之情对幸福水平的影响。

### 步骤

该练习需要你按照下面四个步骤写一封感谢信：

第一步，选择一个给你的生活带来积极影响的人。这个人可以是你以前认识的人（例如你的老师），也可以是你当下正在与之相处的人（例如朋友、伴侣）。理想情况是，你想要表达感激之情的人还在世。如果你比较倾向于给已去世的人写感谢信，也没关系，不过需要注意的是，你得把这封信念给一个认识那位已故人士的人听。举个例子，如果你想要写信的对象是你已故的叔叔，那你可以选择叔叔的姐妹、妻子或女儿作为收信人。

第二步，想一想为什么这个人给你的生活带来了积极影响，把所有的原因都想到，然后记录下你自己的想法。你可以写得稍微长一些，但也不要漫无边际。理想情况是写三四段。

注意：尽量不要写有可能被理解为负面意思的内容。也就是说，你在写的时候，尽量不要写"尽管你长得并不好看，但那并没有给你带来困扰"之类的话。一定要好好检查信中的内容是否会让人产生负面的想法，如果真的有，可以考虑把这一部分删掉或修改一下。如果你对自己所写的内容是否合适还是没有把握，可以跟熟悉收信人的其他人确认一下。

第三步，如果感谢信的收信人还在世，请大声把信读给他听。你可以打电话给他本人，或者亲自拜访一下对方，然后把信当面读给他听（这是比打电话更好的方式）。读信之前最好把你的信打印出来。如果你不能打电话，或者不能亲自拜访，写封电子邮件也是可以的。

如果收信人过世了，或者情况不允许他收到你的来信（例如对方正在医院中，情况危急），你可以把信读给之前确定好的人（认识收信人的另一个人）听，或者发封电子邮件也可以。再次强调，最好还是当面读信或者电话说。

最后一步，反思如下问题：在完成练习的不同阶段——写信的时候，把信的内容传达给对方（或者认识对方的人）时，等待回复时，你的感受都是怎样的？收到反馈后你的感受又是怎样的？

尽管这个练习很难完成（许多人感觉表达感激是件很尴尬的事情），但它却是我的最爱之一，因为这个练习总是能够给所有相关的人，也包括我自己，带去温暖和鼓舞。

## 第三大幸福练习：创意利他主义

### 背景

还记不记得我们小时候常玩的恶作剧？给别人的自行车放气，把卫生纸扔到邻居的家里……在这个练习中，按照要求，你也要玩一个恶作剧，只不过有所不同的是，不只是你自己能乐在其中，恶作剧的“受害者”也会乐在其中。

### 目标

这个练习的目的就是让你自己评估一下，事实是不是真的像那些研究结果显示的那样——为人友善慷慨（“爱与给予的需求”）是幸福的可靠源泉。

### 步骤

该练习主要分为以下四步：

第一步，想出一个“利他主义恶作剧”的创意。可以是在你最喜爱的邻居的门外放一盒巧克力，也可以是将你自己打扮成米老鼠的样子，站在繁华路段的角落里，给每个路过的人一个大大的拥抱。

第二步，制订一个计划来实施你的创意，也就是具体你要什么时候、以什么方式实施你的创意。如果你的计划就是在邻居的门外放一盒巧克力，那么你需要考虑一下：什么时候去买巧克力？到哪里去买巧克力？买多大盒的巧克力？什么时候（具体的时间点）把这盒巧克力放到邻居的门外？是不是要把巧克力的盒子像礼物一样包装起来？如果需要包装的话，谁来包装？写下你的计划，这样你就能更加清晰地认识到实施创意时可能遇到的各种困难。

第三步，也是最重要的一步，就是执行你的计划。执行计划的过程中，一定要牢记以下给予的三大基本原则：

- 控制给予成本。确保这件事不要给自己造成太大压力，或者消耗过多的个人资源。
- 运用价值提升策略，让双方都收获乐趣。做一些有趣的事情，不仅要给他人带去乐趣，也要让你自己乐在其中。
- 记录现场情况。确保你能亲眼看到接收人的反应（即便接收人看不到你）。举个例子，如果你在邻居门外放一盒巧克力，那一定要确保自己能够观察到对方收到礼物时的反应。

注意：如果你感觉你的计划并没有遵循给予的三大基本原则，或者出于某种原因，你对自己的计划并不是很满意，那是时候去修改一下你的计划了。

第四步，根据你完成练习的体会，回答以下四个问题：

- 你对此有何见解？你是怎样做计划的？
- 你是如何执行计划的？你是否遵循了给予的三大基本原则？如果没有，原因是什么？
- 接收人是什么反应？在回答这个问题时，回想一下接收人当时的言行举止。

• 在完成练习的不同阶段（计划阶段、执行阶段等），你都有何感想？

尽管这一练习十分耗费精力和时间，但你还是能够享受这个过程的。

## 第四大幸福练习：健康计划合作项目



### 背景

除了良好的社交生活之外，另一个提升幸福水平的制胜法宝当属健康的生活方式。更加健康的生活方式可以让人形成更加有效的内在控制，从而让人拥有更多的灵活性，进而让人形成有效的外在控制。

### 目标



该练习旨在帮助你拥有更加健康的生活方式，具体来说就是合理饮食、加强运动和改善睡眠。[①]

### 步骤

该练习包括以下三个步骤：

第一步，制订一个有关健康生活的计划。若想拥有更加健康的生活方式，你可以考虑做出以下改变，并从三大分类（合理饮食、加强运动和改善睡眠）中分别选择至少三个条目。



---

① 汤姆·拉思在其著作《盖洛普科学家告诉你，三个细节决定健康》中使用了以上术语。

## 合理饮食

• 把垃圾食品（例如薯片）放到够不着的地方，健康食品（例如胡萝卜条）放到方便拿取的位置。

• 把大盘子、大碗换成较小的盘子和碗（如果你体重超标的话）。

• 把白色的盘子或碗换成其他颜色的。

• 如果你经常在外就餐，那么可以随身携带一袋健康的零食（水果或坚果），这样万一饿了，它们就可以暂时填饱你的肚子。

• 吃饭时先吃健康的食物（例如，先吃新鲜的蔬菜，把米饭、炸薯条先放到一边）。

• 早餐要吃得健康（例如，要吃鸡蛋、燕麦，或是清蒸的食物，像是蒸米浆糕，不要吃油炸食品，像是炸土豆饼，也不要吃单一碳水化合物食品，像是甜麦片、白面包、果酱等）。

• 减少糖的摄入（比方说你在喝饮料时摄入的糖，从一天 10 勺糖减少到一天 6 勺）。

• 少吃含糖超过 10 克的食品（例如什锦干果棒，从每天 5 支，减少到每天 3 支，甚至更少）。

• 吃饭的时候多花点时间（最好是 20 分钟），尽量细嚼慢咽，不要狼吞虎咽。

• 一天中至少和朋友或家人一起吃一顿饭（最好是晚饭）。

• 餐后不要吃零食。

注意：如果你已经做到了以上所有的事情，或者你对以上的事情都不感兴趣，你可以自己决定要做出哪三个其他的改变（例如，晚上 8 点之后不吃任何东西，平时一天喝酒不超过两杯），符合合理饮食的标准即可。

## 加强运动

• 买一个计步器，每天记录自己走了多少步。

• 在 Outlook（一款包含日程安排功能的软件）或其他电脑程序上设置提醒，提醒自己每 20 分钟或 30 分钟休息一下。

• 在家里放一台跑步机或者椭圆机（每天锻炼几分钟）。

• 一日之计在于晨，早上锻炼 20 分钟左右（强度没必要太大）。

• 联合周围的人成立一个锻炼小组，大家一起在早上或者晚上锻炼一下，散步、慢跑、骑自行车（或者其他运动）都可以。



• 在短时间内做高强度运动（强度达到你感到说话困难为止）。

• 减少坐着的时间（比方说坐公交时，可以选择站着）。

• 减少坐着看电视的时间（举个例子，你可以一边在跑步机上跑步，一边看电视）。

• 制定一个规则，如果你要去的地方不超过多少千米（具体多少千米，你自己定），就走着去。



注意：如果你已经在做上述的各项活动了，或者你对上述的活动都不感兴趣，你可以另外选择三件自己想做的事情（比方说，参加瑜伽班，替你邻居遛狗），只要能够符合加强运动的原则即可。

## 改善睡眠

• 尽量减少卧室中的人造光源（比方说 iPad 发出的光）。

• 在卧室里安放一个白噪音助眠机。



• 作息时间规律（比如，每天晚上 10 点上床，早上 6 点起床）。

• 避免在睡前给自己增加压力（例如，晚上 7 点之后不要查看邮件，不要和伴侣为看哪个电视频道争吵）。

- 睡前30分钟洗个热水澡。
- 早一点吃晚饭（睡前一个半小时不要吃东西）。
- 把卧室空调的温度调低些，比其他房间的低两三摄氏度（不过也要尽量做到节能），有必要时盖一条厚毛毯。
- 白天有时间时就锻炼一下（锻炼有助于提高睡眠质量）。

注意：如果你已经在做上述的所有活动了，或者你对上述活动都不感兴趣，你可以自己另外选择三件事情，只要能够符合改善睡眠的原则就可以了。

第二步，在接下来的两周的时间里，每天都提醒自己做这些事情。比如，你可以把你的提醒输入 Outlook（其他程序也可以），或者，也可以把提醒写在你的日记中。

第三步，记下你对以下三个问题的答案：

- 在上述的三大分类（合理饮食、加强运动和改善睡眠）中，你分别都选择了哪三项健康生活方式？
- 你的计划执行得怎么样？为什么执行得很好，为什么执行得不好？
- 这个练习对你有帮助吗？为什么有帮助？为什么没帮助？

## 第五大幸福练习：宽恕[①]

### 背景

紧抓着自己的愤怒不放，就好比手中紧握着滚烫的木炭，想要

---

① 该练习是基于索尼娅·柳博米尔斯基在《幸福有方法》中所描述的一个类似的练习。

扔给其他人，但其实你自己才是真正被烧伤的那个人。所以，请尽可能把这个练习看成是一个纯粹利己的练习，它能够让你的情绪变好，做到既往不咎。千万不要把这个练习看作是为了做错事的那个人而做的。

## 目标

练习的目标是给伤害过你的人写一封原谅对方的信，但没必要发送出去。

这个练习比其他几个练习难度都要大一些，因为当遭遇不公正的对待时，我们大多数人都很难放下心中的愤怒。不过，多项研究已经表明，如果紧紧抓住愤怒和怨恨不放，那么最受伤的是我们自己，而不是他人。所以，即使你不情愿，这个练习还是值得好好完成的。

## 步骤

本练习包括以下三个步骤：

第一步，回忆曾经给你带来伤害或痛苦的事情，然后写下来。不要花太多时间沉浸在过去的负面情绪中。尽量本着实事求是的态度，写下事情发生时的具体细节，你当时的感觉，以及为什么会有那样的感觉。如果这件事到现在还在对你造成伤害，想想原因，并写下你希望这件事的始作俑者怎么做。

第二步，写一封信，在信中回顾一下你自己在第一步中所写的内容，然后试着解释一下都有哪些因素可能迫使伤害你的人做出当初的行为。举个例子，或许那个人做出伤害你的行为是因为他面临着巨大的财务危机，再或者他是从别人那里获得了错误的信息。尽可能想出能够促使他做出当时行为的所有因素。你的最终目的就是（代表做错事的那个人）想出一系列的理由来解释他的行为，从而让你能够在信的最后写下："我现在认识到你当时所做的行为也是别无选择的，那已经是你能做的最好的选择了，我原谅你。"写完这封信后，认真地读一下，如果你觉得有必要，就做一下修改。

重要说明：写这样一封原谅别人的信可能会让你备受打击。如果你真的感觉很伤心，可以暂时把练习放到一边，过几天或者过几个星期再继续。

作为代替，你可以尝试做一件比较容易的事情，一件令你的情感反应不是太激烈的事情。

第三步，实现心理完成作用（psychological closure）——一种标志着这件事情结束了的心理标记。完成这件事可以让你更加轻松地继续生活。或许，实现心理完成作用的最佳方式就是把你的信装在信封里，然后要么烧掉，要么扔到垃圾箱里。当你这么做的时候，告诉自己："从此以后，这件事在我这里算是了结了。"这看起来可能会有点矫情和俗气，但是相关研究发现，心理完成作用的确可以帮助人们放下过去，不再沉浸在以往受伤的阴影中。

## 第六大幸福练习：三件（因祸得福的）好事[①]

### 背景

"三件好事"是在提升幸福水平方面十分有效的一个练习，该练习

① 该练习改编自一个叫作"三件好事"的练习，该练习由宾夕法尼亚大学的马丁·塞利格曼教授发明。塞利格曼教授在其著作《真实的幸福》（*Authentic Happiness*）中曾对该练习进行过探讨。

由宾夕法尼亚大学的马丁·塞利格曼教授——众人所熟知的积极心理学之父——发明。该练习要求，在一定时间内（比方说 15 天），坚持每天记录三件发生在你身上的好事。塞利格曼教授发现，在坚持 15 天内每天记录三件好事的人群中，94% 的人的幸福水平有了明显提升。这个练习甚至让其中一部分人摆脱了之前十分严重的抑郁症。

## 目标

与上文所述的“三件好事”类似，本书中的“三件（因祸得福的）好事”练习也是需要你坚持在一段时间内（在这里，我们暂且定为一周）每天记录三件发生在你身上的好事。不过，不同之处在于，记录的事情需要有反转：我想要大家记录的事情是那种一开始看起来很糟糕，但最终很好的事。

这或许不是很好理解，我先给大家举几个例子。比方说，你在上班的路上遇到堵车，而且还很严重（这是一件坏事）。但或许正因为堵车，你在广播里一连听到了好几首自己最爱的歌曲——这些歌你已经有好长一段时间没有听到了（这是好的结果）。又或许，你发现自己的午餐很难吃，只好在餐后买点零食填填肚子（这是不好的事情）。但在买零食的路上你遇到了自己的一个老朋友，你们俩已经很久没见面了（这是好的结果）。在上述的两个例子中，事情一开始好像是坏事，但后来都发展出了好的结果。这个练习的目的就在于利用事后的这些结果把坏事与好事连接起来，这样你就会发现，很多事情，一开始都是坏事，却总能为好的结果做铺垫。如此一来，这种认知就可以减轻人们轻易给事情下结论的倾向，帮助人们心平气和地追求梦想。

注意事项 1：比较重要的一点是，不要挑选重大的消极事件来做练习。举个例子，不要选被公司辞退或者孩子生重病这样的事情来做练习。尽管长远来看，通过回顾和反思练习，重大的消极事件也能带来正面积极的结果，但对于特别重大的消极事件，我们还是很难忽略其中的消极性的。而且像这种比较大的消极事件，一般需要一定的时间才能渐渐显示出其正面积极的一面。正是由于以上原因，同时也为了达到较好的练习效果，我们本次的练习主要集中在微小的消极事件上，比如忘了自己把钱放在哪儿了，在商店里找不到自己最爱的那个牌子的燕麦了，上班快要迟到了但还得先去给车加油。

注意事项 2：一开始，你肯定觉得从消极事件中发现积极性是一件很困难的事。这是因为，当我们想起某个消极事件时，大脑会立即提醒我们其他相关的消极事件，对此我在第十四章中曾有过论述。这些消极的思想会蒙蔽你的双眼，让你无法看到消极事件中积极的一面。但如果你能够把这个练习坚持下去，就会发现，几乎每一个消极事件最终都会带来积极的结果。而坚持下去的方法就是忽略掉消极事件引发的消极想法，把精力集中在消极事件带来的积极结果上。这样，你最终总会从中发现积极的结果。也许积极的结果并不能完全抵消事件的消极性，但至少降低了其消极的程度。

## 步骤

该练习包括以下四个步骤：

第一步，想出 1~3 件发生在你身上的小的消极事件，在你的日记中，用一两句话描述一下事情的经过。

第二步，针对每一个消极事件，从中发掘 1~3 个可能的积极结果。如果觉得困难的话，你可以闭上眼睛，回想每一个消极事件，一次只回想一件事就可以了，然后想一想由该事件触发的一系列事件。这样一来，就可以更加轻松地找出消极事件中蕴含的积极结果。一旦发现消极事件引发的积极结果，就马上记录下来，然后开始回想下一个消极事件，方法同上。当你发掘出消极事件中蕴含的积极意义后，就可以进入下一步了。

第三步，写下一系列的连锁事件，先写最开始的消极事件，然后一直写到最终带来的积极事件。连续一周（7 天）把每一个消极事件背后的连锁事件记录下来。

第四步，也是最后一步，回顾前 7 天的笔记，然后回答以下问题：

- 总体来说，这次练习对你而言难度如何？简单还是困难？为什么？
- 现在你已经知道大多数事情并不是单纯的积极或者消极，你是否因此变得更加自信？为什么自信？为什么没有变得自信？
- 一般来说，坚持做该练习一周的人，一遇到消极事件就都会不自觉地寻找其中积极的一面。你是否感觉自己也发生了这种变化？（如果是的话，请提供例证。如果没有，请告诉我们为什么。）

这个练习到此就结束了。嘴上说说还是挺简单的，但等你真正开始实践的时候就会发现，做起来真没那么简单。这主要是因为我们许多人已经习惯了将结果定性为好的或者坏的，很难接受“是好是坏，谁知道呢”这种态度。但只要坚持练习，你也会像我的许多学生一样，发现自己变得不会妄下论断，这也更有利于你心平气和地追求梦想。

## 第七大幸福练习：活在当下练习[①]

### 背景

活在当下练习属于一种正念练习，是维贾伊·巴特专门为公司高管（整天忙得不可开交的聪明成功人士）量身定做的一种练习。

### 目标

活在当下练习可以培养一系列相关品质，比如专注、自我意识、自我同情和归属感。

### 步骤

活在当下练习包括以下七个步骤：

第一步，调整好一个舒服的坐姿（可以坐在地上，也可以坐在椅子上），保持上身挺直，心中默念“放松的身体才是活在当下的基础”，然后带着这种意念审视自己的全身。首先从头顶开始，然后从上往下，一直到脚尖……然后再来一遍。在审视的过程中，有意识地放松身体僵硬或者紧张的部分。你要特别关注以下部位：脖子和肩膀、腰部和背部、膝关节，这些部位通常承受的压力都比较大。一旦你把身体状态调整好了，注意力就会自动转移到呼吸上。

第二步，观察自己的呼吸。平稳的呼吸是活在当下的首要标志。吸气时你的腹部肌肉会伸展，呼气时你的腹部肌肉会收缩。你没必要有意识地调整呼吸，只要观察自己正常、平稳、有节奏的呼吸就可以了。

---

① 该练习来源于根与翼（Roots and Wings）公司（一家位于印度孟买的管理咨询公司）的维贾伊·巴特，本书对该练习的转述已获得授权。

第三步，观察你自己的内心。内心清澈、沉着、安静是活在当下的第二个标志。把自己的精力集中在思维的“屏幕”上，注意观察自己的脑中都有哪些思想在碰撞。我们的心思总是跳来跳去，不受控制。你要做的就像你在电脑屏幕上，把脑海中所有开着的窗口和应用都轻轻地关闭一样，不要犹豫。当大脑变得清澈、安静，你就可以全神贯注，把所有的精力集中在一件事情上。

第四步，把精神集中在自己的心脏位置。敞开心扉是活在当下的第三个标志。感受自己胸部位置的温热。现在，开始关注自己充满情感的内心，那是你与他人产生关联、建立关系的地方。试着打开你充满情感的内心，先打开一条小缝，然后让缝隙慢慢变大，这样你就可以接收来自他人的感情和脆弱。记着，你现在在一个很安全的地方。

第五步，注意观察你周围微妙的、转瞬即逝的、细腻的感觉。对声音的敏感是活在当下的第四个标志。放下你心中焦虑的自我定位，伸出你的触角，捕捉外部环境中极其微弱的信号。观察你周围所有的声音，关注你所有的触感、气味和活力，不仔细观察的话，这些东西都会被你忽略。当你充分意识到周围的环境是怎样的时，你就可以行动自如了。

第六步，达到活力感应（energetic induction）状态，这是活在当下的第五个标志。当前四个特质都具备后，活力感应也就随之而来了。你活在当下的感受会扩散开来，很自然地愿意把自己放入其他人的生活和困惑中，同时也接纳他人进入到你的生活和困惑中。集中精力培养这种包容开放的心态，欢迎他人融入自己此时此刻的生活。

第七步，也是最后一步，注意观察自己的内心状态是如何发生变化的（如果真的有变化的话），然后大声说出下面的宣言：

此刻的实际情况是________________，我没有什么好辩解的，

此刻的实际情况是________________，我没有什么好宣扬的，

此刻的实际情况是________________，我没有什么好害怕的，

此刻的唯一事实是________________，我活在此时此刻。